校企合作汽车专业系列丛书

互联网+创新型“十四五”精品教材

新能源汽车维护与保养

（微课版）

主 编 田 强 于昊辰 孙 岩

副主编 常玉华 李 猛 房 颖 曾少华

哈爾濱工程大學出版社
Harbin Engineering University Press

内容简介

本书按照汽车维修企业的实际工作需要编写而成，围绕着“预防为主、定期检测、强制维护”的原则，结合现代汽车的性能特点、使用维护规定及车主个性化需求等实际情况；系统地介绍了汽车维护概论及维护工具使用、汽车发动机的维护与保养、汽车电气设备与附件维护、汽车空调系统维护与保养、汽车底盘维护与保养、新能源汽车的维护与保养的相关知识。

本书既可作为应用型本科、职业院校汽车专业的通用教材，也可供汽车修理厂、汽车运输部门的工人和技术人员参考。

图书在版编目（CIP）数据

新能源汽车维护与保养 ：微课版 / 田强，于昊辰，孙岩主编. —哈尔滨 ：哈尔滨工程大学出版社，2023.8

ISBN 978-7-5661-4120-0

I. ①新… II. ①田… ②于… ③孙… III. ①新能源－汽车－车辆修理②新能源－汽车－车辆保养 IV. ①U469.7

中国国家版本馆 CIP 数据核字（2023）第 164068 号

新能源汽车维护与保养（微课版）

XINNENGYUAN QICHE WEIHU YU BAOYANG（WEIKE BAN）

责任编辑 吴振雷
封面设计 赵俊红

出版发行 哈尔滨工程大学出版社
社　　址 哈尔滨市南岗区南通大街 145 号
邮政编码 150001
发行电话 0451-82519328
传　　真 0451-82519699
经　　销 新华书店
印　　刷 唐山唐文印刷有限公司
开　　本 889 mm×1 194 mm 1/16
印　　张 12.5
字　　数 360 千字
版　　次 2023 年 8 月第 1 版
印　　次 2023 年 8 月第 1 次印刷
定　　价 49.80 元

http://www.hrbeupress.com
E-mail:heupress@hrbeu.edu.cn

前　言

随着我国汽车工业的高速发展，一个新的观念，即“七分维护、三分修理”“以养代修”“维护为主、视情修理”正在被广大车主所接受。汽车维护与保养是汽车维护和修理的泛称，就是对出现故障的汽车通过技术手段排查，找出故障原因，并采取一定措施使其排除故障并恢复，达到一定的性能和安全标准。汽车保养是指根据车辆各部位不同材料所需的保养条件，采用不同性质的专用护理材料和产品，对汽车进行全新的保养护理的工艺过程。

二十大报告指出，积极稳妥推进碳达峰碳中和，立足我国能源资源禀赋，坚持先立后破，有计划分步骤实施碳达峰行动，深入推进能源革命，加强煤炭清洁高效利用，加快规划建设新型能源体系，积极参与应对气候变化全球治理。

本书在编写过程中，紧紧围绕课程标准，书中内容以完成工作任务为目标，注重理实一体教学；力求做到“教中学、学中做”。通过理论知识与相关视频的结合，使学生更加全面地了解汽车相关知识和操作技能。

本书主要内容包括汽车维护概论及维护工具使用、汽车发动机的维护与保养、汽车电气设备与附件维护、汽车空调系统维护与保养、汽车底盘维护与保养、新能源汽车的维护与保养。本书实用性与针对性强，包含任务工单和思考练习，注重理实一体教学；通过现场实操，培养学生的动手操作能力和解决问题的能力，是一本具有鲜明特色的职业类教材。

本书由田强（哈尔滨盛世联华一站式汽车维修有限公司）、于昊辰（哈尔滨应用职业技术学院）和孙岩（河南中原黄金冶炼厂有限责任公司）担任主编，由常玉华（郑州铁路职业技术学院）、李猛（泰安技师学院）、房颖（河南机电职业学院）、曾少华（周口职业技术学院）担任副主编。本书的相关资料和售后服务可扫描封底微信二维码或登录 www.bjzzwh.com 下载获得。

在编写过程中，编者引用了大量原厂手册及文献资料，在此向原作者们表示衷心的感谢。由于新能源汽车领域技术日新月异，同时编者知识和能力也会存在不足，书中难免存在不当之处，请读者及时反馈，以便以后修订。

编　者

目 录 CONTENTS

项目 1

新能源汽车维护与保养基础

学习目标

知识目标

- ◆了解新能源汽车维护与保养的概念、分类和周期。
- ◆熟悉新能源汽车维护与保养作业的安全规范。
- ◆掌握新能源汽车维护与保养场地的布置要求。
- ◆认识新能源汽车维护与保养的工具。

能力目标

- ◆能够正确检查并佩戴高压防护用具。
- ◆能够正确使用高压防护工具、绝缘测试仪（万用表）、数字电流钳等工具。

素质目标

- ◆培养学生创新发展的理念，加强创新素质。
- ◆培养学生的科学素养，提高科学素质。

思政目标

- ◆增强学生严格遵守标准规范的意识。
- ◆培养学生团队协作意识和吃苦耐劳精神，并树立正确的理想信念。

任务 1.1　新能源汽车维护与保养认知

任务引入

刘先生居住在上海，多年都未摇到传统燃油汽车车牌，但他的家人排队申请到了新能源汽车车牌，于是他们就买了一辆新能源汽车。在这辆车行驶了 8 000 km 后，刘先生不确定是否要对其进行维护，于是致电 4 S 店寻求帮助。你认为这辆车是否需要进行维护？如果需要，应进行哪些维护作业项目呢？

本任务主要介绍新能源汽车维护与保养的概念、分类及周期等基础知识，其知识与技能要求如表 1–1–1 所示。

表 1–1–1　知识与技能要求

任务内容	新能源汽车维护与保养认知	学习程度		
		识记	理解	应用
学习任务	新能源汽车维护与保养的概念	●		
	新能源汽车维护与保养的分类	●		
	新能源汽车维护与保养的周期	●		
实训任务	认识新能源汽车维护的主要作业项目及其位置			●
自我勉励				

任务工单

1. 任务目的

（1）了解新能源汽车维护与保养的概念。

（2）了解新能源汽车维护与保养的分类。

（3）了解新能源汽车维护与保养的周期。

2. 寻找伙伴

以 3 ～ 5 人为一组，选出组长并进行任务分工，将小组成员及分工情况填入表 1–1–2 中。

表 1–1–2　小组成员及分工情况

班级：　　　　　　　　　　组号：　　　　　　　　　　指导教师：

小组成员	姓名	学号	任务分工
组长			
组员			

3. 制订计划

（1）查阅相关资料，制订工作计划，并将其填入表 1–1–3 中。

表 1–1–3　工作计划

序号	工作内容	负责人

（2）将操作过程中所需的工具和耗材清单填入表 1–1–4 中。

表 1–1–4　操作过程中所需的工具和耗材清单

序号	名称	型号与规格	单位	数量	备注

4. 进行决策

（1）小组成员针对各自的工作计划展开讨论，并选出最佳工作计划。

（2）指导教师根据各小组提交的工作计划给出评价。

（3）各小组成员根据指导教师的评价对工作计划进行调整，调整合格后的工作计划即为最终实施方案。

5. 工作实施

根据最终实施方案，认识新能源汽车维护的主要作业项目及其位置。按实际操作过程，将实施内容、遇到的问题及解决办法等记录于表 1–1–5 中。

表 1–1–5　工作实施过程记录表

序号	实施内容	遇到的问题及解决办法	结果

6. 考核评价

各组展示任务完成情况，并完成如表 1–1–6 所示的考核评价表。

表 1-1-6　考核评价表

项目名称	评价内容	满分 / 分	评分 / 分		
			自评	互评	师评
职业素养考核项目 40%	工作服穿戴规范、整洁	6			
	安全意识、责任意识及服从意识强	6			
	积极参加教学活动，按时完成任务工单	10			
	团队合作、沟通交流能力强	6			
	劳动纪律良好	6			
	维护场地、设备及工具等干净整洁	6			
专业能力考核项目 60%	专业知识查找及时、准确	12			
	操作符合规范	18			
	操作熟练，工作效率高	12			
	任务完成度高	18			
合计		100			
总评	自评（20%）+ 互评（20%）+ 师评（60%）=	综合等级	指导教师（签名）：		

相关知识

一、新能源汽车维护与保养的概念

新能源汽车维护与保养又称新能源汽车维护或新能源汽车保养，是指定期对新能源汽车各部分进行以清洁、检查、润滑、紧固、调整和仪表检测为中心内容的作业。它的目的是保持车容整洁、车况良好，及时发现并消除故障隐患，延长使用寿命等。下面从清洁、检查、润滑、紧固、调整和仪表检测六个方面来具体阐述其内涵。

（1）清洁。清洁作业的目的是提高新能源汽车维护质量、防止零件腐蚀、减轻零件磨损，并为检查、润滑、紧固、调整、仪表检测作业做好准备。清洁作业的内容包括清理插座、动力电池、驱动电机、减速器和电机控制器的外表面等。

（2）检查。检查作业的目的是检查新能源汽车各零件是否松动或损坏。检查作业的内容包括检查冷却系统、驱动电机系统和制动能量回收系统的运行状况等。

（3）润滑。润滑作业的目的是为新能源汽车补充、更换润滑油，使相关部件处于最佳运行状态。润滑作业的内容包括使用符合车辆维修手册规定的润滑脂进行润滑，按规定补充或更换减速驱动桥、电动压缩机（又称空调压缩机）的润滑油等。

（4）紧固。紧固作业的目的是保证新能源汽车各零件的连接部位处于正常状态。紧固作业的内容包括紧固动力电池箱、车载充电机和高压配电装置的螺栓等。

（5）调整。调整作业的目的是保证新能源汽车各部分长期处于正常运行状态。调整作业的内容包括调整润滑油油量、冷却液液位、轮胎气压和动力电池电量等。

（6）仪表检测。仪表检测作业的目的是保证新能源汽车某些部件的电阻、电压等测试数值处于正常状态。仪表检测作业的内容包括使用相关仪表对新能源汽车的轮胎气压、高压系统的绝缘电阻等进行检测。

知识链接

新能源汽车：减少环境污染的必经之路

据统计，2019 年全国机动车一氧化碳、碳氢化合物、氮氧化物和颗粒物等四项污染物排放总量为 1 603.8 万吨。传统燃油汽车是机动车大气污染排放的主要贡献者，其四项污染物的排放量超过 90%。

中国国家市场监管总局联合中华人民共和国生态环境部于 2021 年 5 月发布了《机动车排放召回管理规定》（以下简称《新规》），该《新规》于 2021 年 7 月 1 日起实施。《新规》要求未来尾气排放不达标的机动车将被召回。专家表示，此举是中国继续向污染排放说“不”的重要手段，对中国社会经济发展有较强现实意义。

此外，《新规》的出台对新能源汽车的发展或是利好消息。北京大学光华管理学院应用经济系副教授唐遥表示，《新规》会引导消费者在购买汽车的时候倾向于选择排放量较低的汽车，同时也对生产商提出了严格的约束，这样有利于更快地减少中国的碳排放和其他气体污染物的排放。

唐遥认为，截至 2021 年，中国新能源汽车已发展成为一个重要产业，在“碳达峰”“碳中和”目标提出的大背景下，新能源汽车是一个不可逆转的趋势。中国想要如期实现目标，就需要大大降低化石能源的消耗量。因此，新能源汽车的广泛普及是一个必然的趋势。

二、新能源汽车维护与保养的分类

新能源汽车维护一般可分为定期维护和非定期维护两大类。其中，定期维护可分为日常维护、一级维护和二级维护三类；非定期维护可分为走合维护、季节性维护和免拆维护三类。

1. 定期维护

（1）日常维护是指以清洁、检查和调整为中心内容的维护作业。

（2）一级维护是指除日常维护作业外，以润滑、紧固为中心内容，并检查制动、操纵等系统中安全部件的维护作业。

（3）二级维护是指除一级维护作业外，以检查和调整转向系统、制动系统、悬架、驱动电机系统的运行状况和高压控制盒（又称高压配电箱）等为主的维护作业。

新能源汽车日常维护、一级维护及二级维护作业项目如表 1-1-7 所示。

表 1-1-7　新能源汽车日常维护、一级维护及二级维护作业项目

维护类别	作业项目	执行人
日常维护	充电插座，驱动电机系统，冷却系统，制动系统，车轮，仪表、信号指示装置	驾驶员
一级维护	动力电池系统，制动能量回收系统，高压维修开关，充电插座，高压控制盒，车载充电机，DC/DC 变换器，驱动电机系统，转向系统，空调系统，整车线束、接插件，整车绝缘	专业人员
二级维护	动力电池系统，高压维修开关，高压控制盒，车载充电机，DC/DC 变换器，驱动电机系统，转向系统，制动系统，行驶系统，空调系统，整车线束、接插件	专业人员

2. 非定期维护

（1）走合维护又称首保或磨合期维护，是指新车磨合期内的维护，即新车使用初期，由专业人员按照车辆维修手册对车辆所进行的维护作业。

（2）季节性维护是指为使新能源汽车适应季节变化而保持良好运行状况所实施的维护作业。

（3）免拆维护是指在不解体的情况下，使用专用设备或高压防护用具对冷却系统、润滑系统和制动系统等进行相应的维护作业。

知识链接

新能源汽车与传统燃油汽车相比，其维护作业项目稍有不同。对于新能源汽车来说，它没有发动机系统、燃油供给系统等的维护作业项目，而是增加了动力电池系统、车载充电机、DC/DC 变换器等电动系统专用装置维护作业项目。因此，新能源汽车维护除了有常规维护外，还包括电动系统专用装置维护。

（1）常规维护是指为维持新能源汽车上的转向、制动、行驶等机械系统（部件）及低压电气系统的完好技术状况或工作能力而进行的维护作业。常规维护可按照《汽车维护、检测、诊断技术规范》（GBIT 18344—2016）的规定进行。该规范于 2016 年 12 月 13 日发布，2017 年 7 月 1 日起实施，适用于以汽油或柴油为燃料的在用汽车。

（2）电动系统专用装置维护是指为维持新能源汽车上的高压系统及其相关附件的完好技术状况或工作能力而进行的维护作业。电动系统专用装置维护可按照《纯电动汽车维护、检测、诊断技术规范》（JTIT 1344—2020）的规定进行。该规范于 2020 年 10 月 30 日发布，2021 年 2 月 1 日起实施，适用于在用纯电动汽车。

三、新能源汽车维护与保养的周期

1. 新能源汽车维护与保养周期的定义

新能源汽车维护与保养周期是指新能源汽车根据车辆行驶里程或使用时间进行分类维护的间隔期，是参考新能源汽车制造厂商推荐的周期而制订的。新能源汽车维护与保养周期还可以结合新能源汽车自身技术状况和实际使用情况做出适当调整：对于一般技术状况良好的新车，可适当延长周期；而对于技术状况较差或使用条件恶劣的新能源汽车，则需要适当缩短周期。

2. 新能源汽车维护与保养周期的规定

我国交通运输行业标准《纯电动汽车维护、检测、诊断技术规范》（JT/T 1344—2020）对新能源汽车维护与保养周期的规定如下。

（1）日常维护由驾驶员在出车前、行车中和收车后执行。

（2）一级、二级维护周期应按照车辆维修手册、使用说明书及《汽车维护、检测、诊断技术规范》（GB/T 18344—2016）的规定，并结合车辆类别、车辆运行状况、行驶里程、道路条件和使用年限等确定。

实践操作

认识新能源汽车维护的主要作业项目及其位置

一、准备工作

（1）实训场所：理实一体化实训室。

（2）工具及车辆：拆装专用工具、高压防护用具、吉利帝豪 EV450 等。

（3）辅助资料：车辆维修手册、教材等。

二、操作步骤

（1）认识整车控制器，如图 1–1–1 所示。

（2）认识动力电池系统及其安装位置，如图 1–1–2 所示。

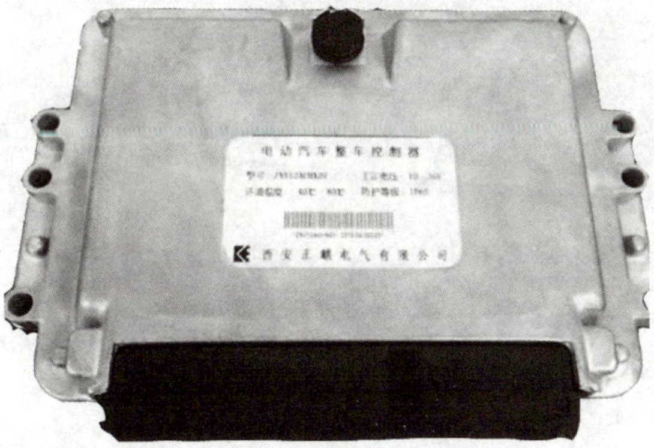

图 1–1–1　整车控制器

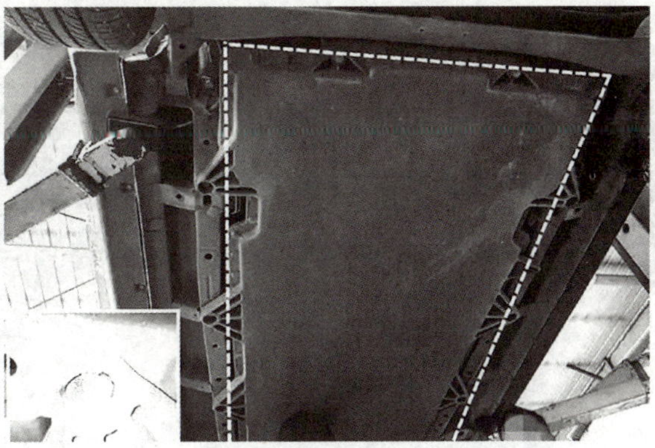

图 1–1–2　动力电池系统及其安装位置

（3）认识充电系统维护的主要作业项目及其部分位置，具体如下。

① 认识车载充电机，如图 1–1–3 所示。

② 认识慢充接口及其位置，如图 1–1–4 所示。

图 1–1–3　车载充电机

图 1–1–4　慢充接口及其位置

③ 认识快充接口及其位置，如图 1–1–5 所示。

图 1–1–5　快充接口及其位置

（4）认识驱动电机系统维护的主要作业项目，具体如下。

① 认识驱动电机，如图 1–1–6 所示。

② 认识电机控制器，如图 1–1–7 所示。

图 1–1–6　驱动电机

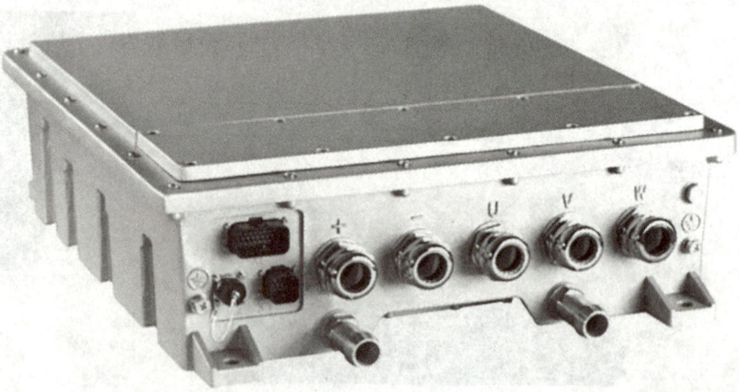

图 1–1–7　电机控制器

（5）认识冷却系统维护的主要作业项目，具体如下。

① 认识电动水泵，如图 1–1–8 所示。

② 认识冷却风扇，如图 1–1–9 所示。

电动水泵

图 1–1–8　电动水泵

图 1–1–9　冷却风扇

（6）认识底盘系统维护的主要作业项目，具体如下。

认识电动真空泵，如图 1–1–10 所示。

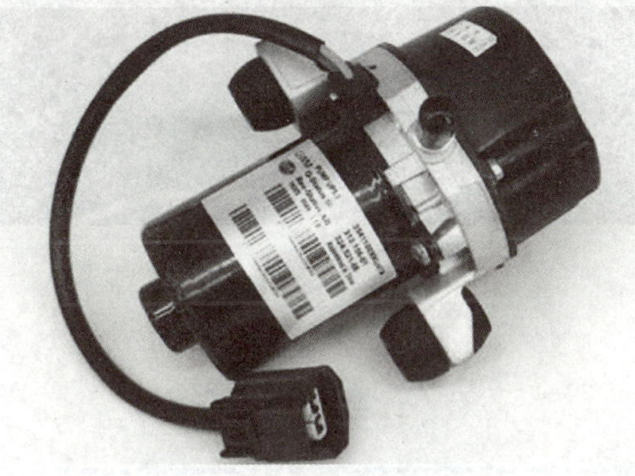

图 1–1–10　电动真空泵

（7）认识空调系统维护的主要作业项目，具体如下。

① 认识电动压缩机，如图 1–1–11 所示。

② 认识 PTC 加热器，如图 1–1–12 所示。

图 1–1–11　电动压缩机

图 1–1–12　PTC 加热器

③ 认识空调滤芯（全称为空调滤清器滤芯），如图 1–1–13 所示。

④ 认识鼓风机调速模块，如图 1–1–14 所示。

图 1-1-13　认识空调滤芯

图 1-1-14　鼓风机调速模块

（8）认识组合仪表，如图 1-1-15 所示。

图 1-1-15　组合仪表

任务小练

一、填空题

1．新能源汽车维护与保养主要包括__________、__________、__________、__________、__________和__________六个方面。

2．新能源汽车维护包括常规维护和__________。

3．__________由驾驶员在出车前、行车中和收车后执行。

4．新能源汽车的一级、二级维护与保养周期应按照车辆维修手册、使用说明书及《汽车维护、检测、诊断技术规范》（GB/T 18344—2016）的规定，并结合车辆类别、__________、__________道路条件和__________等确定。

5．一级、二级维护由__________执行。

6．新能源汽车维护一般可分为__________和__________两大类。

7．《纯电动汽车维护、检测、诊断技术规范》（JT/T 1344—2020）于__________起实施。

8．《汽车维护、检测、诊断技术规范》（GB/T 18344—2016）于__________起实施。

二、简答题

1．简述新能源汽车维护与保养周期的定义。

2．新能源汽车如何进行非定期维护？

任务 1.2　新能源汽车维护与保养场地及工具准备

任务引入

小李是某职业院校的新能源汽车专业的学生，毕业后到一家新能源汽车维修店实习，某一天，店里接了一辆车，车主要求对车辆进行一次维护作业，于是店里的老师傅将工具车推来，小李看了一眼工具箱，看到有很多不认识的新工具，于是小李向老师傅询问。假如你是老师傅，你将如何为小李讲解?

本任务主要介绍新能源汽车维护作业安全规范、场地准备及工具准备等基础知识，其知识与技能要求如表 1-2-1 所示。

表 1-2-1　知识与技能要求

任务内容	新能源汽车维护与保养认知	学习程度		
		识记	理解	应用
学习任务	了解新能源汽车维护与保养的工作要求	●		
	了解新能源汽车工维护具与使用方法		●	
	了解检测工具的使用			●
实训任务	认识和使用新能源汽车维护与保养工具			●
自我勉励				

任务工单

1. 任务目的

（1）了解新能源汽车维护与保养的工作要求。

（2）了解新能源汽车维护与保养的工具与使用方法。

（3）了解检测工具的使用。

2. 寻找伙伴

以 3 ～ 5 人为一组，选出组长并进行任务分工，将小组成员及分工情况填入表 1-2-2 中。

表 1-2-2　小组成员及分工情况

班级：　　　　　　　　组号：　　　　　　　　指导教师：

小组成员	姓名	学号	任务分工
组长			
组员			

3. 制订计划

（1）查阅相关资料，制订工作计划，并将其填入表 1-2-3 中。

表 1-2-3　工作计划

序号	工作内容	负责人

（2）将操作过程中所需的工具和耗材等填入表 1-2-4 中。

表 1-2-4　操作过程中所需的工具和耗材等清单

序号	名称	型号与规格	单位	数量	备注

4. 进行决策

（1）小组成员针对各自的工作计划展开讨论，并选出最佳工作计划。

（2）指导教师根据各小组提交的工作计划给出评价。

（3）各小组成员根据指导教师的评价对工作计划进行调整，调整合格后的工作计划即为最终实施方案。

5. 工作实施

根据最终实施方案，认识新能源汽车维护的主要作业项目及其位置。按实际操作过程，将实施内容、遇到的问题及解决办法等记录于表 1-2-5 中。

表 1-2-5　工作实施过程记录表

序号	实施内容	遇到的问题及解决办法	结果

6. 考核评价

各组展示任务完成情况，并完成如表 1-2-6 所示的考核评价表。

表 1-2-6　考核评价表

项目名称	评价内容	满分 / 分	评分 / 分		
			自评	互评	师评
职业素养考核项目 40%	工作服穿戴规范、整洁	6			
	安全意识、责任意识及服从意识强	6			
	积极参加教学活动，按时完成任务工单	10			
	团队合作、沟通交流能力强	6			
	劳动纪律良好	6			
	维护场地、设备及工具等干净整洁	6			
专业能力考核项目 60%	专业知识查找及时、准确	12			
	操作符合规范	18			
	操作熟练，工作效率高	12			
	任务完成度高	18			
合计		100			
总评	自评（20%）+ 互评（20%）+ 师评（60%）=	综合等级	指导教师（签名）：		

相关知识

一、工作要求

1. 高压维修工位要求

图 1-2-1　高压维修工位

① 专用的高压维修工位，如图 1-2-1 所示。

② 维修作业前设置好安全隔离警告。

③ 干净整洁，干燥通风。

④ 周边不得有易燃物品及与工作无关的金属物品。

⑤ 维修工位上必须配有防护用品。

⑥ 无关人员不得进入维修场地。

⑦ 垫好绝缘垫，防止对地触电。

2. 操作人员要求

① 操作人员上岗不得佩戴金属饰物，工作服衣袋内不得有金属物件。

② 操作人员必须佩戴必要的防护工具。

③ 严禁非专业人员对高压部件进行拆装。

④ 操作人员必须经过低压电工安全培训，并持有《特种作业操作证（低压电工证）》或以上证件，如图 1-2-2 所示。

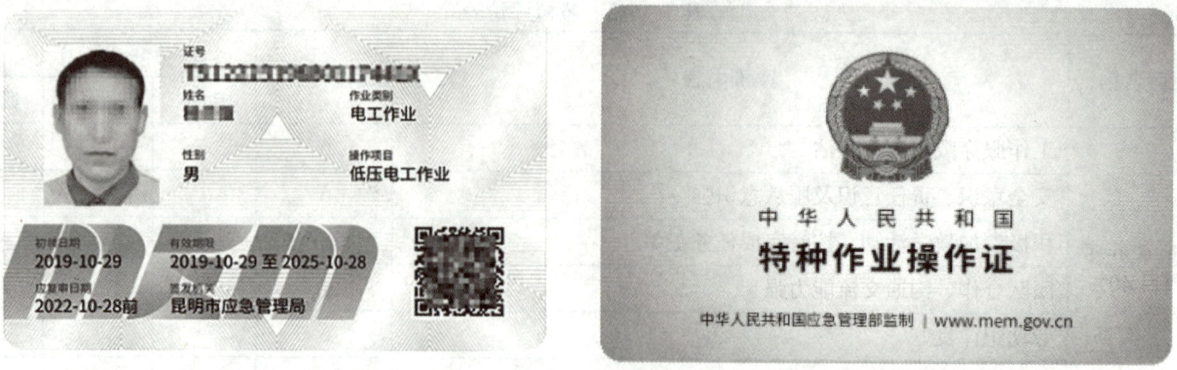

图 1-2-2 《特种作业操作证（低压电工证）》

二、了解工具与使用方法

1. 维修工具

高压电池维修工具

① 动力电池举升车。用于拆装动力电池的工具，可以托举动力电池，如图 1-2-3 所示。

② 手动堆高车。装卸转运动力电池，如图 1-2-4 所示。

③ 动力电池工作台。

图 1-2-3 动力电池举升车

图 1-2-4 手动堆高车

2. 高压防护工具

① 绝缘垫。绝缘垫是具有较大的电阻率和耐电击穿的橡胶垫，主要在新能源汽车维护时铺在地面，起到绝缘作用，在雨季湿度大或者地面潮湿时，绝缘垫就更加重要了。

② 放电工装。新能源汽车上有许多大电容，断电后电容中储存的电能还没有释放，此时进行高压操作有触电危险，需要使用放电工装放电后才能进行操作。

③ 绝缘手套。绝缘手套由天然橡胶制成，起到对人体保护的作用，具有防水、防电、防油、耐化学品、耐酸碱等功能，如图 1-2-5 所示。绝缘手套是操作高压电气设备时重要的绝缘防护

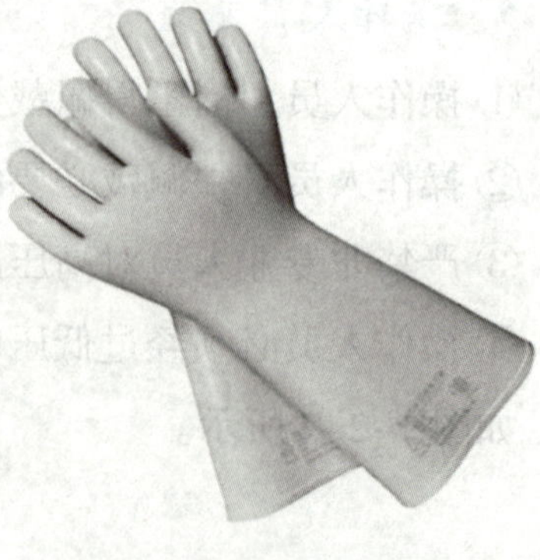

图 1-2-5 绝缘手套

装备，使用 6 个月必须进行预防性试验。

当手套变脏时，要用肥皂和水温不超过 65 ℃的清水冲洗，然后彻底干燥并涂上滑石粉。洗后如发现仍然黏附有像焦油或油漆之类的物质，请立即用清洁剂清洗此部位（但清洁剂不能过多），然后立即冲洗掉。

知识链接

绝缘手套检查流程

1. 握住手套。
2. 拉拽手套口，使之闭合。
3. 压住手套口，朝手指方向紧紧卷起。
4. 把卷边的两端向中间弯折。
5. 用一只手捏住手套口，使手套鼓起。
6. 贴近耳朵，捏紧手套，仔细听是否有针孔洞的漏气声。仔细检查手套是否有裂纹、破口、裂缝或孔洞。
7. 检查手套的上一次检查日期，登记手套的发货日期。
8. 将手套内外翻转，重复上述步骤。
9. 对于皮质防护手套，检查是否存在任何油脂、切口、磨损或其他影响手套用于带电作业防护的异物。
10. 穿脱手套时，不可佩戴任何首饰，如有佩戴则取下。
11. 不要拉拽皮质防护手套。
12. 小心使用并小心取下皮质防护手套，以防损坏。

④ 皮手套。皮手套（图 1-2-6）在拆除及安装高压部件时使用，套在绝缘手套的外面，起到保护绝缘手套的作用。

⑤ 绝缘头盔。当新能源汽车处于举升状态，进行维护时应使用绝缘头盔，如图 1-2-7 所示。使用前应检查绝缘帽有无开裂或者损伤，有无明显变形，下颚带是否完好、牢固，佩戴时适当调整并系好下颚带。

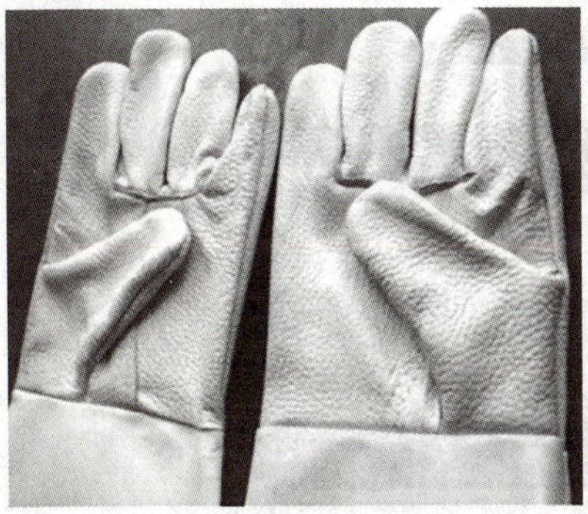

图 1-2-6　皮手套

图 1-2-7　绝缘头盔

⑥ 护目镜。检查和维护新能源汽车时需要佩戴护目镜，如图 1–2–8 所示。防护目镜主要防止电弧伤眼。使用前检查防护眼镜是否有裂痕、损坏。

⑦ 绝缘鞋。绝缘鞋是在高压操作时使人与大地绝缘的防护工具，一般在较为潮湿的场地使用，如图 1–2–9 所示。穿戴绝缘鞋前检查鞋面是否有磨损，鞋面是否干燥，鞋底是否断裂。绝缘鞋应放在干燥通风的地方，不能随意摆放，避免接触高温、尖锐物品和酸、碱、油类物品。

图 1–2–8　护目镜

图 1–2–9　绝缘鞋

⑧ 绝缘服。绝缘服（图 1–2–10）的主要作用是高压操作时对维修人员的身体进行保护。

⑨ 绝缘维修工具。绝缘维修工具与传统维修工具相比，增加了抗高压的绝缘层，从而保证维修人员的人身安全，如图 1–2–11 所示。

图 1–2–10　绝缘服

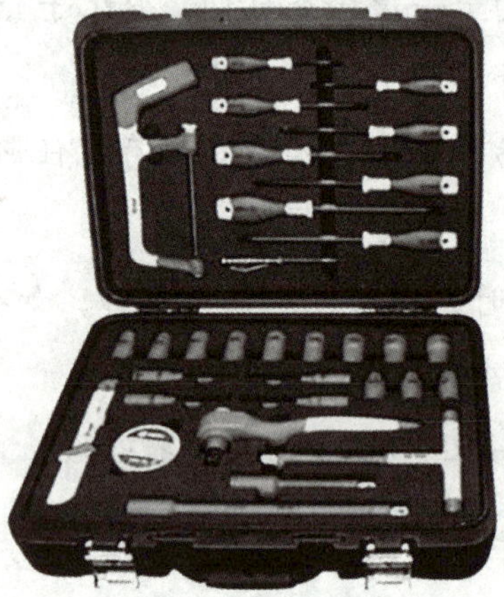
图 1–2–11　绝缘维修工具

3. 检测工具

故障诊断仪是用于检测汽车故障的便携式设备，如图 1–2–12 所示，用户可以利用它迅速地读取汽车电控系统中的故障，并通过液晶显示屏显示故障信息，迅速查明发生故障的部位及原因。

图 1–2–12　某品牌故障诊断仪外观

绝缘材料的电阻是表征新能源汽车电气系统好坏的重要参数。高压线绝缘介质的老化或者受潮湿环境的影响等，会导致高压电路和车辆底盘之间的绝缘性能下降，负极引线通过绝缘层和底盘构成漏电电流回路，使底盘电位上升危及乘客的人身安全。为了消除高压电对车辆和驾乘人员的潜在人身威胁，保证新能源汽车电气系统安全，在汽车维护时需要使用绝缘电阻表检测电阻。

万用表的介绍与使用

绝缘电阻表主要分为高能数字绝缘测试仪和兆欧级电阻表。

高能数字绝缘测试仪：高能数字绝缘测试仪是一种由电池供电的绝缘测试仪，如图 1–2–13 所示。它可以测试交流 / 直流电压、搭铁偶合电阻和绝缘电阻。

兆欧级电阻表：兆欧级电阻表，俗称摇表，如图 1–2–14 所示，是用来测量大电阻和绝缘电阻的检测仪器，计量单位是兆欧，所以称兆欧级电阻表。

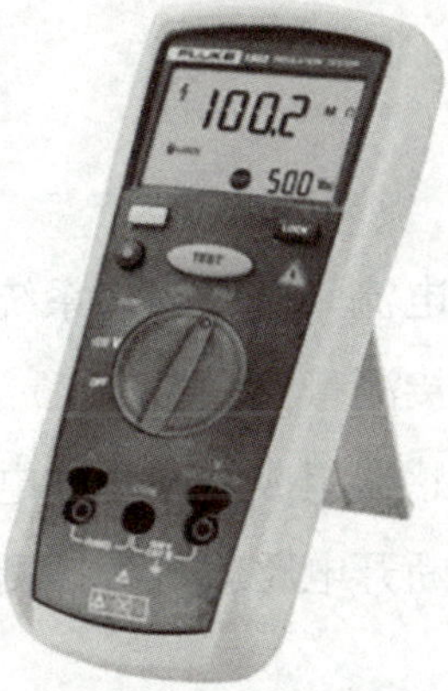

图 1–2–13　高能数字绝缘测试仪

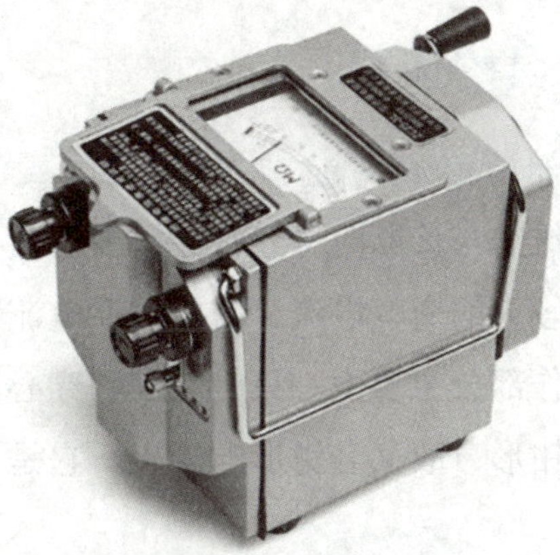

图 1–2–14　兆欧级电阻表

数字电流钳可以在不断电的情况下测量电气线路的电流，专门检测大电流交流电，由于工作部分呈钳状，所以称为数字电流钳，如图 1–2–15 所示。

示波器可以将看不见的电信号转变成得见的波形曲线，检测人员可以通过观察波形的频率、波峰、波谷、波长等要素判断电路的状态，如图 1–2–16 所示。

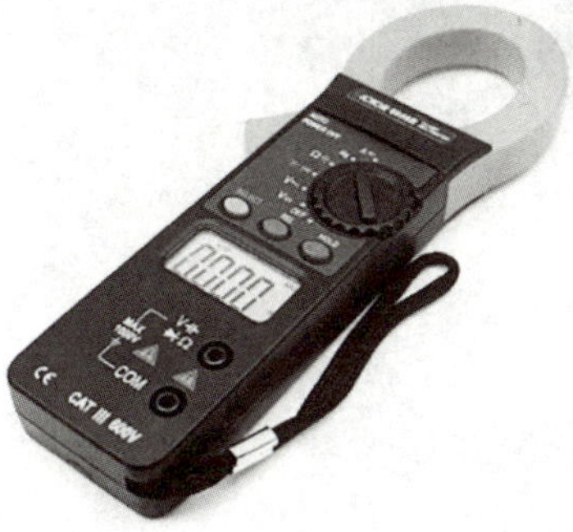

图 1–2–15　数字电流钳

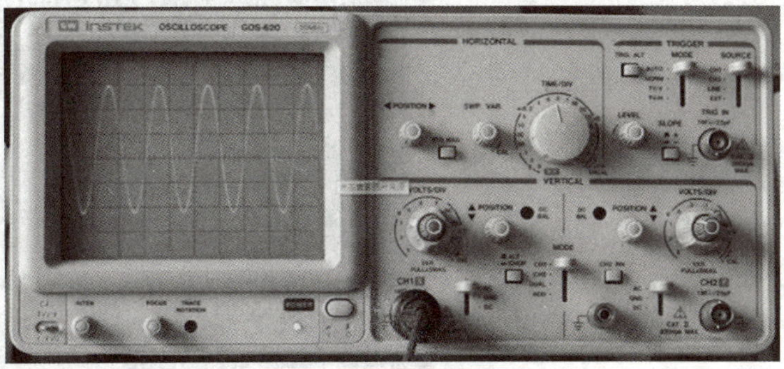

图 1–2–16　示波器

数字万用表是一种多功能测量仪器，可以用来检测电流、电压、电阻以及电路的通断等，如图 1–2–17 所示。

温度异常往往是电气或机械设备发生故障的早期征兆，电气设备过热往往意味着短路、熔丝烧毁或过载。红外测温仪就是将物体发出的不可见红外线转变为可见图像的仪器，如图 1–2–18 所示。

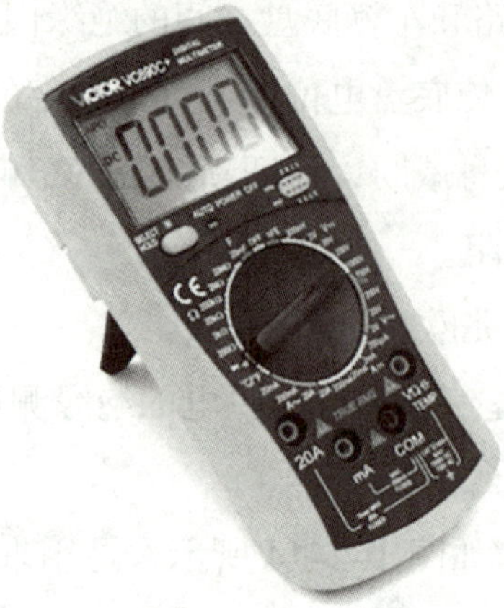

图 1–2–17　数字万用表

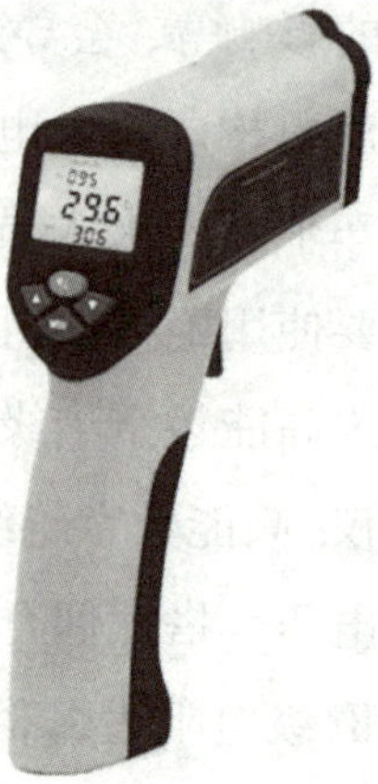

图 1–2–18　红外测温仪

三、检测工具的使用

1. 数字电流钳的电流测量

在新能源汽车维修与诊断时，经常会需要测量导线中的电流。由于驱动系统的导线（如逆变器与电机之间）存在较大的交变电流，需要数字电流钳进行间接测量。

数字电流钳工作部分主要由一只电流表和穿心式电流互感器组成。穿心式电流互感器的铁心制成活动开口，且成钳形，故又名钳形电流表。它是一种不需断开电路就可直接测电路交流电流的携带式仪表。

在测量电流时，可以按以下步骤进行。

① 估算电流大小，选择正确档位与电流类型。例如，如果需要测量三相电机的一相电流，如图 1–2–19 所示，选择交流电流档。

图 1–2–19　档位选择

② 打开电流钳，将被测量线路放入电流钳口之中。

小贴士

测量时电流钳应该保持钳口闭合，否则将测量出不正确的电流，如图 1–2–20 所示。

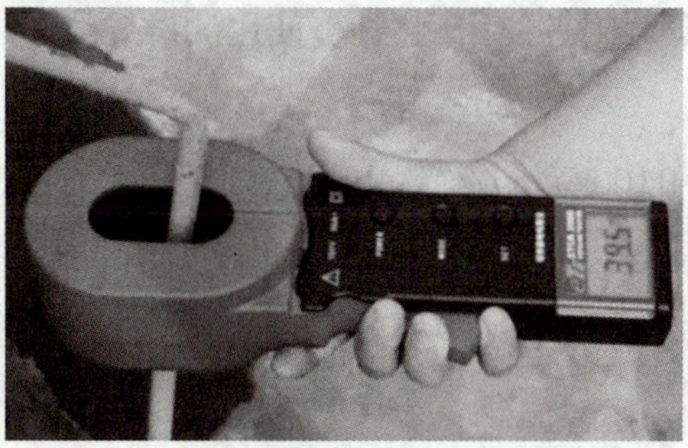

图 1-2-20　钳口闭合测试

③ 接通被测量装置，读取电流值。

④ 如需测量一个变化的电流，应在上一步的基础上按下“MAX”键后再启动电流钳（或根据使用说明操作）。

2. 数字绝缘测试仪的使用

新能源汽车的运行工况非常复杂，在运行过程中难免会出现部件和导线之间的摩擦、碰撞、挤压等，导致高压电路与车辆之间的绝缘性能下降。电源正负极通过绝缘层和底盘造成漏电现象，并可能引发电气火灾。因此，高压电气对车辆底盘的绝缘性是电动汽车的技术关键。在进行新能源汽车检查和维护时，使用数字绝缘测试仪检测绝缘性能也是至关重要的。图 1-2-21 为数字绝缘测试仪外观。

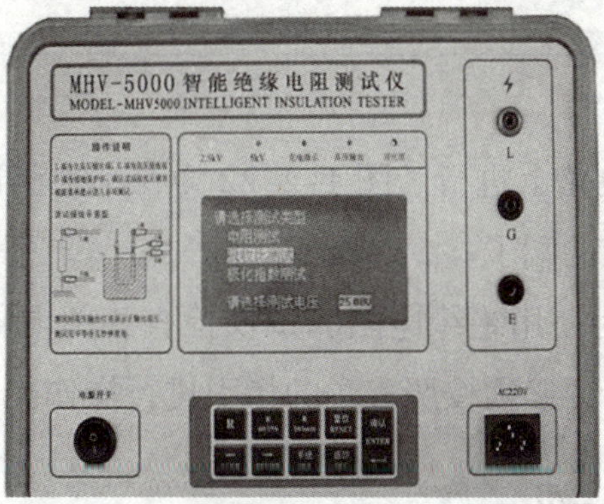

图 1-2-21　数字绝缘测试仪外观

数字绝缘测试仪的使用注意事项如下。

① 应严格按照使用手册的规定使用。

② 在将测试仪与被测电路连接之前，确保选用了正确的端子、开关位置和量程档。

③ 用测试仪测量已知电压来验证测试仪操作是否正确。

④ 端子之间或任何一个端子与接地点之间施加的电压，不能超过测试仪上标明的额定值。

⑤ 电压在 ACrms 30 V（交流有效值）、AC 42 V（交流峰值）或 DC 60 V（直流）以上时应格外小心，这些电压有造成触电的危险。

⑥ 出现测试仪电池低电量指示符时，应尽快更换电池。

⑦ 测试电阻、连通性、二极管或电容以前，必须先切断电源，并将所有的高压电容器放电。

⑧ 切勿在爆炸性的气体或蒸气附近使用测试仪。使用测试导线时，手指应保持在保护装置的后面。

3. 测量绝缘电阻的步骤

根据欧洲经济委员会ECE-R100标准，绝缘电阻必须至少为5 000 Ω/V。例如，288 V × 500 Ω/V= 1.44 MΩ，测量工具的测量电压至少要与检测部件的常规工作电压一样高。

表1-2-7为新能源电动汽车的高压线路检查步骤，务必按表中操作步骤对新能源汽车的高压线路进行检查。

表1-2-7　新能源汽车的高压线路检查步骤

操作步骤	操作说明
1. 将测试仪探头插入V和COM（公共）输入端子	—
2. 将旋转开关转至所需要的测试电压	—
3. 将探头与待测电路连接，测试仪会自动检测电路是否通电	如果电路中的电压超过30 V（交流或直流）以上，在主显示位置显示电压超过30 V以上警告的同时，还会显示高压符号。在这种情况下，禁止测试。在继续操作之前，先断开测试仪的连接并关闭电源
4. 按压测试按钮，此时将获得一个有效的绝缘电阻值读数	辅显示位置上显示被测电路上所施加的测试电压。主显示位置上显示高压符号并以MΩ或CΩ为单位显示电阻。显示屏的下端出现测试图标，直到释放测试按钮。当电阻超过最大显示量程时，测试仪显示“>”符号以及当前量程的最大电阻
5. 继续将探头留在测试点上，然后释放测试按钮，被测电路即开始通过测试仪放电	被测电路即开始通过测试仪放电。主显示位置显示电阻读数，直到开始新的测试或者选择了不同功能或量程，或者检测到了30 V以上的电压

4. 高压元件绝缘电阻检查

绝缘测试只能在不通电的电路上进行。图1-2-22为在车上测试绝缘性能的示意图，黑表笔接车身，红表笔测量电气元件相应的端子。

以某车型为例，表1-2-8为使用绝缘电阻测试仪检查相关电器元件的步骤及标准。使用绝缘电阻测试仪对绝缘性能进行评价，必须按照表中的指引进行操作。

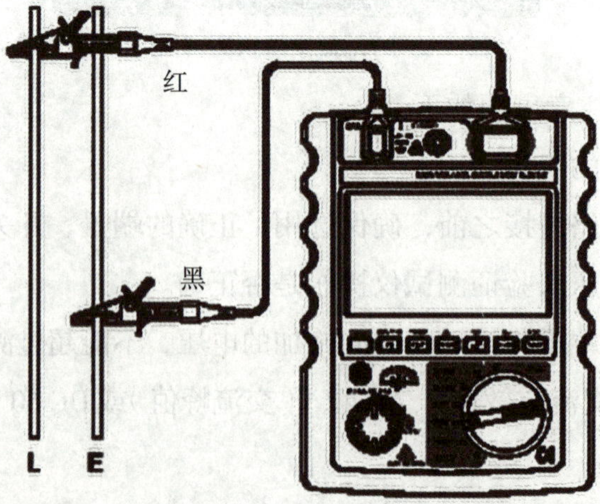

图1-2-22　绝缘性能测试示意图

表 1-2-8　绝缘电阻测试仪检查相关电器元件步骤及标准

高压部件	检测项目	检测方法	标准值
动力电池	动力电池正负极与车身（外壳）绝缘电阻的检测	将低压蓄电池负极断开； 将绝缘电阻测试仪黑表笔接于车身，红表笔逐个测量动力电池正负极端子	动力电池正极绝缘电阻为≥ 1.4 MΩ；负极绝缘电阻为≥ 1.0 MΩ
车载充电器	车载充电机正负极绝缘电阻的检测	将低压蓄电池负极断开； 拔掉高压接线盒接插件； 将绝缘电阻测试仪黑表笔接于车身，红表笔逐个测量高压接线盒接插件的 B（正极）和 H（负极）	在环境温度为 21 ~ 25 ℃和相对湿度为 45% ~ 75% 时，车载充电机正负极输出与车身（外壳）之间的绝缘电阻值≥ 1 000 MΩ；在环境温度为 21 ~ 25℃和相对湿度为 90% ~ 95% 时，车载充电机正负极输出与车身（外壳）之间的绝缘电阻≥ 20 MΩ
DC/DC	DC/DC 绝缘电阻的检测	将低压蓄电池负极断开； 拔掉高压接线盒接插件； 将绝缘电阻测试仪黑表笔接于车身，红表笔逐个测量 A（正极）和 G（负极）	在环境温度为 21 ~ 25 ℃和相对湿度为 80% ~ 90% 时，高压输入与车身（外壳）绝缘电阻≥ 1 000 MΩ；在工作温度 -20 ~ 65℃和工作湿度 5% ~ 85% 环境下，高压输入与车身（外壳）绝缘阻值≥ 20 MΩ
空调压缩机	空调压缩机正负极绝缘电阻的检测	将低压蓄电池负极断开； 拔掉高压接线盒接插件； 将绝缘电阻测试仪黑表笔接于车身，红表笔逐个测量 C（正极）和 F（负极）	向空调压缩机内充入（50 ± 1）cm^3 的冷冻机油和 62 ~ 64 g 的 HFC-134 a 制冷剂后，空调压缩机正负极对车身（外壳）的绝缘电阻≥ 5 MΩ；清空空调压缩机内部的冷冻机油后，空调压缩机正负极对车身（外壳）的绝缘阻值≥ 50 MΩ
PTC 加热电阻	PTC 正负极绝缘阻值的测量	将低压蓄电池负极断开； 拔掉高压接线盒接插件； 将绝缘电阻测试仪黑表笔接于车身，红表笔逐个测量 D（正极）和 E（负极）	PTC 正负极与车身（外壳）的绝缘阻值≥ 500 MΩ
电机控制器和电机	电机控制器、驱动电动机正负极输入绝缘阻值的测量	将低压蓄电池负极断开，拔掉高压接线盒电机控制器输入接插件 将绝缘电阻测试仪黑表笔接于车身，红表笔逐个测量正负极端子	电机控制器正负极输入端子与车身（外壳）的绝缘阻值≥ 100 MΩ
高压接线盒	高压接线盒正负极绝缘阻值的测量	将低压蓄电池负极断开，拔掉高压接线盒接插件，动力电池输入接插件，驱动电动机控制器输出接插件 将绝缘电阻测试仪黑表笔接于车身，红表笔逐个测量高压接线盒端（动力电池输入，驱动电机控制器输出）	高压接线盒端（动力电池输入，驱动电机控制器输出）与车身（外壳）绝缘电阻值为无穷大

5. 兆欧级电阻表的使用

兆欧级电阻表俗称摇表，由一个手摇发电机、表头和三个接线柱（L 为接线端，E 为搭铁端，G 为屏蔽端）组成。测量前先估算电阻测量值，根据估算选择适当的量程。

测量前需要检测兆欧级电阻表是否能够正常工作，此时需要做以下两个试验。

① 断路试验：将兆欧级电阻表放置平稳牢固的地方，将 L 接线柱和 E 接线柱分开，从慢到快

摇发电机达到 120 r/min 的额定转速，观察指针是否指在刻度“∞”的位置，如若是，为正常。

② 短路试验：将兆欧级电阻表放置平稳牢固的地方，将 L 接线柱和 E 接线柱短接，从慢到快摇发电机达到 120 r/min 的额定转速，观察指针是否指在刻度“0”的位置，如若是，为正常。图 1-2-23 所示为兆欧级电阻表短路试验。

图 1-2-23　兆欧级电阻表短路试验

测量时必须正确接线。兆欧表共有 3 个接线柱（L、E、G）。测量回路对地电阻时，L 接线柱与回路的裸露导体连接，E 接线柱连接地线或金属外壳；测量回路的绝缘电阻时，回路的首端与尾端分别与 L、E 连接；测量电缆的绝缘电阻时，为防止电缆表面泄漏电流对测量精度产生影响，应将电缆的屏蔽层接至 G 接线柱。线路接好后，转动摇把，从慢到快摇发电机达到 120 r/min 的额定转速后，匀速转动，1 min 后读数，并且边摇边读数，不能停下来读数。

兆欧级电阻表测量完毕，应立即使被测物放电，在兆欧级电阻表未停止转动和被测物未放电之前，不可用手去触及被测物的测量部位或进行拆线，以防止触电。

提示：

① 测量前将被测物体断电，并进行放电，不允许带电测试，以确保检测人员人身安全。

② 兆欧级电阻表的引线之间应当保持一定距离，以确保数据的准确性。

③ 测量时，被测量物体上不能有人。

④ 禁止在雷电时或者高压设备旁测试绝缘电阻。

⑤ 被测物表面应擦拭干净，不得有污物（如漆等），以免造成测量数据不准确。

实践操作

认识和使用新能源汽车维护与保养工具

一、准备工作

（1）实训场所：理实一体化实训室。

（2）辅助资料：车辆维修手册、教材等。

二、操作步骤

认识新能源汽车维护与保养工具，对应的工具名称及使用注意事项在表 1-2-9 中。

表 1-2-9　新能源汽车维护与保养工具

序号	工具名称	实物图片	使用注意事项
1	安全帽		(1) 佩戴前，要检查安全帽整体是否完好； (2) 佩戴时，必须按照头围的大小系好下颌带
2	绝缘服	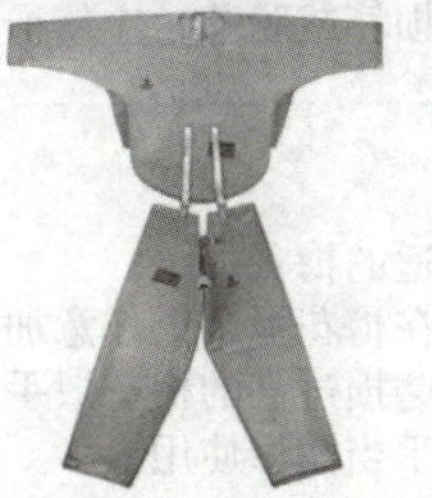	(1) 禁止在绝缘服上附加任何金属物品； (2) 穿绝缘服时，还应穿绝缘鞋，同时地面还应铺设绝缘垫； (3) 绝缘服应保持干净，使用后应采用软毛刷、软布蘸中性洗涤剂洗擦，不可使导电纤维受损；洗涤时不要与其他衣物混洗，应手洗或用洗衣机柔洗，以防导电纤维断裂； (4) 一体式绝缘服应完全遮盖住内层服装；分体式绝缘服的上衣应盖住裤腰，且弯腰时不应露出裤腰； (5) 使用 6 个月后，要进行性能测试，不合格的要停止使用
3	护目镜		(1) 注意专人专用，禁止交换使用，防止传染眼病； (2) 使用时间过长或使用不当，都会对护目镜造成损坏，此时对达不到佩戴安全标准的，需要及时进行调换； (3) 禁止重压，保存时尽量使其远离坚固物体，防止对护目镜造成损坏； (4) 使用前，需要对护目镜进行检查，看镜片有无裂痕和损坏； (5) 清洗护目镜时，需要使用柔软的专业擦拭布进行清理，并将其放于眼镜盒或安全的地方
4	绝缘手套		(1) 使用前，应检查其标签、合格证是否完好，是否在有效期内； (2) 使用前，应确保其有足够的长度，表面无裂痕、毛刺、划痕、破洞等损伤； (3) 使用前，必须进行充气检验，将绝缘手套朝手指方向卷曲，观察有无漏气或裂口； (4) 佩戴时，应将衣袖口套进绝缘手套内； (5) 使用时，不能用手抓表面尖利或带刺的物品，以免使绝缘手套受损； (6) 使用后，应将绝缘手套里外擦洗干净，待充分晾干后，再涂抹滑石粉，平整放置保存； (7) 不能使绝缘手套与其他工具和物品（尤其是具有腐蚀性的物品）混放，以免使绝缘手套受损； (8) 使用 6 个月后，必须进行性能测试，不合格的要停止使用
5	绝缘鞋		(1) 耐电压 15 kV 以下的绝缘鞋适用于工频电压 1 kV 以下的作业环境；耐电压 15 kV 以上的绝缘鞋适用于工频电压 1 kV 以上的作业环境； (2) 穿绝缘鞋前，应先检查鞋面有无划痕、鞋底有无断裂、鞋面是否干燥； (3) 穿绝缘鞋时，应避免与锐器及高温、腐蚀性物质接触，以防绝缘鞋受损，影响其性能； (4) 使用 6 个月后，要进行性能测试，不合格的要停止使用
6	绝缘垫		(1) 禁止在潮湿的环境中使用，应在干燥通风的环境中使用； (2) 禁止让绝缘垫与油、酸、碱或其他有害物质接触，避免阳光直射，防止与尖锐物体碰撞； (3) 使用时，一定要确保双脚全部站在绝缘垫上

（续表）

序号	工具名称	实物图片	使用注意事项
7	呆扳手		（1）一定要选择与所拆装螺栓或螺母相同规格的呆扳手进行作业，以防因呆扳手尺寸不合适而损坏螺栓或螺母的棱角； （2）当使用推力拆装螺栓或螺母时，不能采用握推的方式，应使用手掌来推动呆扳手，以免碰伤手指； （3）为防止呆扳手损坏或脱落，应使推力作用在开口较厚的一边
8	梅花扳手	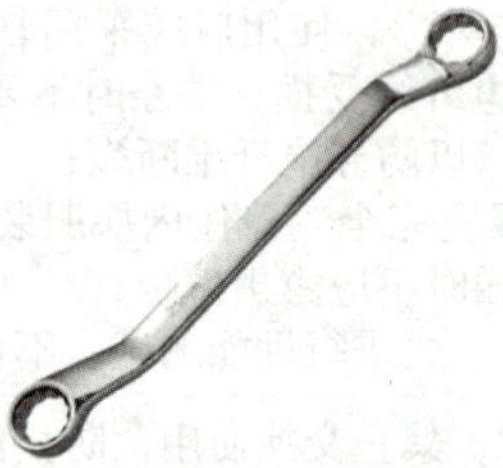	（1）应选用尺寸合适的梅花扳手； （2）扳转时，不准在梅花扳手上任意加套管或锤击； （3）禁止使用内孔磨损过甚的梅花扳手； （4）不能将梅花扳手当撬棒使用
9	套筒扳手	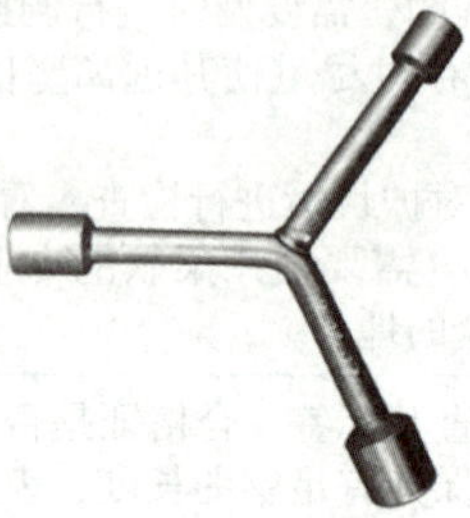	（1）使用时根据螺栓、螺母的尺寸，先选好套筒并将其套在快速摇柄的端头上（视需要与接长杆配合使用），再将套筒套在螺栓、螺母上，然后转动快速摇柄进行拆装； （2）扳转棘轮扳手时，不准拆装过紧的螺栓、螺母，以免损坏棘轮扳手； （3）拆装时，握快速摇柄的手切勿摇晃，以免套筒滑出或损坏螺栓、螺母的棱角； （4）禁止用手锤将套筒击入变形的螺栓、螺母中，以免损坏套筒； （5）禁止使用内孔磨损过甚的套筒； （6）使用完毕后，应进行清洗，洗去油污，并妥善放置
10	活扳手	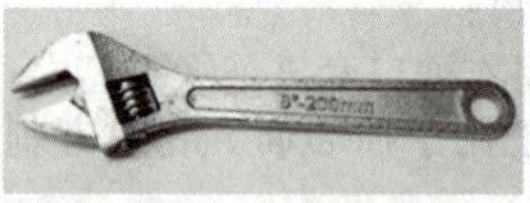	（1）使用活扳手时，应根据螺栓、螺母的尺寸先调整好开口的尺寸； （2）扳转时应使固定部分承受拉力，以免损坏可调部分； （3）扳转时不准在活扳手的手柄上随意加套管或锤击； （4）禁止将活扳手当手锤使用
11	气动扭矩扳手		（1）若套头没有完全套住螺母，则严禁启动开关； （2）使用气动扭矩扳手时，不能超负荷和高速空转，以防过早磨损； （3）禁止带风装卸气动扭矩扳手套头和带风清洗气动扭矩扳手； （4）用完气动扭矩扳手后，应在拔下高压气体快速接头后将其清洗干净，并妥善保管
12	剪式举升机		（1）升降时，规定区域内不能有人，以免发生危险； （2）不能举升超过其自身承受能力的车辆； （3）升降过程中，如果发现平台不能同步升降，要及时停止操作，检查并排除故障后方可使剪式举升机继续进行升降； （4）下降时，需要先使平台稍微上升，观察没有问题后，方可使其下降
13	绝缘测试仪	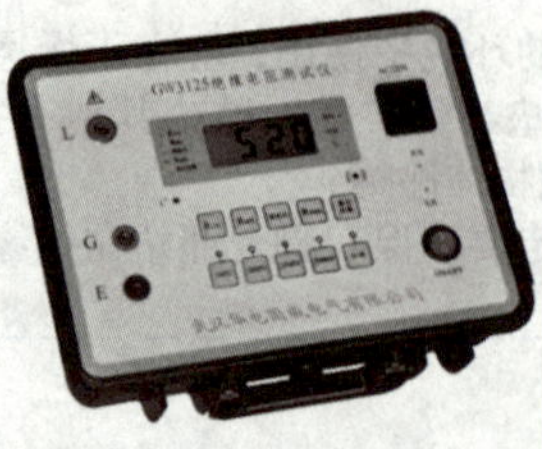	（1）测试电阻、二极管或电容等器件之前，必须先切断电源，并将所有的高压电容放电； （2）在将绝缘测试仪与待测电路连接之前，一定要选择 正确的输入口和开关挡位； （3）因为高压部件内部有电容存在，所以严禁测试其端子之间的绝缘电阻； （4）绝缘电阻测试需要保持 1 min，待数值稳定后再结束测试

（续表）

序号	工具名称	实物图片	使用注意事项
14	高压绝缘测试仪	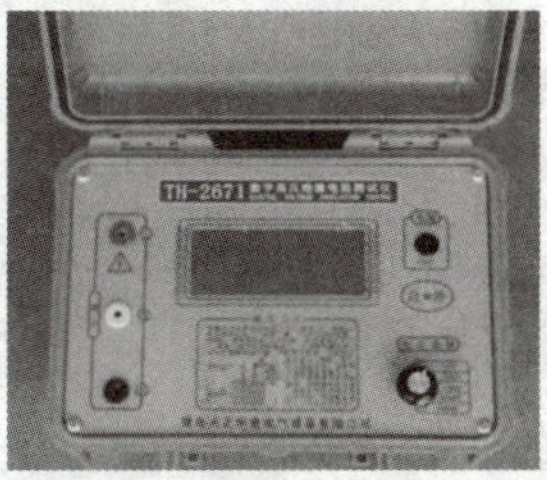	（1）在使用高压绝缘检测仪测试高压时，需要务必注意，以防触电； （2）在测试绝缘电阻前，待测电路必须完全放电，并且与电源电路完全隔离； （3）在测试前，务必确定待测电路没有通电，并禁止测试带电设备或带电线路的绝缘电阻； （4）测试完毕后，不要用手触摸电路，否则电路中储存的电容可能会引起电击； （5）在完成所有的测试操作后，需要断开测试线接线端与待测电路的连接，并从高压绝缘检测仪输入口拿掉测试线
15	万用表	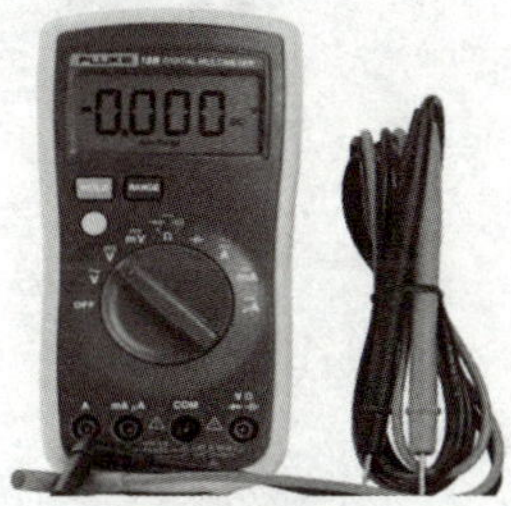	（1）在测试电流、电压时，不能带电调节旋转开关（换量程）； （2）在选择量程时，要先选大的，再选小的，且尽量使被测试值接近量程； （3）在测试电阻时，不能带电操作； （4）使用完毕后，应使旋转开关在交流电压的最大挡位或空挡上
16	钳形电流表		（1）使用钳形电流表前，要仔细阅读说明书，弄清该钳形电流表是交流的，还是交流与直流两用的； （2）被测电路电压不能超过钳形电流表上所标明的数值，否则容易造成接地事故或引发触电事故； （3）钳形电流表每次只能测试一根导线的电流，不可同时测试多根导线的电流； （4）严禁测试过程中切换量程； （5）测试时，专业人员要佩戴绝缘手套，穿绝缘鞋，并站在绝缘垫上，双手不得触碰其他设备，以防短路或接地； （6）钳形电流表测试结束后，要把量程切换挡位开关拨至最大挡位，以免下次使用时不慎过载
17	轮胎气压表		（1）使用时，必须将其水平放置，以防倾斜时造成读数误差； （2）禁止将防振保护套随意取出，以免损坏； （3）在使用前，一定要将轮胎气压表接到高压气体管路上，以校验轮胎气压表的误差
18	百分表		（1）将百分表固定在支架紧固套内时，不要使夹紧力过大。百分表夹紧后，测杆应能平稳、灵活地移动，且无卡滞现象； （2）用百分表测量前，应先对大指针进行调零。调零时，应使测杆有一定的初始测量压力，即在测头与工件表面接触时，测杆应有 1 ～ 3 mm 的压缩量； （3）测量时，首先应轻轻提起测杆，将工件移至测头下面，缓慢使测杆下降，使测头与工件表面接触；接着转动表盘，使表盘的“0”刻度线对准大指针；然后轻轻地拉动测头，将其拉起和放松几次后，检查大指针所处零位是否改变。只有在大指针所处零位稳定后，才能开始读数； （4）测平面时，测杆与被测工件表面要保持垂直；测圆柱体时，测杆中心必须与工件中心相同。读数时，测量者的视线应垂直于表盘，以减小视差； （5）使用完毕后，应将百分表擦拭干净，并在测头上涂抹防锈油，然后将其放入专用盒内，妥善保管

任务小练

一、填空题

1. 新能源汽车维护与保养的工作要求主要包括＿＿＿＿＿和＿＿＿＿＿。

2. 新能源汽车维护与保养的工具主要分为＿＿＿＿＿、＿＿＿＿＿和＿＿＿＿＿三大类。

3. 数字电流钳工作部分主要由一只＿＿＿＿＿和＿＿＿＿＿互感器组成。穿心式电流互感器的铁心制成＿＿＿＿＿，且成＿＿＿＿＿，故又名钳形电流表。

4. 根据欧洲经济委员会 ECE-R100 标准，绝缘电阻必须至少为＿＿＿＿＿Ω/V。

5. 兆欧级电阻表俗称摇表，由＿＿＿＿＿、＿＿＿＿＿和＿＿＿＿＿组成。

二、简答题

1. 简述使用套筒扳手的注意事项。

2. 简述使用百分表的注意事项。

任务 1.3　新能源汽车检查与日常维护

任务引入

张华立志成为一名新能源汽车维护顾问，通过查阅资料，他了解到该职位具有很多方面的工作要求，但是具体的工作要求、内容、准则是什么，他却无从知晓。于是他前往新能源汽车4S 店，请教该岗位的工作人员，如果你是这位工作人员，你会如何为张华讲解呢？

本任务主要介绍新能源汽车维护作业的标准、分类及工作内容等基础知识，其知识与技能要求如表 1-3-1 所示。

表 1-3-1　知识与技能要求

任务内容	新能源汽车维护与保养认知	学习程度		
		识记	理解	应用
学习任务	新能源汽车维护的目的	●		
	新能源汽车维修制度	●		
	新能源汽车维护的标准	●		
	新能源汽车维护的分类		●	
	新能源汽车维护的主要工作内容		●	
	维护保养的流程和人员	●		
	汽车维修服务顾问的素质要求	●		
	汽车维修技师的最佳工作基本原则		●	
实训任务	学习汽车 4S 店的 5S 管理制度		●	
自我勉励				

任务工单

1. 任务目的

（1）了解新能源汽车维护的目的。

（2）了解新能源汽车维护的标准与分类。

（3）熟悉新能源汽车维护的工作内容及流程。

（4）掌握汽车维修服务人员的素质要求及基本工作原则。

2. 寻找伙伴

以 3 ~ 5 人为一组，选出组长并进行任务分工，将小组成员及分工情况填入表 1-3-2 中。

表 1-3-2　小组成员及分工情况

班级：　　　　组号：　　　　指导教师：

小组成员	姓名	学号	任务分工
组长			
组员			

3. 制订计划

（1）查阅相关资料，制订工作计划，并将其填入表 1-3-3 中。

表 1-3-3　工作计划

序号	工作内容	负责人

（2）将操作过程中所需的工具和耗材等填入表 1-3-4 中。

表 1-3-4　操作过程中所需的工具和耗材等清单

序号	名称	型号与规格	单位	数量	备注

4. 进行决策

（1）小组成员针对各自的工作计划展开讨论，并选出最佳工作计划。

（2）指导教师根据各小组提交的工作计划给出评价。

（3）各小组成员根据指导教师的评价对工作计划进行调整，调整合格后的工作计划即为最终实施方案。

5. 工作实施

根据最终实施方案，认识新能源汽车维护的主要作业项目及其位置。按实际操作过程，将实施内容、遇到的问题及解决办法等记录于表 1-3-5 中。

表 1-3-5　工作实施过程记录表

序号	实施内容	遇到的问题及解决办法	结果

6. 考核评价

各组展示任务完成情况，并完成如表 1-3-6 所示的考核评价表。

表 1-3-6　考核评价表

项目名称	评价内容	满分 / 分	评分 / 分		
			自评	互评	师评
职业素养考核项目 40%	穿戴规范、整洁	6			
	安全意识、责任意识及服从意识强	6			
	积极参加教学活动，按时完成任务工单	10			
	团队合作、沟通交流能力强	6			
	劳动纪律良好	6			
	维护场地、设备及工具等干净整洁	6			
专业能力考核项目 60%	专业知识查找及时、准确	12			
	操作符合规范	18			
	操作熟练，工作效率高	12			
	任务完成度高	18			
合计		100			
总评	自评（20%）+ 互评（20%）+ 师评（60%）=	综合等级	指导教师（签名）：		

相关知识

一、车辆维护的目的

（一）车辆使用的基本规律

随着汽车工业的快速发展，汽车的质量和使用寿命得到大大的提高。如今的汽车都经历了漫长的使用周期，新能源汽车也不例外，其使用规律如图 1-3-1 所示。第一步是车辆生产制造；接着运输与仓储，进行车辆销售；再进行新车交车，到达客户手中进行车辆使用；第六步是车辆维护和保养；第七是车辆维修。当然，车辆可能进入二手车流程（图 1–3–1 中⑧），再次进入市场流动，直至最后车辆报废（图 1–3–1 中⑨）。

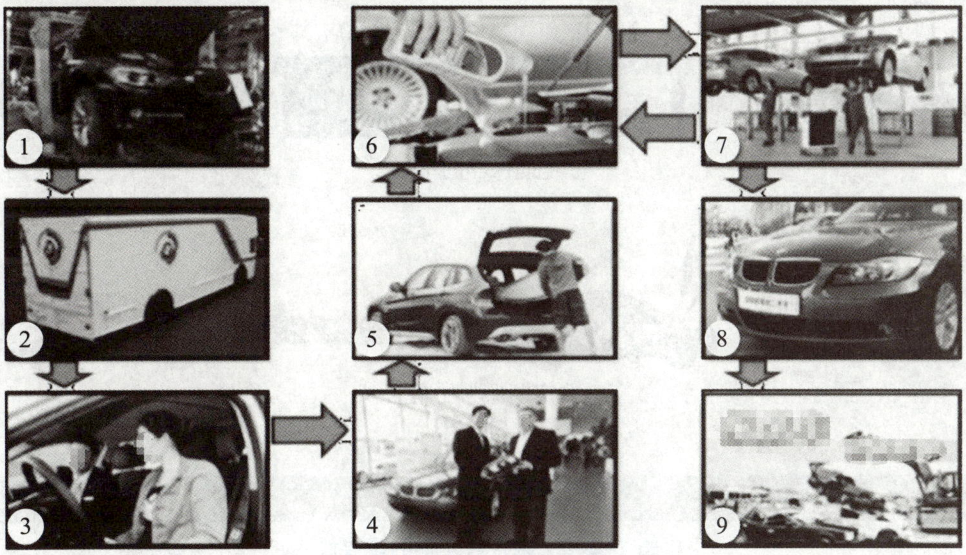

图 1–3–1　车辆使用规律

（二）保养维护的意义

自 2013 年 5 月 1 日起施行的《机动车强制报废标准》中，取消了对非营运轿车行驶年限的规定，同时将私家车报废行驶里程限制为 60 万千米。这种取消了年限转而以里程数为限制标准的方法，大大提高了汽车的使用率。以一年 2 万千米的正常使用率来计算，私家车的使用时限几乎翻了一番。虽然取消了年限，但并不意味着任何车辆都能真正开满 60 万千米，新政已经对车辆使用标准进行了更严格的规定，所以及时规范地进行车辆养护非常必要，可以提升车辆的使用利益。

新能源车辆的保养检查有助于客户车辆的保值。在保养检查时，一方面观察与车辆功能有关的项目；另一方面观察与车辆运行时的安全有关的项目。保养维护工作主要以检查和调整为主，对车辆动力系统、电力系统、底盘悬挂、制动转向等系统的检查，可以及时发现和解决存在的隐患及故障，避免更大故障的发生，拥有安全的驾驶环境，如图 1–3–2 所示。

车辆在日常使用中会经历各种复杂工况，在日常运行中要承受各种负荷。为了承受住这些负荷，车辆运行时中定会磨损，需要定期进行维护，且在磨损后必须更新（例如，制动摩擦片）。此外，定期地检查车辆能够及时识别出现的行车故障并避免由此产生的较大维修需要。而电动汽车因为高压电池缘故，其车辆可靠性和安全性，更需要定期的检查和维护来保障。

通过实施定期的维护和保养，对车辆而言，可以避免新能源汽车后续可能发生的故障，延长车辆的使用寿命，保证车辆满足年检的法规要求；对售后服务中心而言，规范化保养，可以提高企业的业务，并赢得更多客户；对车辆的客户而言，可以享受既经济又安全可靠的驾车体验，也提高了其对品牌的忠诚度。

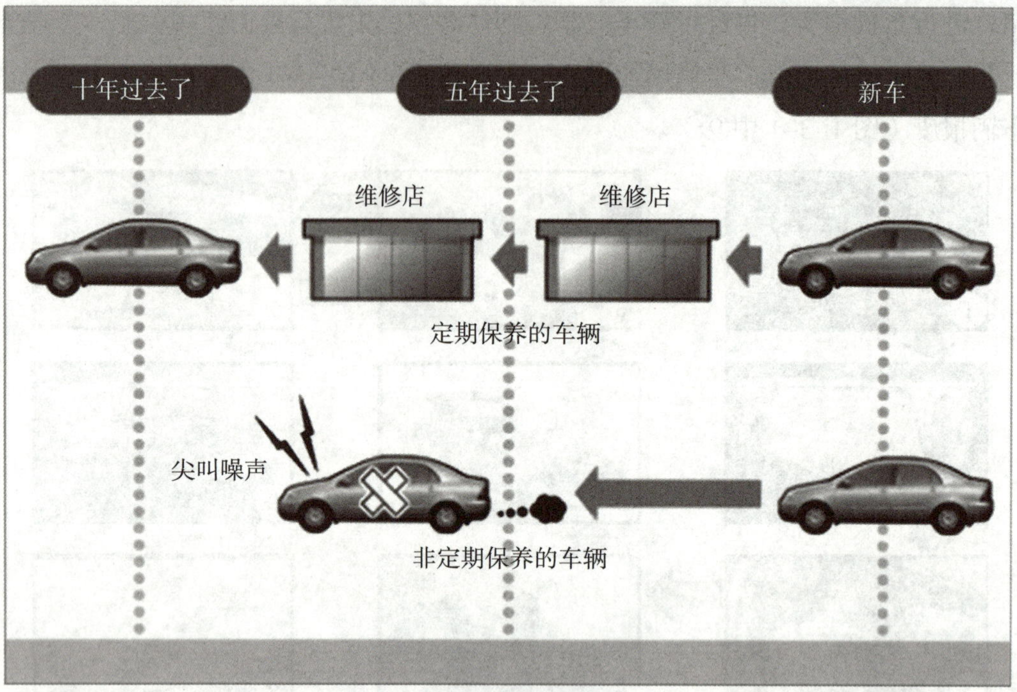

图 1-3-2　维护对车辆的重要性

二、新能源汽车维修制度

（一）新能源汽车维修制度分类

1. 维护

维护是指定期对汽车各总成进行清洁、检查、润滑、紧固、调整、仪器检测或更换部分零件，目的是保持车辆整洁、车况良好并消除故障隐患，避免或减少车辆故障。

2. 修理

修理是指为使汽车各总成的技术状况和工作能力达到行驶要求所进行的活动。

（二）维护与修理的区别

1. 作业技术措施不同

维护以预防为目的，通常采取强制要求实施；修理是按计划，视需要进行。

2. 作业时间不同

维护作业通常是在车辆发生故障之前进行；修理作业则通常是在车辆发生故障之后进行。

3. 作业目的不同

维护的目的通常是降低零件磨损速度，预防故障的发生，延长汽车使用寿命；修理的目的则是让出现故障或无法正常工作的部件、总成恢复常态，使汽车达到良好的技术状况、工作能力，延长使用寿命。

（三）维护与修理的关系

新能源汽车的维护和修理是辩证关系，维护中有修理，修理中有维护。在车辆维护过程中可能发现某一部位或部件将要发生故障或存在故障前兆，因而可在维护时对其进行修理。而在修理的过程中，对一些没有损坏的部件也要进行维护。在日常工作中，要坚持预防为主，以维护为重点，按需进行必要的修理。

三、新能源汽车维护的标准

根据交通运输部《汽车运输业车辆技术管理规定》，汽车维护应贯彻“预防为主、定期检测、强制维护”的原则，即必须遵照交通运输管理部门或生产厂家规定的行驶里程或时间间隔，按期强制执行汽车维护，不得拖延。在维护作业中，应遵循汽车维护分级和作业范围的有关规定，以保证维护质量。

目前，我国还没有出台与新能源汽车维护相关的国家标准。2018 年 8 月 21 日，上海市汽车维修行业协会下发《新能源汽车维护技术标准（试行）》，旨在提高新能源汽车维修质量，为营运安全奠定基础。该标准规定了新能源汽车日常保养、一级保养、二级保养所涉及的周期、作业内容和技术要求，适用于纯电动汽车和混合动力汽车的高压电动部分。

四、新能源汽车维护的分类

新能源汽车保养周期区分的依据是营运及非营运车辆的使用频率。新能源汽车维护可分为两类：定期维护和非定期维护。

（1）新能源汽车定期维护可分为四类：磨合维护、日常维护、一级维护和二级维护。磨合维护即新车磨合期内的维护保养。日常维护是以清洁、调整和安全检查为主要目的的汽车维护作业。一级维护涉及常规系统和高压系统。二级维护中，常规系统二级维护的基本作业应符合《汽车维护、检测、诊断技术规范》（CB/T 18344—2016）第 5.3 条规定的作业项目及要求；高压系统二级维护的作业内容主要包括对驱动电机、动力电池和高压附件的维护。

（2）非定期维护可分为季节性维护、免拆维护（新型维护方法）和诊断维护三类。

五、新能源汽车维护的主要工作内容

新能源汽车维护作业主要分为六类，即清洁、检查、润滑、紧固、调整和仪器检测。汽车维护是一种计划预防制度，在汽车行驶到规定的维护周期时，必须按期强制进行维护。

（一）清洁

清洁作业是以提高汽车维护质量、防止零部件腐蚀、减轻零部件磨损和降低能量消耗为目的，并为检查、润滑、紧固、调整和仪器检测作业做好准备。

（二）检查

检查作业是以检查汽车各部位零部件是否松动或损坏为目的。

（三）润滑

按照车辆的润滑图表和规定润滑周期，用规定牌号的润滑油或润滑脂进行润滑；润滑电驱系统和传动系统的零部件；按规定补充、更换发动机、变速器、转向器、驱动桥等部件的润滑油。

（四）紧固

紧固作业的重点应放在负荷重且工作环境经常变化的各零部件的连接部位，如高压线束和高压附件，应及时对各连接螺栓进行必要的紧固和更换。

（五）调整

调整作业的目的是保证各总成和零部件长期正常工作。调整作业的内容：调整润滑油油量、冷却液液面、低压蓄电池电量、轮胎压力、空调制冷剂用量、玻璃水液位、动力电池电量等。

（六）仪器检测

汽车维护中的仪器检测主要是指利用相关检测设备对汽车转向轮定位、车轮动平衡、高压系统绝缘电阻、高压部件输出电压等进行检测作业。在检测之前，应保证专用检测设备精度和检测结果符合国家相关技术标准或原厂要求。

六、新能源汽车维护保养的流程和人员

维护和保养工作对于保持车辆功能和运行性能非常重要，准确规范地进行保养工作可确保车辆安全性。随着客户对新能源汽车维护保养的重视，汽车4S店也重视并制定了保养工作流程，维护和保养的服务流程如图1-3-3所示，图1-3-3中不仅显示了保养流程内容，而且包含该工作相应的岗位人员。如服务顾问在接收车辆检查和保养工作的客户工单时，服务部门以及服务员工便对客户做出了服务承诺。

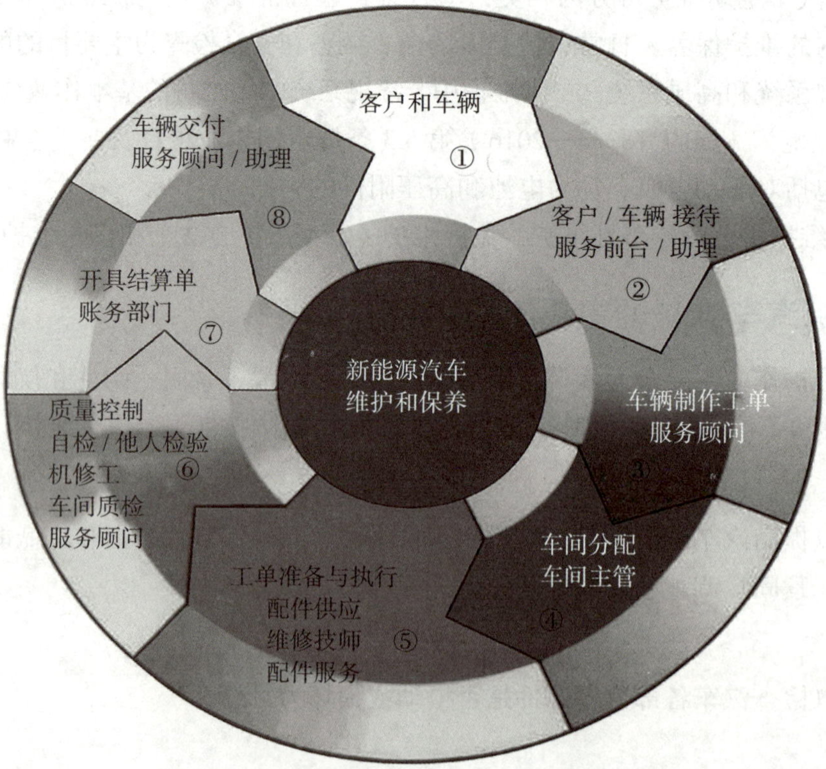

图1-3-3　新能源汽车维护和保养流程

标准规范维护工作的执行，首先离不开维护人员的团队组建和人员素养。新能源汽车维护人员的基本构成，具体包含服务经理（或称管理员），主要进行分配工作并监督维护技师每项工作的进

程；服务顾问（或称业务人员），接待客户，并判断客户的需求提供建议；维护技师（也称技术员），负责维护和修理工作；质检 / 终检，在维护结束后检查每项工作的质量。

七、新能源汽车维修服务顾问的素质要求

（一）汽车维修服务顾问的技能素质要求

1. 良好的语言表达能力

良好的语言表达能力是实现与客户沟通的必要技能和技巧。

2. 丰富的行业知识及经验

（1）熟练的专业技能。

（2）优雅的形体语言表达技巧。

（3）具备洞察客户心理活动的能力。

3. 思维敏捷

（1）具备良好的人际关系沟通能力。

（2）具备专业的客户电话服务接听技巧。

（3）具备良好的倾听能力。

（二）汽车维修服务顾问的综合素质要求

（1）“客户至上”的服务理念。

（2）独立处理工作的能力。

（3）分析解决各种问题的能力。

（4）协调人际关系的能力。

（三）汽车维修服务顾问礼仪规范

1. 仪表端庄、整洁

（1）按季节统一着装，要求整洁、得体、大方。

（2）衬衫平整、干净，领子与袖口不能有污渍。

（3）穿西服应佩戴领带，并注意颜色相配；领带不得有污渍、破损或歪斜松弛。

（4）胸卡佩戴在左胸位置，卡面保持整洁、清晰。

（5）穿西服可以不扣纽扣，如果扣，应使用正确的扣法；正确的扣法是只扣上边一粒，下边则不扣。

（6）胸部口袋只是装饰，不能装东西，如遇隆重场合，仅可装作为胸饰的小花等；其他口袋也不可装太多东西，如果外观鼓鼓囊囊，会很不雅观。

（7）穿深色皮鞋，每日擦亮，不穿破损、带钉和异形的鞋。

（8）工作期间不宜穿大衣或过分臃肿的服装。

（9）女性服务顾问着装应淡雅得体，不可过分华丽。

2. 仪容洁净、自然

（1）头发干净整齐，让客户有一个好印象。作为服务中心的一员，应当保持合适的发型。头发要经常清洗，保持清洁，发型要普通，不能染发。男性服务顾问不留长发，女性服务顾问不留披肩发。

（2）面部清洁，男性服务顾问应经常剃胡须，女性服务顾问要化淡妆，不能浓妆艳抹，不能用味道浓烈的香水。

（3）指甲不能太长，要注意经常修剪。女性服务顾问不可留长指甲，不可做美甲，不可涂有色指甲油。

（4）口腔保持清洁，上班前不喝酒、不吃有异味的食品。

3. 举止规范

（1）握手

主动热情，表达诚意，但对女客户不可主动伸手，更不可双手握。

（2）微笑

在任何情况下，对客户都要保持微笑。

（3）打招呼

主动与客户打招呼，目光注视客户。

（4）安全距离

与客户保持1米左右的距离。

（5）作介绍

先介绍自己，后介绍与自己同行的其他工作人员。

（6）指点方向

紧闭五指，指示方向，不可只伸一根或两根手指。

（7）引路

在客人的左侧为其示意前进方向。

（8）送客

在客人的右侧为其示意前进方向。

（9）交换名片

双手接过客户名片，仔细收藏好，不可随意放在桌上；递送自己的名片时要双手送出，同时自报姓名。

（四）服务顾问负责的车辆预检程序及技巧

1. 仔细倾听与问诊

汽车故障诊断都是由倾听与问诊开始，这也是诊断的第一步。服务顾问应该仔细倾听客户对车辆故障的描述，并在工作单上做好记录。

2. 认真检验

听完客户对故障的描述之后，还不能对这些现象轻易下诊断结论。因为绝大多数客户并不是专业人士，对于汽车本身的认识处于很粗浅的阶段，有时很难说清楚是哪个系统出了故障，也可能该“故障”对于某种车型来说并不一定是故障。这就需要接待人员从专业的角度对车辆进行检验，看是否像客户所说的那样、是否有新发现，所以绝对不能为了图省事就不进行检验。如果全部照搬车主的叙述，直接制订工作单而不进行核实，就有可能使下一步的维修工作陷入误区。可见，检验往往是诊断出故障的关键。

3. 准确判断

有了问诊和检验作为基础，接下来就要根据前两步来对故障进行诊断并开维修委托单。大部分车主并非汽车专业人士，而作为专业的汽车维修接待人员要将车主的口头描述转化为专业文字，制订好维修委托单，以便车间的维修人员进行专业化维修作业。记录过程要防止出现文字叙述不清楚、记录不准确的情况，以免导致误诊或错诊，这就要求接待人员具有较系统的汽车维修理论知识和一定的维修经验。

八、新能源汽车维修技师的基本工作原则

（一）职业化的形象

维修技师在工作中必须穿干净的制服，包括干净的帽子，干净的制服，穿着适当，整洁利落的发型，无带扣的皮带，口袋里有干净的抹布，不戴手表或戒指，不带钥匙扣。新能源汽车维修技师需要一直穿防护鞋，穿干净的防护鞋。

（二）爱护车辆

车辆维修作业时必须使用座椅套、方向盘罩和地板布等；小心驾驶客户车辆；在客户车内不抽烟；切勿使用客户音响设备或车内电话；拿走留在车上的垃圾和零件箱。

（三）整洁有序

保持车间（地面、工具台、工作台、仪表、测试仪等）的整洁有序，须做到拿开不必要的物件；保持零部件和材料整齐有序；打扫、清洗和擦净；汽车停正后，方可维护维修。

（四）安全生产

正确地使用工具和其他设备（汽车举升器、千斤顶、砂轮等）；小心着火，工作时切勿抽烟；切勿搬运过重的物件。

（五）计划和准备

做好工作计划（工作程序和准备），根据维修单工作，确认库存有所需零部件，避免出错。确认“主要项目”（客户进行维修的主要原因）；确认你了解客户的要求及服务顾问的指示。若出现

返工的情况，要特别注意沟通；如果除了规定的工作外还有其他工作，应报告给服务顾问，只有在得到客户的同意后方可进行。

（六）快速可靠地工作

根据维修手册、电子线路图和诊断手册进行工作，以避免主观猜测，使用正确的专用维修工具和测试仪。尽可能运用所学技能，如果有事情不清楚，应询问服务顾问或者管理人员。若需推迟完成任务，也应通知服务顾问或管理人员。

（七）工作完成后要检查

确认主要项目已完成；确认已完成所有其他需要做的工作；确认车辆至少和刚接手时是同样清洁的。

（八）后继工作

完成维修单和维修报告（例如，写下故障原因，更换的零件，更换原因，劳动时长等）；未列在维修单上的任何其他信息，必须通知管理人员或者服务顾问；在工作中所注意到的任何异常情况应告知服务顾问或管理人员。

实践操作

学习汽车 4S 店的 5S 管理制度

一、准备工作

（1）实训场所：理实一体化实训室。

（2）辅助资料：车辆维修手册、教材等。

二、操作步骤

“5S”是指对生产现场各生产要素（主要是物的要素）所处状态不断进行整理（seiri）、整顿（seiton）、清扫（seiso）、清洁（seiketsu）、素养（shitsuke）的活动，简称 5S。此管理制度起源于日本，是一种优秀的现场管理技术，该制度能减少浪费、提高效率、保障工作安全，有助于企业形象的提升，提升员工归属感，保障工作品质。

（一）5S 管理制度的内容

（1）整理

在工作现场区分要与不要的物品，现场只保留必需物品。

（2）整顿

必需品依规定位置、方法，摆放整齐有序，明确标示。

（3）清扫

清除现场的脏污，清除作业区域的物料垃圾。

（4）清洁

将整理、整顿、清扫实施的做法制度化、规范化，维持其成果。

（5）素养

人人按章操作、依规行事，养成良好的工作习惯。

（二）5S 管理制度的作业技术

1. 整理

目的：确定某种项目是否需要，不需要的应立即丢弃，以便有效利用空间。

内容：

（1）按照必要性，组织和利用所有的资源，包括工具、零件或信息等。

（2）在工作场地指定一处地方来放置所有不必要的物品。

（3）工具使用后，按规定放置到合理的位置。

（4）注意高空作业的安全。

（5）重点查看窗户、通道天棚、柱子、管路线路、灯泡、开关、台架、更衣室、外壳、盖板的脱落或破损，以及安全支架和扶手的损坏等情况。

（6）采取措施彻底解决上述部位生锈、脱落或杂乱等问题。

2. 整顿

目的：方便零件和工具的使用，节约时间（图 1–3–4）。

图 1–3–4　整顿

内容：

（1）物品摆放要有固定的地点和区域，以便于寻找，消除因混放而造成的差错。

（2）物品摆放地点要科学合理，例如，根据物品使用频率，经常使用的物品应放在作业区内，偶尔使用或不常使用的则应集中放在车间某处。

（3）物品摆放目视化，使定量装载的物品做到过目知数，摆放不同物品的区域采用不同的色彩和标记加以区别。

（4）为了补充库存，对物品达到最低库存量时的订货起点要明确标示或用明显颜色区别。

（5）搬运要用适合物品的专用台车，通用零件和专用零件要分别搬运，使用容易移动和容易作业的台车。

3. 清扫

目的：清除工作场所的脏污，使设备始终处于完全正常的状态，以便随时可以使用。

内容：

（1）自己使用的物品，如设备、工具等，要自己清扫，不增加专门的清洁人员。

（2）对设备的清扫应着眼于维护保养，清扫设备要与设备的点检结合起来，清扫即点检，同时做设备的润滑工作，清扫也是保养。

（3）清扫也是为了改善，当清扫地面发现有飞屑和油水泄漏时，要查明原因，并采取措施加以改进。

4. 清洁

目的：保持整理、整顿和清扫状态，防止任何可能问题的发生。

内容：

（1）车间环境不仅要整齐，而且要做到清洁卫生，保证工人身体健康，提高工人劳动热情。

（2）不仅物品要清洁，工人本身也要做到清洁，如工作服要清洁，仪表要整洁，及时理发、刮须、修指甲、洗澡等。

（3）工人不仅要做到形体上的清洁，而且要做到精神上的“清洁”，待人要讲礼貌，要尊重别人。

（4）要使环境不受污染，进一步消除浑浊的空气、粉尘、噪声和污染源。

5. 素养

目的：通过培训等措施使员工具备优良意识和良好习惯，成为自豪的员工。

内容：

（1）自律形成文化基础，这是确保与社会协调一致的最起码的要求。

（2）自律是学习规章制度方面的培训。

（3）组织全员参加活动。

（4）每个人都要养成对自己的行为负责的品质。

（5）以语言表示，每天行动，发现不好的习惯立即纠正，这样就能养成良好的工作习惯，形成有纪律的组织。

（6）集中全员的力量达成共识，便可发挥更大的力量。

（三）5S 管理制度的要求

（1）仪表及礼仪规范

统一规范的着装要求，良好的坐姿、站姿，电话礼仪，整洁、明亮、大方、舒适的接待环境。

（2）办公场所整洁

台面整洁，文具单一化管理，公用设施、设备责任人贴有标识。

（3）生产工具管理有效

采用单一化管理，简洁实用。

（4）场地管理有序

分区画线，员工工作井然有序，工作环境清洁明亮。

（5）工作速度快、效率高

最佳的速度和零不良率。

（6）空间效率

对现场分区画线，对各场地的利用率予以分析，增加有限空间的利用价值。

（7）小组督导严明

上班前，经理、班组长对员工进行检查督导；工作过程中，对发现的问题及时开展小组督导；下班前，对全天的工作进行总结。

（8）工作评估

自我评估与综合考核评价相结合。

（四）5S 管理的推进

（1）汽车维修企业的管理人员要明确 5S 管理的内容，了解 5S 管理的方针及要点，企业领导要予以充分重视。

（2）要针对 5S 管理的意义、操作方法的要求对全体员工进行培训与教育。

（3）企业管理人员要制订 5S 管理要达到的目标：零事故、零缺陷、零投诉；提高维修保养质量，降低返修率；持续不断地贯彻 5S 管理，使企业真正达到 IS09001 认证标准，而不仅仅是为了通过认证而走形式。

（4）选择示范单位或部门，率先实施 5S 管理。在有代表性的部门中选择一至二个部门进行试点，树立样板，然后再推行到企业的每个部门。

（5）跟踪检查。经过一阶段的推进后，由企业高层主管、各部门负责人巡回检查，发现问题及时监督查办，直至最后达到要求。

思政先锋

代康伟——用技术说话

从三电核心技术到智能化新能源汽车，从单一零部件，到整车生产，在新能源汽车中极狐凭借自身的硬核实力，一直引领着行业前行。此外，为了解决用户对新能源汽车的焦虑，极狐还携手宁德时代共同开发了 CTP 无模组电池技术，不仅提升了极狐汽车的续航，同时还缩短了充电时间，让电车用户也能够体验到燃油车的便利性。在北京新能源党委书记、董事、总经理代康伟的带领下，北汽极狐取得的这一项项的科研成果，都证明了这位女将的科研实力。

1983 年出生的代康伟，在家庭环境潜移默化的影响之下，大学毅然决然的选择了汽车专业，从此便以发展国家汽车技术为目标发愤图强。功夫不负有心人，2008 年代康伟加入北汽集团，2013 年带领团队主攻新能源取得了诸多研究成果，其中研发出的三电技术，不仅使极狐汽车的技术得到了质的飞跃，其中高性能一体化电驱总成系统，已经荣登国内集成式电驱总成榜首，同时给中国新能源汽车也画上了浓墨重彩的一笔。

如果说三电核心技术已经推动行业发展，那智能化无疑就是登峰造极的一个巨大突破。在不久的将来，新能源汽车向智能化转型是必然趋势，也即将成为取代燃油车的重大突破口。在代康伟的带领下，极狐汽车高瞻远瞩，携手华为打造的极狐阿尔法 S 全新 HI 版已成为行业的多个标杆。该车拥有目前市面上最智能的驾驶体验，用户不论是在城市道路，还是高速道路，无论是夜晚白天还是雨天晴天，都可以体验到高阶智能驾驶带来的便利。此外，极狐阿尔法 S 全新 HI 版还支持 800 V、250 A 的超级快充。

自北汽极狐阿尔法 S 全新 HI 版这款量产高端智能豪华汽车上市后，消费者们都将这款新车定义为世界级好车，事实也是如此，作为世界首款量产高端智能电车，北汽极狐阿尔法 S 全新 HI 版除了智能方面让消费者倍感震撼，在安全方面也采取了双保险，以确保用户安全无忧出行。

在行业中，代康伟资历不算最深，但她作为一名女将带领行业科研者们取得一个又一个惊人的成绩，确实让人深感佩服。

任务小练

一、填空题

1．新能源汽车的使用经过________、________、________、________、________、________、________、________和________九个步骤。

2．维护是指定期对汽车各总成进行________、________、________、________、________、________或________，目的是保持车辆整洁、车况良好并消除故障隐患，避免或减少车辆故障。

3．修理是指为使汽车各总成的________和________达到行驶要求所进行的活动。

4．维护与修理的区别主要在________、________和________三个方面。

5．2018 年________，上海市汽车维修行业协会下发《新能源汽车维护技术标准（试行）》，旨在提高新能源汽车维修质量，为营运安全奠定基础。

6．新能源汽车维护一般可分为________和________两大类。

7．新能源汽车定期维护可分为四类：________、________、________和________。

8．非定期维护可分为________、________和________三类。

二、简答题

1. 简述新能源汽车维修服务顾问有哪些素质要求。

2. 汽车维修技师的基本工作原则有哪些？

项目 2 动力电池及充电系统维护与保养

学习目标

知识目标

◆熟悉动力电池系统及充电系统的组成和工作原理。

◆掌握动力电池和动力电池箱的检查方法。

◆掌握电池管理系统的维护方法。

能力目标

◆会测试 CAN 总线的电阻和 DC/DC 变换器的电压。

◆能够正确、安全、熟练地对检查动力电池箱气密性、充电插座及线束和高压控制盒等。

素质目标

◆培养在工作中既要充分坚持原则，又要具备灵活性处理问题的能力。

◆在监理工作中坚持多沟通、多协商，用以理服人的形式解决问题。

思政目标

◆培养学生创新探索精神和实践能力。

◆增强学生自主、合作、探究的学习意识，提高综合素质和能力。

任务 2.1　动力电池系统维护与保养

任务引入

一天，小帅开车前往乡下外婆家，度过了一个美好的周末。返程途中，小帅曾驾车通过积水路段，由于担心动力电池箱进水，他打算在路过 4S 店时让维修师傅对车的动力电池、动力电池箱及电池管理系统等进行维护。假如你是 4S 店的维修师傅，你认为动力电池、动力电池箱及电池管理系统该如何维护呢？

本任务首先介绍动力电池系统的组成和工作原理等基本知识；然后再介绍动力电池、动力电池箱和电池管理系统等的维护方法，其知识与技能要求如表 2-1-1 所示。

表 2-1-1　知识与技能要求

任务内容	动力电池系统维护与保养	学习程度		
		识记	理解	应用
学习任务	动力电池系统的组成和工作原理		●	
	动力电池和动力电池箱的检查			●
	电池管理系统的维护			●
实训任务	检测动力电池充电线路的绝缘电阻			●
自我勉励				

任务工单

1. 任务目的

（1）能够正确检查动力电池。

（2）能够正确检查动力电池箱。

（3）能够正确维护电池管理系统。

（4）能够正确、熟练地使用新能源汽车维护与保养工具。

2. 寻找伙伴

以 3 ～ 5 人为一组，选出组长并进行任务分工，将小组成员及分工情况填入表 2-1-2 中。

表 2-1-2　小组成员及分工情况

班级：　　　　　　　　　　组号：　　　　　　　　　　指导教师：

小组成员	姓名	学号	任务分工
组长			
组员			

3. 制订计划

（1）查阅车辆维修手册，了解动力电池系统维护与保养的相关内容，制订工作计划，并将其填入表 2-1-3 中。

表 2-1-3　工作计划

序号	工作内容	负责人

（2）将操作过程中所需的工具和耗材等填入表 2-1-4 中。

表 2-1-4　操作过程中所需的工具和耗材等清单

序号	名称	型号与规格	单位	数量	备注

4. 进行决策

（1）小组成员针对各自的工作计划展开讨论，并选出最佳工作计划。

（2）指导教师根据各小组提交的工作计划给出评价。

（3）各小组成员根据指导教师的评价对工作计划进行调整，调整合格后的工作计划即为最终实施方案。

5. 工作实施

根据最终实施方案，进行动力电池系统的维护与保养。按实际操作过程，将作业项目、操作内容、遇到的问题及解决办法等记录于表 2-1-5 中。

表 2-1-5　工作实施过程记录表

序号	实施内容	遇到的问题及解决办法	结果

6. 考核评价

各组展示任务完成情况，并完成如表 2-1-6 所示的考核评价表。

表 2-1-6　考核评价表

项目名称	评价内容	满分 / 分	评分 / 分		
			自评	互评	师评
职业素养考核项目 40%	穿戴规范、整洁	6			
	安全意识、责任意识及服从意识强	6			
	积极参加教学活动，按时完成任务工单	10			
	团队合作、沟通交流能力强	6			
	劳动纪律良好	6			
	维护场地、设备及工具等干净整洁	6			
专业能力考核项目 60%	专业知识查找及时、准确	12			
	操作符合规范	18			
	操作熟练，工作效率高	12			
	任务完成度高	18			
合计		100			
总评	自评（20%）+ 互评（20%）+ 师评（60%）=	综合等级	指导教师（签名）：		

相关知识

一、动力电池系统概述

动力电池

1. 动力电池系统的组成

动力电池系统一般安装在车辆底盘位置，主要由动力电池箱、动力电池、电池管理系统和辅助元器件等组成，如图 2-1-1 所示。动力电池一般有铅酸电池、镍氢电池及锂离子电池等类型，目前使用较为广泛的是锂离子电池。它具有能量密度高、使用寿命长、自放电率低等优点。

（1）动力电池箱：用于支撑、固定和包围动力电池系统各组成部分，主要由上盖、下托盘、下托盘压条螺栓、正负极引出插孔、采集线接口、高压维修开关（图 2-1-2）和动力电池标识等组成。

（2）动力电池：用于存储和提供电能，由多个电池单体并联组成电池模块，再由多个电池模块串联组成电池模组。

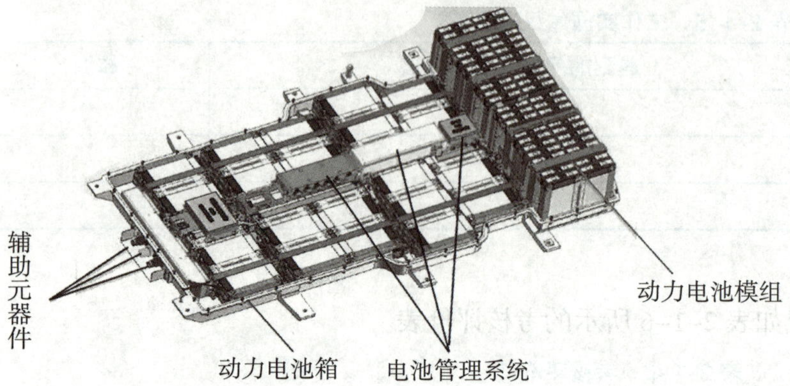

图 2-1-1　动力电池系统的组成

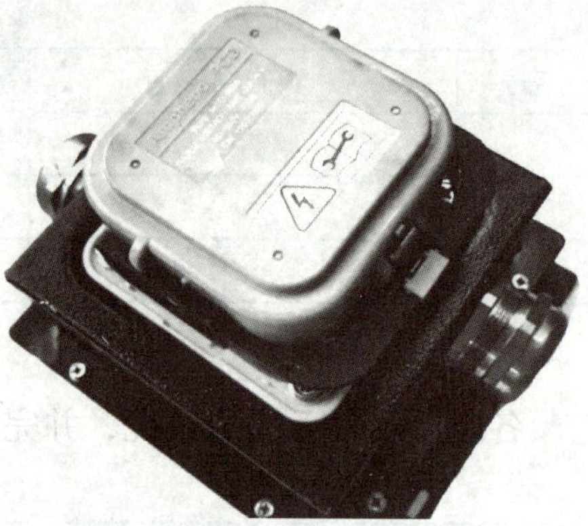

图 2-1-2　高压维修开关

（3）电池管理系统（battery management system，BMS）：电池控制单元（battery management unit，BMU）是BMS的核心部件，安装于动力电池系统内部。BMS能够对动力电池的总电压、总电流、每个测点温度和电池单体的电压参数进行实时监控，并进行故障诊断、SOC计算、短路保护、漏电监测、报警显示及充放电模式选择等，还可以将动力电池相关参数上报VCU，由VCU控制动力电池的充放电功率。

（4）辅助元器件：主要由继电器、预充电阻、熔断器（图 2-1-3）、电流传感器、温度传感器、动力电池的内部线缆和高低压接插件等组成。

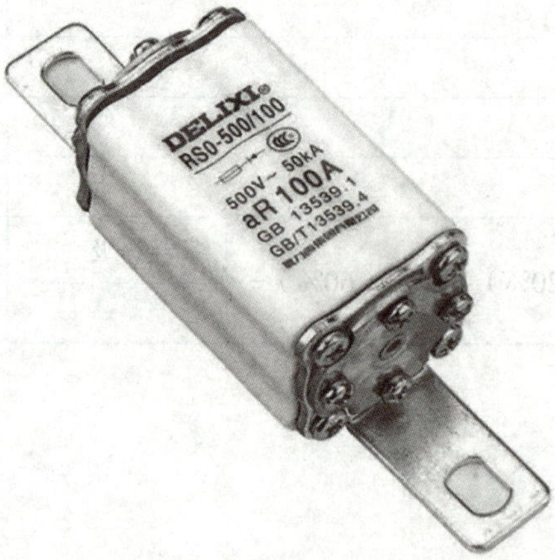

图 2-1-3　熔断器

2. 动力电池系统的工作原理

动力电池系统首先接收和存储由车载充电机、制动能量回收系统或外置充电装置提供的电能；然后通过高压配电装置为驱动电机、电动压缩机和PTC加热器等用电设备提供电能。

动力电池放置在密闭的动力电池箱内，通过高压接插件与高压控制盒相连，输出高压直流电；MCU将高压直流电转换成三相交流电，为驱动电机供电；BMS实时采集动力电池的电压、电流、温度等数据，监控动力电池的工作状态，并通过CAN总线与VCU和车载充电机进行通信，对动力电池系统的充放电进行综合管理。

知识链接

制动能量回收功能已成为新能源汽车的标配功能，制动能量回收系统可将车辆滑行和制动时多余的机械能转换成动力电池的电能，以增加新能源汽车的续驶里程。因此，对制动能量回收系统进行维护是十分必要的。其具体维护内容：检查制动能量回收系统的工作状况，仪表显示的制动能量回收反馈信息应正常有效。

小贴士

（1）SOC 是 state of charge 的缩写，表示荷电状态，即剩余电量百分比。

（2）VCU 是 vehicle control unit 的缩写，表示整车控制单元，即整车控制器。它是整车控制系统的核心部件，一般通过 CAN 总线与各子系统实现通信与管理。

（3）PTC 是 positive temperature coefficient 的缩写，表示正温度系数。

（4）MCU 是 motor control unit 的缩写，表示电机控制单元，即电机控制器。

（5）CAN 是 controller area network 的缩写，表示控制器局域网络。

二、动力电池系统维护作业项目

动力电池系统维护作业项目有很多，本小节主要介绍动力电池的检查、动力电池的检查、BMS 的维护。

1. 动力电池箱的检查

（1）检查动力电池箱箱盖，其箱盖应锁闭正常且无变形。

（2）检查动力电池箱外表面（图 2–1–4），其外表面应无变形、破损、异味和渗漏。

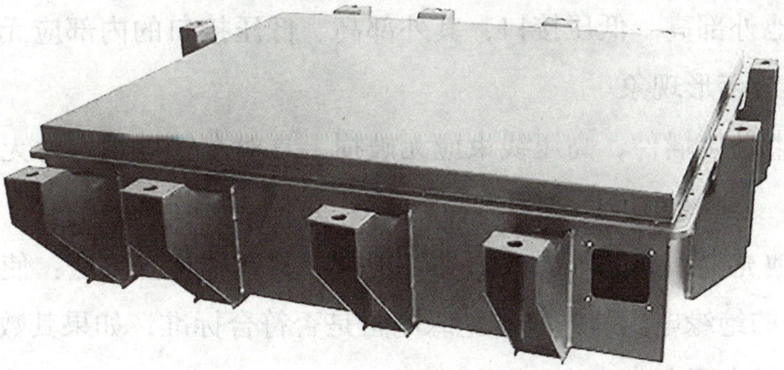

图 2–1–4　检查动力电池箱外表面

（3）检查高压维修开关的工作状态及外观，其工作状态应保持良好，其外观应保持清洁、干燥，且无烧蚀、变形和发热等现象。维护高压维修开关时除了检查其工作状态及外观外，还需要检查以下两方面内容。

① 检查高压维修开关的插拔、通断连接情况，插拔、通断过程中应无卡滞现象。

② 检查高压维修开关的固定情况，如果有松动，则应紧固螺栓，且紧固力矩应符合车辆维修

手册的规定。

（4）检查动力电池标识是否完整，防止其脱落。

（5）检查动力电池箱与车辆底盘固定螺栓的紧固情况，且紧固力矩应符合车辆维修手册的规定，同时还需要检查其固定螺栓是否有腐蚀、破损等异常情况。

（6）检查动力电池箱的气密性，其气密性应符合车辆维修手册的规定。

知识链接

按照冷却部件的不同，新能源汽车的冷却系统一般可分为两部分：一是对动力电池和车载充电机进行冷却的冷却系统；二是对驱动电机、MCU等部件进行冷却的冷却系统。就动力电池和车载充电机来说，由于它们属于高压部件，在工作过程中会产生大量的热量，如果不及时散热，就会发生危险，因此需要通过冷却系统进行循环散热。为了保证新能源汽车的使用性能和安全，应及时对动力电池冷却系统进行维护，具体内容如下。

（1）检查冷却液液位，视情况补充或更换冷却液，其液位应符合车辆维修手册的规定。

（2）检查冷却管路的固定情况，其软管与硬管连接处应无渗漏，且对管路布设无干涉。

（3）检查散热器或冷却装置的外表面及连接管路，其外表面应保持清洁，其连接管路应固定良好且无渗漏。

2. 动力电池的检查

（1）检查动力电池托架外表面，其外表面应无断裂、变形和锈蚀。

（2）检查动力电池外表面是否存在积尘或杂物，对存在积尘或杂物的，应使用风枪或毛刷进行清理，外表面应无明显积尘或杂物，且保持干燥。

（3）检查动力电池外部高、低压接口，其外部高、低压接口的内部应无水迹、烧蚀等痕迹，且低压接口端应无松动或变形现象。

（4）检查高压线束及接插件，高压线束应无破损，且对车辆运动部件无干涉，高压接插件应保持清洁、无破损。

（5）检查动力电池充电线路的绝缘电阻是否正常。其具体检查方法：使用高压绝缘检测仪，测试动力电池充电线路的绝缘电阻，并查看绝缘电阻是否符合标准；如果其数值符合标准，则说明动力电池充电线路的绝缘电阻正常。

3. BMS的维护

（1）检查BMS的壳体、线束及接插件，其壳体及线束应保持清洁、干燥，其接插件应完好且对线路布设无干涉。

（2）为了确保BMS与外界的通信质量，需要对CAN总线电阻进行检查。其具体检查方法：在动力电池下电情况下，使用绝缘测试仪（或万用表）测试CAN总线电阻，查看电阻是否符合标准；如果其数值符合标准，则说明CAN总线电阻正常。

（3）维护 BMS 程序的具体方法：新能源汽车厂家会采用专用仪器，按照升级规范定期对 BMS 程序进行升级维护，以使动力电池达到最佳使用性能。

实践操作

检测动力电池充电线路的绝缘电阻

一、准备工作

（1）实训场所：理实一体化实训室。

（2）工具及车辆：高压绝缘检测仪、拆装专用工具、高压防护用具、吉利帝豪 EV450 等。

（3）辅助资料：车辆维修手册、教材等。

二、操作步骤

（1）操作启动开关，将电源模式调至“OFF”状态。断开低压蓄电池负极电缆，如图 2–1–5 所示。

（2）断开直流母线。

图 2–1–5　断开低压蓄电池负极电缆

（3）拆卸动力电池高压线束连接器 BV23，如图 2–1–6 所示。

（4）将高压绝缘检测仪的挡位调至 1 000 V。

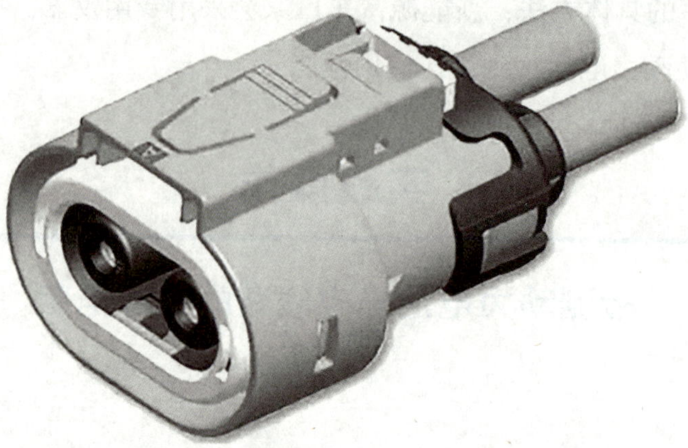

图 2-1-6　拆卸动力电池高压线束连接器 BV23

（5）使用高压绝缘检测仪，测试动力电池高压线束连接器 BV23 的 1 号端子与车身接地之间的绝缘电阻。将电阻值、车辆维修手册中的标准值及维护建议等记录在表 2-1-7 中。

（6）使用高压绝缘检测仪，测试动力电池高压线束连接器 BV23 的 2 号端子与车身接地之间的绝缘电阻。将电阻值、车辆维修手册中的标准值及维护建议等记录在表 2-1-7 中。

表 2-1-7　绝缘电阻测试记录表

测试项目	电阻值 /MΩ	标准值 /MΩ	维护建议（修理、更换）
1 号端子与车身接地之间的绝缘电阻	2.6	≥ 20	电阻值不正常，需要修理或更换高压线束
2 号端子与车身接地之间的绝缘电阻	2.6	≥ 20	电阻值不正常，需要修理或更换高压线束

任务小练

一、填空题

1. 动力电池系统主要由__________、__________、__________和__________等组成。
2. 动力电池系统的维护作业项目主要有__________、__________和__________等。
3. 动力电池箱的气密性需要符合__________的规定。
4. 为了确保 BMS 与外界的__________，需要对 CAN 总线电阻进行检查。

二、简答题

1. 简述动力电池系统的工作原理。
2. 动力电池的检查项目主要包括哪几项？
3. 简述 CAN 总线电阻的检查方法。

任务 2.2 充电系统维护与保养

任务引入

宋嵩的邻居有一辆新能源汽车，在与邻居平时的沟通中，他了解到新能源汽车的电费比自己机动车的燃油费要低得多，于是也产生了换购新能源汽车的打算。但是邻居和他说，新能源汽车充电口总是接触不良，有时还会充电中断。你能告诉宋嵩充电系统应该如何维护和保养吗？

本任务主要介绍新能源汽车充电系统、车辆的充电接口、新能源汽车充电站等基础知识，其知识与技能要求如表 2-2-1 所示。

表 2-2-1 知识与技能要求

任务内容	新能源汽车维护与保养认知	学习程度		
		识记	理解	应用
学习任务	新能源汽车充电系统	●		
	车辆的充电接口		●	
	新能源电动汽车充电站	●		
	充电系统维护保养			●
实训任务	检查车载充电机线束连接器的端子电压和接地端子导通性			●
自我勉励				

任务工单

1. 任务目的

（1）了解新能源汽车维护的目的。

（2）了解新能源汽车维护的标准与分类。

（3）熟悉新能源汽车维护的工作内容及流程。

（4）掌握汽车维修服务人员的素质要求及基本工作原则。

2. 寻找伙伴

以 3 ～ 5 人为一组，选出组长并进行任务分工，将小组成员及分工情况填入表 2-2-2 中。

表 2-2-2 小组成员及分工情况

班级： 组号： 指导教师：

小组成员	姓名	学号	任务分工
组长			
组员			

3. 制订计划

（1）查阅相关资料，制订工作计划，并将其填入表 2-2-3 中。

表 2-2-3 工作计划

序号	工作内容	负责人

（2）将操作过程中所需的工具和耗材等填入表 2-2-4 中。

表 2-2-4 操作过程中所需的工具和耗材等清单

序号	名称	型号与规格	单位	数量	备注

4. 进行决策

（1）小组成员针对各自的工作计划展开讨论，并选出最佳工作计划。

（2）指导教师根据各小组提交的工作计划给出评价。

（3）各小组成员根据指导教师的评价对工作计划进行调整，调整合格后的工作计划即为最终实施方案。

5. 工作实施

根据最终实施方案，认识新能源汽车维护的主要作业项目及其位置。按实际操作过程，将实施内容、遇到的问题及解决办法等记录于表 2-2-5 中。

表 2-2-5 工作实施过程记录表

序号	实施内容	遇到的问题及解决办法	结果

6. 考核评价

各组展示任务完成情况，并完成如表 2-2-6 所示的考核评价表。

表 2-2-6　考核评价表

<table>
<tr><th rowspan="2">项目名称</th><th rowspan="2">评价内容</th><th rowspan="2">满分 / 分</th><th colspan="3">评分 / 分</th></tr>
<tr><th>自评</th><th>互评</th><th>师评</th></tr>
<tr><td rowspan="6">职业素养考核项目 40%</td><td>穿戴规范、整洁</td><td>6</td><td></td><td></td><td></td></tr>
<tr><td>安全意识、责任意识及服从意识强</td><td>6</td><td></td><td></td><td></td></tr>
<tr><td>积极参加教学活动，按时完成任务工单</td><td>10</td><td></td><td></td><td></td></tr>
<tr><td>团队合作、沟通交流能力强</td><td>6</td><td></td><td></td><td></td></tr>
<tr><td>劳动纪律良好</td><td>6</td><td></td><td></td><td></td></tr>
<tr><td>维护场地、设备及工具等干净整洁</td><td>6</td><td></td><td></td><td></td></tr>
<tr><td rowspan="4">专业能力考核项目 60%</td><td>专业知识查找及时、准确</td><td>12</td><td></td><td></td><td></td></tr>
<tr><td>操作符合规范</td><td>18</td><td></td><td></td><td></td></tr>
<tr><td>操作熟练，工作效率高</td><td>12</td><td></td><td></td><td></td></tr>
<tr><td>任务完成度高</td><td>18</td><td></td><td></td><td></td></tr>
<tr><td>合计</td><td></td><td>100</td><td></td><td></td><td></td></tr>
<tr><td>总评</td><td>自评（20%）+ 互评（20%）+ 师评（60%）=</td><td>综合等级</td><td colspan="3">指导教师（签名）：</td></tr>
</table>

相关知识

一、电动汽车充电系统

（一）电动汽车充电系统的功能

对于纯电动汽车和插电式混合动力汽车，动力电池充电通常完成以下三个功能。

（1）在恢复动力电池容量的前提下，尽快完成动力电池额定容量的恢复，充电时间越短越好。

（2）动力电池在放电使用过程中，电池性能由于深放电、极化等被破坏，充电过程要对其进行修复。

（3）对电池补充充电，克服电池自放电引起的不良影响。

（二）电动汽车对充电装置的要求

为使动力电池充电高效、安全、可靠，充电装置需要达到如下基本性能要求。

（1）安全可靠

保证充电时，操作人员的人身安全和动力电池充电安全。

（2）简单易用

充电装置要具有较高的智能性，不需要操作人员过多干预充电过程。

（3）成本低

充电装置的成本降低，对降低整个电动汽车使用成本，提高运行效益，促进电动汽车的商业化推广有重要作用。

（4）效率高

保证充电装置在充电全功率范围内的高效性，在长期的使用中可以节约大量的电能。另外，提高充电能量转换效率对电动汽车全寿命经济性有重要作用。

（5）对电网污染小

由于充电设备在使用中会产生对电网及其他用电设备有害的谐波污染，所以需要采用相应的滤波措施来降低充电过程对电网的污染。

（三）充电装置的类型

根据运营方式的不同，电动汽车充电装置的类型可分为地面充电和车载充电两种。根据充电装置的不同，将充电类型分为以下几种。

1. 常规充电方式

常规充电方式采用恒压、恒流的传统充电方式对电动汽车进行充电。以相当低的充电电流为蓄电池充电，电流大小约为 15 A，若以 120 Ah 的蓄电池为例，充电时间要持续 8 个多小时。相应充电器的工作和安装成本相对比较低，电动汽车家用充电设施（车载充电动机）和小型充电站多采用这种充电方式。车载充电动机称为“电动车辆供电设备 EVSE”，它是纯电动轿车的一种最基本的充电设备，作为标准配置固定在车上或放在后备厢里。由于只需将车载充电器的插头插到停车场或家中的电源插座上即可进行充电，因此充电过程一般由客户自己独立完成。直接从低压照明电路取电，电功率较小。由 220 V/16 A 规格的标准电网电源供电，典型的充电时间为 8 ～ 10 h，电池的 SOC 达到 95% 以上。这种充电方式对电网没有特殊要求，能够满足照明要求的供电都能够使用。由于在家中充电通常是在晚上或者是在用电低谷期，有利于电能的有效利用。因此电力部门一般会给予电动汽车用户一些优惠，例如，用电低谷期充电打折。

2. 快速充电方式

快速充电方式是指在短时间内使蓄电池达到或接近充满状态的一种方法。该充电方式以 1 ～ 3 C 的大充电电流在短时间内为蓄电池充电。充电功率很大，能达到上百千瓦。该充电方式以 150 ～ 400 A 的高充电电流在短时间内为蓄电池充电，与前者相比安装成本相对较高。快速充电也可称为迅速充电或应急充电，其目的是在短时间内给电动汽车充满电，充电时间与燃油车的加油时间接近，大型充电站（机）多采用这种充电方式。

3. 更换电池方式

目前采用更换电池组的方式，即在蓄电池电量耗尽时，用充满电的电池组更换已经耗尽的电池组。蓄电池归服务站或电池厂商所有，电动汽车用户只需租用电池。电动汽车用户把车停在一个特定的区域，然后用更换电池组的机器将耗尽电的蓄电池取下，换上已充满电的电池组。对于更换下来的未充电蓄电池，可以在服务站充电，也可以集中收集起来以后再充电。由于电池更换过程包括机械更换和蓄电池充电，因此有时也称它为机械“加油”或机械充电，图 2-2-1 为蔚来新能源汽车的换电站，据蔚来公司宣传，用三分钟的时间直接全自动化的将底部电池更换。

4. 无线充电方式

无线充电方式包括电磁感应式、磁场共振式、无线电波式三种。电动汽车非接触充电方式的研究目前主要集中在电磁感应式充电方式，不需要接触即可实现充电。其原理是采用了可在供电线圈和受电线圈之间提供电力的电磁感应方式，即将一个受电线圈装置安装在汽车的底盘上，将另一个供电线圈装置安装在地面，当电动汽车驶到供电线圈装置上，受电线圈即可接收到供电线圈的电流，从而对电池进行充电。这种方式的成本较高，还处于实验室研发阶段，其功能还有待时间验证，图 2–2–2 为宝马混合动力汽车无线充电。

图 2–2–1　蔚来新能源汽车换电站

图 2–2–2　混合动力汽车无线充电

5. 移动式充电方式

对电动汽车蓄电池而言，最理想的情况是电动汽车在路上巡航时充电，即所谓的移动式充电（MAC）。这样，电动汽车用户就没有必要去寻找充电站、停放车辆并花费时间去充电了。移动式充电系统埋设在一段路面之下，即充电区，不需要额外的空间。

接触式和感应式的移动式充电系统都可实施。对接触式的移动式充电系统而言，需要在车体的底部装一个接触拱，通过与嵌在路面上的充电元件相接触，接触拱便可获得瞬时高电流。目前的研究主要集中在感应式移动充电方式，因为它不需要机械接触，也不会产生大的位置误差。当然，这种充电方式的投资巨大，现在仍处于实验阶段。

6. 未来其他前沿技术

Air 纳米技术公司为电动汽车开发的锂电池可以极快的速度进行充电，容量高达 35 kWh 的电池可以在 10 min 之内充电完毕，安装这种电池的载人小汽车可以续行 160 km。

麻省理工学院研究人员发明了一项充电材料表面处理技术，利用这种新技术制造的手机电池可以在 10 s 内完成充电；汽车电池可在 5 min 内充好电。一块锂电池完成充电一般需要 6 min 或更长的时间。但传统的磷酸铁锂材料在经过表面处理生成纳米级沟槽后，可将电池的充电速度提升 36 倍，完成充电仅需要 10 s。

（四）电动汽车充电方式

1. 慢充充电方式

慢充充电方式使用交流 220 V 民用电，通过车载充电机整流变换，将交流电变换为高压直流电给动力电池充电。慢充充电的优点是：车载充电机及其安装成本较低，便于实现车载；可在晚间充分利用电力低谷进行充电，降低充电成本，保证充电时段电压相对稳定；充电设施体积小，便于携带，便于车辆在停车场以外的地方充电。慢充充电如图 2-2-3 所示。慢充充电系统主要由动力电池、高压控制盒、车载充电机、车内高压线束、慢充接口、慢充电缆、220 V 交流电源等部件组成，也可使用随车充电适配器直接插在家用电源上进行充电，但要注意使用 16 A 以上的插座。

2. 快速充电方式

快速充电方式是以较大的电流（150 ～ 400 A）为电动汽车动力电池充电。快充充电一般使用工业 380 V 三相电作为电源，通过充电桩功率变换后，将高压大电流直流电通过母线直接给动力电池充电。快速充电系统主要由动力电池、高压配电盒、车内高压线束、快充接口、电源设备（快速充电桩）等部件组成，如图 2-2-4 所示。

图 2-2-3　慢充充电

图 2-2-4　快速充电

二、车辆上的充电接口

电动汽车充电接口适用于交流额定电压最大值为 380 V 和直流额定电压最大值为 600 V 的电动汽车。国家标准规定了两种充电接口：一种是将交流供电电网连接到车载充电动机上进行充电的“交流充电”接口；另一种是利用非车载充电机或充电桩对电动汽车进行“直流充电”的接口。高电压蓄电池的充电方式主要取决于车辆上的充电配置以及不同国家的充电基础设施。所用充电插头是标准化部件（IEC 62196-2）。根据车辆配置和国家规格使用不同充电接口。表 2-2-7 展示了我国市场交 / 直流电的充电插头的形式。

表 2-2-7　我国市场交 / 直流电的充电插头形式

	交流电充电	直流电充电
我国市场	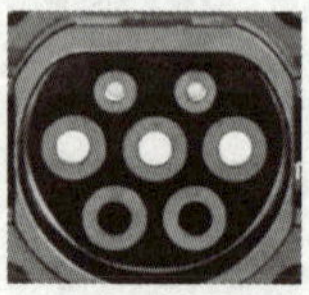	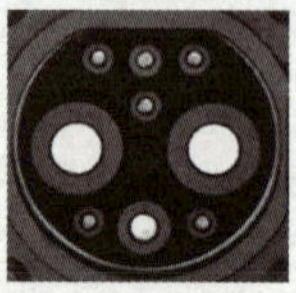

日本和美国充电机采用单相 230 V 交流供电，电流 32 A 输出，针脚数量为 5；德国采用单相或三相 500 V 交流，单相电流 70 A、三相电流 63 A、针脚数量为 7；我国标准单相 220 V 交流，单相最大电流 32 A，三相 380 V 交流，三相最大电流 63 A，针脚数量为 7。除上述的以外，统一的电动汽车国家标准对插头和充电接口的材质、接触电阻、工作时额定电流、额定电压、插拔力、电气性能、防水等级、断开状态、充电状态、防松设置、及时断开等都做了规定。

车辆的充电接口在外观上与燃油加注口类似，也可通过绕车轻松寻到具体位置，位置一般在前、后的行李箱盖或左右的前后两侧围板上。手动打开充电接口盖板，需要通过电动驱动装置使充电接口盖上开锁。充电接口盖仅在变速箱位置“P”和车辆中控锁开锁状态下才能打开，这是出于安全因素的考量。

三、新能源汽车充电站

新能源汽车充电站是为新能源汽车充电的站点。随着新能源汽车的普及，新能源汽车充电站必将成为汽车工业和能源产业发展的重点。新能源汽车充电站能较好地解决快速充电问题，节能减排。

在当下，国家大力倡导、政策鼓励新能源汽车走入寻常百姓家庭，而新能源汽车充电站网则无法短期建成，主要原因是给电动汽车快速充电需要瞬时强大的功率电力。常规电网无法满足，必须要建专用充电网络，这涉及整个国家电网改造。国家电网大改造不是小事，耗资巨大，需要持续加大投入，不断加速发展，完善汽车充电站网络，推进新能源汽车市场发展。

较好地解决快速充电问题的方案是换电站，利用给汽车更换电池的方法代替漫长的充电过程。一辆汽车需要配备两块电池，当一块电池用完后自动切换到另一块，此时可到换电站将用完的电池换下，装上满电的电池。而换下的电池由电站统一充电和维护，前提是充电站要有相当数量的备用电池。这个方法优点是快速，用户换完电池就可以上路，比加油都快。用这种方法再加上停车场充电桩等辅助手段，相信新能源汽车的普及就近在眼前。

四、新能源汽车充电系统维护保养

（一）充电注意事项

进行充电时，需要了解很多注意事项，因为充电是一个持续的过程，而且新能源汽车的电池电量非常影响驾驶质感。如果不能准确执行下列注意事项，可能会导致充电过程受限，甚至可能致使车辆和人员出现危险。

（1）应选择在相对较安全的环境下充电。如避免有液体、火源等环境，这是非常重要的一点，环境安全是影响充电安全的最大影响因素，涉及因素特别广泛。

（2）开始充电前，应确保充电组件处于无故障状态，切勿修改或者拆卸充电端口和充电设备，否则可能导致充电故障，引发火灾。

（3）充电前应确保车辆充电口和充电连接器端口内没有水或外来物，及金属端子没有生锈或者腐蚀造成的破坏和影响。如果有此情况发生，禁止充电。因为不正常的端子连接可能导致短路或电击，威胁生命安全。

（4）不允许在高电压蓄电池单元充电的同时加注燃油箱、清洗车辆等其他工作。

（5）充电时，使用的充电枪上有锁止按钮，在车辆上锁后充电枪会被上锁无法拔下。其目的是保证在充电过程中充电枪不被人为断开，导致充电中断，所以确认充电后驾驶者可以锁车离开。

（二）车载充电机

1. 车载充电机的特点

（1）为延长动力电池使用寿命，根据电池特性设计充电曲线。

（2）无需专人操作，使用方便，维护简单，智能充电。

（3）保护功能齐全，具有过流、过压、过热、短路、欠压、输出反接等保护功能。

（4）充电过程、电源状态是否有故障，均设置有指示灯，一目了然，直观性强。

（5）采用高频开关技术，车载充电机体积小、质量轻、效率高。

2. 车载充电机的控制策略及工作流程

（1）连接 220 V 交流供电电源。

（2）低压唤醒整车控制系统。

（3）电池管理单元检测充电需求。

（4）车载充电机得到电池管理单元的工作指令，闭合继电器。

（5）车载充电机开始工作，进行充电。

（6）电池管理单元检测充电完成后，给车载充电机发送停止指令。

（7）车载充电机停止工作。

（8）继电器断开。

3. 车载充电机常见故障及其排除方法

（1）车辆仪表显示车辆与充电设备未连接。

检测方法：检查充电桩与车辆两端充电枪是否接反。

（2）动力电池继电器未闭合。

检测方法：检查插接器是否连接牢固；检查车载充电机输出唤醒是否正常。

（3）电池继电器正常闭合，但车载充电机无输出电流。

检测方法：检查充电口充电枪是否连接到位；检查高压熔断器是否完好；检查高压插接器及线束是否连接正确。

4. 车载充电机日常保养的注意事项

（1）检查散热风扇是否有异物。

（2）保证散热风道畅通，检查散热齿上是否有杂物。

（3）检查低压插接器是否松动，保证插接器连接可靠。

（4）检查高压插接器是否连接可靠。

（5）检查外壳是否有明显碰撞痕迹，是否对充电机内部模块造成损坏。

（三）DC-DC 变换器

DC-DC 变换器的构造

DC-DC 变换器，是将动力电池的直流高压电转换为 12 V 直流电给低压蓄电池充电并代替蓄电池为低压系统供电，相当于燃油汽车的发电机。DC-DC 变换器具有效率高、体积小、耐受恶劣工作环境等特点。

1. DC-DC 变换器的工作流程

（1）启动钥匙置于“ON”位置，整车上电或充电唤醒。

（2）动力电池完成高压系统预充电流程。

（3）DC-DC 变换器得到整车控制器的工作信号。

（4）DC-DC 变换器开始工作。

2. DC-DC 变换器的功能检测

（1）关闭启动开关，断开所有用电器并拔出钥匙。

（2）使用汽车专用万用表电压挡位测量低压蓄电池的电压（并记录此电压值）。

（3）将启动开关置于“ON”位置。

（4）再次测量低压蓄电池的电压，这个电压值就是 DC-DC 变换器的输出电压。

再次测量的 DC-DC 变换器输出电压正常值为 13. 5 ～ 14 V 之间。如果两次测量电压数值相同，且均低于 13.5 V，说明 DC-DC 变换器未工作，有故障。此时，应检查插接器是否连接正常；检查高压熔断器是否完好；检查整车控制器是否给出工作信号。

3. DC-DC 变换器日常保养的注意事项

（1）保证散热风道畅通，检查散热齿上是否有杂物。

（2）检查低压插接器是否松动，保证插接器连接可靠。

（3）检查高压插接器是否连接可靠。

（4）检查外壳是否有明显碰撞痕迹，是否对 DC-DC 变换器内部模块造成损坏。

（四）充电线束检查

检查充电线的外观及插头状态，如有破损、裂痕，需及时更换。充电过程中充电线会产生热量，如有破损，会对驾乘人员和车辆造成伤害。使用充电线束进行充电作业前，应先检测充电线是否导通。

当通过使用车载充电器充电时，特别是使用普通家用插座为高电压蓄电池单元充电需要注意下列情况。因为长时间充电会导致插座上出现较高的持续负荷，可能产生危险。

（1）不要使用适配器或延长电缆。

（2）避免绊倒危险以及充电电缆和插座承受机械负荷。

（3）不要将充电插头插在损坏的插座上。

（4）不要使用损坏的充电电缆。

（5）反复出现充电故障或中断情况时，联系具有资质的售后服务员工。

（6）进行高电压蓄电池单元充电时，充电插头和充电电缆可能会变热。如果变得过热，则插座不适于充电或充电电缆已损坏。应立即中止充电并让电气专业人员进行检查。

实践操作

检查车载充电机线束连接器的端子电压和接地端子导通性

一、准备工作

（1）实训场所：理实一体化实训室。

（2）工具及车辆：绝缘测试仪（或万用表）、拆装专用工具、高压防护用具、吉利帝豪EV450等。

（3）辅助资料：车辆维修手册、教材等。

二、操作步骤

1. 检查车载充电机线束连接器的端子电压

（1）操作启动开关，将电源模式调至“OFF”状态。断开车载充电机线束连接器BV10。

（2）操作启动开关，将电源模式调至“ON”状态。使用绝缘测试仪（或万用表），测试车载充电机线束连接器BV10的4号端子与车身接地之间的电压。将电压值、车辆维修手册中的标准值及维护建议等记录在表2–2–8中。

2. 检查车载充电机线束连接器的接地端子导通性

操作启动开关，将电源模式调至“OFF”状态。使用绝缘测试仪（或万用表），测试车载充电机线束连接器BV10的6号端子与车身接地之间的电阻。将电阻值、车辆维修手册中的标准值及维护建议等记录在表2–2–8中。

表2–2–8　电压、电阻测试记录表

测试项目	电压值	电阻值	标准值	维护建议（修理、更换）
4号端子与车身接地之间的电压	12.67 V	——	11 ～ 14 V	电压值正常，不需要修理或更换
6号端子与车身接地之间的电阻	——	0.7 Ω	<1 Ω	电阻值正常，不需要修理或更换

任务小练

一、填空题

1. 在恢复__________的前提下，尽快完成动力电池__________的恢复，充电时间__________。

2. 为使动力电池充电______，充电装置需要达到______、______、______、______、______基本性能要求。

3. 充电装置的类型一般有：______、______、______、______、______和未来其他前沿技术。

4. 国家标准规定了两种充电接口：一种是将______连接到车载充电动机上进行充电的"______"接口；另一种是利用非车载充电机或______对新能源汽车进行"______"的接口。

5. 随着新能源汽车的普及，新能源汽车充电站必将成为______和______发展的重点。电动汽车充电站能较好地解决______，节能减排。

6. 应选择在______的环境下充电。如避免有液体、火源等环境，这是非常重要的一点，______是影响充电安全的最大影响因素，涉及因素______。

二、简答题

1. 车载充电机有什么特点？

2. 车载充电机常见故障及其排除方法有哪些？

3. 简述 DC-DC 变换器的工作流程。

思政先锋

蔡蔚——中国新能源汽车基础奠基人

蔡蔚，哈尔滨理工大学教授、博士生导师，精进电动科技股份有限公司创始人，黑龙江省"新能源电机系统及关键材料研究"头雁团队带头人，教育部汽车电子驱动控制与系统集成工程技术研究中心首席科学家。他是世界知名电机系统学术和产业化"两栖"专家、中国电动汽车百人会理事、2021–2035 年国家《节能与新能源汽车技术路线图 2.0》电驱动专家联合组长、国家《电动汽车安全指南》电驱动专家组长等。

2021 年新获中国汽车产业科技进步一等奖和中国电动车创新联盟杰出贡献奖，曾获"中汽协纪念改革开放40周年行业影响人物"等称号。蔡蔚也是中国改革开放40年中国科协60年"百名科学家、百名基层科技工作者"当选人。蜚声海外，奠定行业领军地位。

2011 年 7 月，全球首款增程式豪华电动跑车菲斯科 · 卡玛正式交付，其完成百公里加速度只需要短短的5.8秒，创造了新能源汽车数个世界纪录。这款美国电动跑车的"心脏"实际上是"中国芯"——中国精进电动公司所开发和生产的永磁同步驱动电机。在此之前，奔驰、宝马、凯迪拉克、克莱斯勒等知名汽车品牌的双模混合动力汽车驱动电机系统也都出自同一人之手，他就是精进电动创始人兼首席技术官蔡蔚。

电机系统，被称为新能源汽车的"心脏"，而蔡蔚，就是给新能源汽车制造"心脏"的人。

从 1978 年进入哈尔滨理工大学电机系算起，蔡蔚已经研究电机 40 余年了。他和“电机”有缘，上大学时，他师从国内电机界赫赫有名的哈尔滨电工学院汤蕴璆、史乃教授和哈尔滨大电机研究所的游善良、徐怡、石宴珍高工。在获得电机专业学士、硕士学位后留校任教，31 岁的蔡蔚被破格晋升为教授。

二十世纪 90 年代，他前往电机界享有盛名的美国威斯康星大学做访问教授，随后又到瑞士苏黎世联邦理工学院做高级科学家，并取得了美国克拉克森大学电气与计算机工程博士学位。1999 年，他加入了美国雷米国际公司（北美最大车用电机制造商），担任汽车与卡车起动机及发电机首席设计师，随后升任公司混合动力技术总监。在雷米公司的近 10 年中，蔡蔚的发明专利多达几十项，让雷米在驱动电机领域誉满全球，雷米国际首席执行官多次在公开场合称蔡蔚为“雷米的混合动力汽车电机产品之父”。蔡蔚获美国、欧盟、日本、中国等国家专利 40 项，填补了我国油冷电机技术和产品空白，发明的“发卡式”绕组电机技术引领全球汽车驱动电机技术 20 年，发卡式矩形导体绕组永磁电机产品，使雷米成为通用第一个混合动力驱动电机供应商，由此构建了通用独特的双模混合动力双电机系统。搭载他主持和亲手设计驱动电机系统的节能与新能源汽车包括通用雪佛兰 Tahoe、凯迪拉克 – 凯雷德、宝马 X6、奔驰 ML450、克莱斯勒 Aspen 等 10 余款混合动力车型和艾莉逊混合动力大巴，获美国汽车新闻汽车供应商杰出创新贡献奖。由此奠定了他在世界新能源汽车驱动电机领域的领军地位。

项目 3

驱动电机及冷却系统维护与保养

学习目标

知识目标

◆熟悉驱动电机系统及冷却系统的组成和工作原理。

◆掌握驱动电机润滑系统的维护方法。

◆掌握冷却液的维护方法。

◆熟悉冷却系统气密性、电动水泵的检查方法。

能力目标

◆会测试驱动电机温度传感器的电阻，以及 MCU 上的高压端子和高压线束端子的绝缘电阻等。

◆能够正确、安全、熟练地检查和更换润滑油和冷却液，以及检查差速器半轴防尘套的密封、紧固情况。

◆能够按照技术规范，正确、安全、熟练地检查冷却系统的气密性。

素质目标

◆采用多种多样的方式、方法，坚持多沟通、多协商，与不同层次的人交换意识达成共识。

◆增强学生与时俱进的精神，爱岗敬业、奉献社会的道德风尚。

思政目标

◆培养学生具有安全、规范操作的意识及综合职业能力。

◆培养学生具有自主学习的意识，以及分析问题、解决问题的能力。

◆加强动手能力。

任务 3.1　驱动电机系统维护与保养

任务引入

小彭就要毕业了，为了能更好地锻炼自己，他在学校附近找了一家 4S 店实习。一天，有一对夫妇开车来到 4S 店，小彭的师傅接待了他们。他们说明了车辆近期的使用状况后，小彭的师傅根据车辆的类型，认为需要检查维护一下驱动电机、旋转变压器、温度传感器。小彭作为实习生，不太清楚驱动电机、旋转变压器、温度传感器该如何维护？你能帮助他吗？

本任务主要分类介绍新能源汽车的驱动系统，其知识与技能要求如表 3-1-1 所示。

表 3-1-1　知识与技能要求

任务内容	新能源汽车维护与保养认知	学习程度		
		识记	理解	应用
学习任务	纯电动汽车驱动电机及驱动系统维护与保养	●		
	混合动力汽车动力及驱动系统维护与保养	●		
实训任务	检测驱动电机的绝缘电阻			●
自我勉励				

任务工单

1. 任务目的

（1）了解纯电动汽车驱动电机及驱动系统的维护。

（2）了解混合动力汽车的动力系统。

（3）熟悉混合动力汽车发动机的维护与保养。

2. 寻找伙伴

以 3 ～ 5 人为一组，选出组长并进行任务分工，将小组成员及分工情况填入表 3-1-2 中。

表 3-1-2　小组成员及分工情况

班级：　　　　　　　　　　　　组号：　　　　　　　　　　　指导教师：

小组成员	姓名	学号	任务分工
组长			
组员			

3. 制订计划

（1）查阅相关资料，制订工作计划，并将其填入表 3-1-3 中。

表 3-1-3　工作计划

序号	工作内容	负责人

（2）将操作过程中所需的工具和耗材等填入表 3-1-4 中。

表 3-1-4　操作过程中所需的工具和耗材等清单

序号	名称	型号与规格	单位	数量	备注

4. 进行决策

（1）小组成员针对各自的工作计划展开讨论，并选出最佳工作计划。

（2）指导教师根据各小组提交的工作计划给出评价。

（3）各小组成员根据指导教师的评价对工作计划进行调整，调整合格后的工作计划即为最终实施方案。

5. 工作实施

根据最终实施方案，认识新能源汽车维护的主要作业项目及其位置。按实际操作过程，将实施内容、遇到的问题及解决办法等记录于表 3-1-5 中。

表 3-1-5　工作实施过程记录表

序号	实施内容	遇到的问题及解决办法	结果

6. 考核评价

各组展示任务完成情况，并完成如表 3-1-6 所示的考核评价表。

表 3-1-6　考核评价表

<table>
<tr><th rowspan="2">项目名称</th><th rowspan="2" colspan="2">评价内容</th><th rowspan="2">满分 / 分</th><th colspan="3">评分 / 分</th></tr>
<tr><th>自评</th><th>互评</th><th>师评</th></tr>
<tr><td rowspan="6">职业素养考核项目 40%</td><td colspan="2">穿戴规范、整洁</td><td>6</td><td></td><td></td><td></td></tr>
<tr><td colspan="2">安全意识、责任意识及服从意识强</td><td>6</td><td></td><td></td><td></td></tr>
<tr><td colspan="2">积极参加教学活动，按时完成任务工单</td><td>10</td><td></td><td></td><td></td></tr>
<tr><td colspan="2">团队合作、沟通交流能力强</td><td>6</td><td></td><td></td><td></td></tr>
<tr><td colspan="2">劳动纪律良好</td><td>6</td><td></td><td></td><td></td></tr>
<tr><td colspan="2">维护场地、设备及工具等干净整洁</td><td>6</td><td></td><td></td><td></td></tr>
<tr><td rowspan="4">专业能力考核项目 60%</td><td colspan="2">专业知识查找及时、准确</td><td>12</td><td></td><td></td><td></td></tr>
<tr><td colspan="2">操作符合规范</td><td>18</td><td></td><td></td><td></td></tr>
<tr><td colspan="2">操作熟练，工作效率高</td><td>12</td><td></td><td></td><td></td></tr>
<tr><td colspan="2">任务完成度高</td><td>18</td><td></td><td></td><td></td></tr>
<tr><td colspan="3">合计</td><td>100</td><td></td><td></td><td></td></tr>
<tr><td rowspan="2">总评</td><td rowspan="2">自评（20%）+ 互评（20%）+ 师评（60%）=</td><td>综合等级</td><td rowspan="2" colspan="4">指导教师（签名）：</td></tr>
<tr><td></td></tr>
</table>

相关知识

一、纯电动汽车驱动电机及驱动系统维护与保养

（一）驱动电机认知

驱动电机是电动汽车驱动系统的核心部件，是车辆行驶的主要执行机构，其特性决定了车辆的主要性能指标，直接影响车辆动力性、经济性和舒适性。它是把电能转换为机械能的一种设备，利用励磁线圈，产生旋转磁场形成磁电动力旋转力矩。导线在磁场中受力的作用，使电机输出转矩。

1. 驱动电机作用

驱动电机、电控系统、动力电池是电动汽车的核心部分，称为“三电”。在电动汽车上，驱动电机替代了传统汽车上的发动机和发电机，传统汽车通常是把化学能转换为机械能驱动车辆行驶。而驱动电机既可以将电能转换为机械能驱动汽车行驶；也可以作为发电机将机械能转换为电能，并存储在动力电池内。

电机控制器将动力电池的高压直流电变换为驱动电机的高压三相交流电，使驱动电机产生力矩，并通过传动装置将驱动电机的旋转运动传递给车轮，驱动汽车行驶。图 3-1-1 为驱动电机动力传输图。

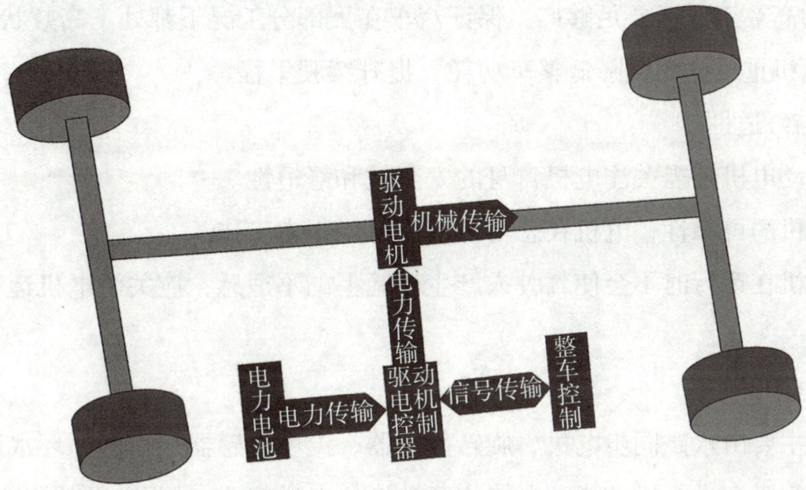

图 3-1-1　驱动电机动力传输图

驱动电机不仅可以驱动车辆行驶，而且可以进行制动能量回收。图 3-1-2 为驱动电机制动能量回收示意图。驱动电机在制动、缓慢减速时，整车控制器发出相应指令，使驱动电机转换为发电机发电工况。此时驱动电机会将车辆动能转换为电能，通过电机控制器以电能的形式向动力电池充电。

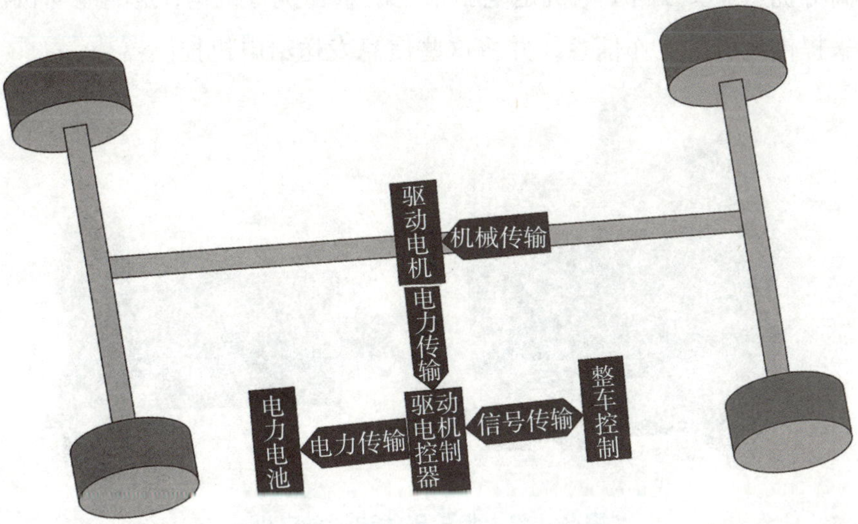

图 3-1-2　驱动电机制动能量回收图

2. 驱动电机的特点

（1）体积小、功率密度大

由于新能源汽车的整车空间有限，因此要求驱动电机的结构紧凑、尺寸小，这就意味着驱动电机和电机控制器的尺寸将受到很大的限制，必须缩小驱动电机的体积，提高电机的功率密度和转矩密度。因此一般选用高功率密度的永磁同步电机作为驱动电机。

（2）效率高、高效区广、重量轻

新能源汽车驱动电机要求效率要高、高效区要广、重量要轻。由于当前充电桩尚未广泛普及，续驶里程短一直是新能源汽车的短板，提升续驶里程的方法如下。

① 提升驱动电机的效率。

② 驱动电机的高效工况区要足够广，保证汽车在大部分工况下都处于高效状态。

③ 减轻驱动电机重量，间接降低整车功耗，提升续驶里程。

（3）安全性与舒适性

新能源汽车驱动电机还需关注电机自身的安全性和舒适性。

安全性：即电机的可靠性，电机在恶劣环境下可以正常工作。

舒适性：即电机在运行时不会使驾驶人产生体验上的不适感，应关注电机运行时的振动和噪音情况。

3. 驱动电机组成

驱动电机组件主要由永磁同步电机、旋转变压器、温度传感器、冷却循环水道和壳体等组成。驱动电机是以磁场为媒介进行机械能和电能相互转换的电磁装置，是驱动电动汽车行驶的动力装置，是动力总成的核心部件，承担着电能转化和充电的双重功能。

4. 永磁同步电机

北汽 EV160 驱动电机选用的是永磁同步电机，如图 3-1-3 所示。该电机具有效率高、体积小、重量轻及可靠性高等优点。永磁同步电机是电驱系统的重要执行机构，是电能与机械能转化的部件，依靠内置传感器来提供电机的工作信息，并将这些信息发送给电机控制器。

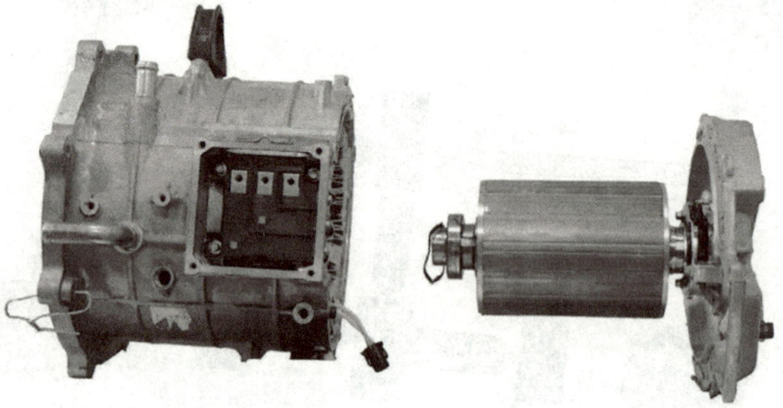

图 3-1-3　北汽 EV160 驱动电机

北汽 EV160 永磁同步电机具有电动机和发电机的双重功能。电动机工作原理是电机控制器分别控制 U 相、V 相和 W 相绕组，或者相邻绕组的通电、断电，在相应的绕组或相邻的绕组中产生磁场，永磁转子在磁场的作用下同步旋转，如图 3-1-4 所示。车辆减速时，永磁同步电机起到发电机的作用。交流发电机的工作原理是车辆减速时，驱动轮通过传动装置反拖永磁同步电机转子运转，旋转的永久转子磁场，分别切割 U、V、W 三相定子绕组，产生三相交流电，如图 3-1-5 所示。

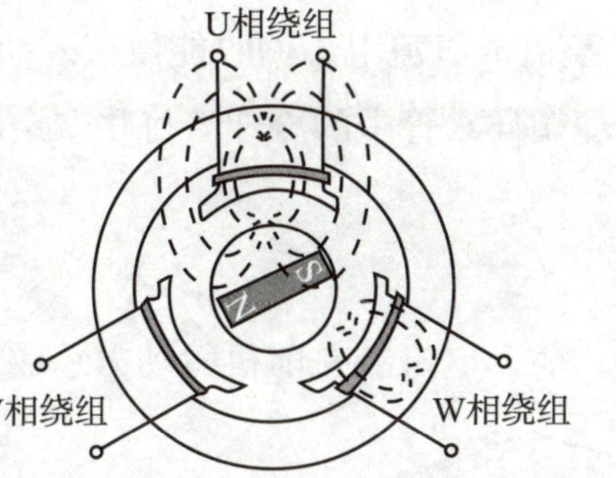

图 3-1-4　永磁同步电机电动机工作原理

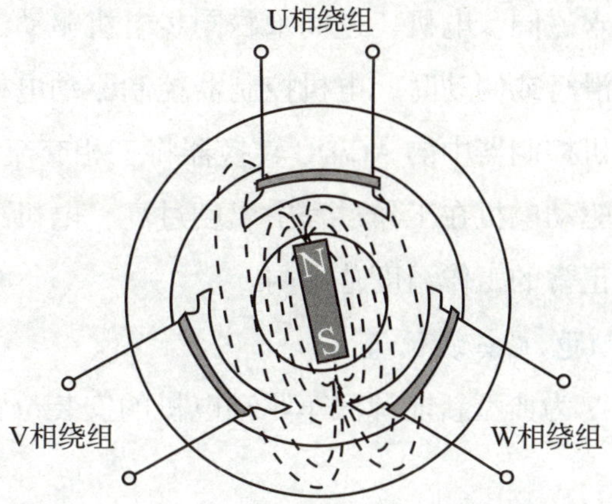

图 3-1-5　永磁同步电机发电机工作原理

5. 旋转变压器

旋转变压器如图 3-1-6 所示，它是一种能转动的变压器，主要由旋转变压器转子与定子组成。这种变压器的一次、二次绕组分别放置在定、转子上。一次、二次绕组之间的电磁耦合程度与转子的转角有关，因此转子绕组的输出电压与转子的转角有关。

旋转变压器可分为正余弦旋转变压器、线型旋转变压器和比例式旋转变压器。北汽 EV160 采用的是正余弦旋转变压器，主要用以检测电机转子位置，并把其检测结果传输给电机控制器，经解码可获知电机转速。

图 3-1-6　旋转变压器

当旋转变压器励磁绕组以一定的交流电压励磁时，输出绕组的电压值与转子转角成正弦、余弦函数关系。

6. 温度传感器

温度传感器用以检测驱动电机的温度，电机控制器用它的信号保护驱动电机，避免过热。

北汽 EV160 采用的是 PT1000 温度传感器——铂电阻温度传感器。金属铂（Pt）的电阻会随着温度变化而变化，并且具有良好的重现性和稳定性，利用铂的这种物理特性制成的温度传感器称为铂电阻温度传感器。PT1000 表示在 0 ℃时，其电阻为 1 000 Ω。

7. 驱动电机工作原理

动力电池的直流电经过高压配电箱，通过电机控制器中的 DC/AC 变换器将直流电逆变成交流电，提供给永磁同步电机，进而永磁同步电机驱动汽车行驶。

当车辆滑行或制动时，电机控制器控制驱动电机使其处于发电状态，驱动电机利用车辆动能发电，通过电机控制器中的 AC/DC 转换器将三相交流电整流成直流电，回收能量存入动力电池。

为避免驱动电机在工作过程中温度过高，电机冷却循环水管中的冷却液可将多余的热量带走，使其保持在正常的工作温度范围内。

8. 驱动电机安装位置

图 3-1-7 为典型新能源汽车驱动电机的安装位置，驱动电机装在前机舱动力总成支架下面。

图 3-1-7　典型新能源汽车驱动电机的安装位置

（二）检查与维护驱动电机

1. 检查驱动电机外观

① 检查驱动电机表面是否有油渍，是否存在漏液现象，如图 3-1-8 所示。

图 3-1-8　驱动电机外观

② 检查驱动电机上水管和下水管有无裂纹和泄漏。

③ 目测车身底部保护层，检查驱动电机是否有磕碰、损坏。

2. 清除驱动电机机座外部灰尘、污垢

使用压缩空气或干布对驱动电机的外观进行清洁。

3. 检查驱动电机的绝缘情况

驱动电机在常规检查中必须检查绝缘性，其绝缘性符合安全要求，驱动电机才能安全使用。检查驱动电机绝缘情况时，应查看驱动电机铭牌，根据电机的额定电压选择合适的绝缘电阻表，绝缘

电阻表如图 3–1–9 所示。

图 3–1–9　绝缘电阻表

4. 检查驱动电机定子绕组

检查驱动电机定子绕组，需要判断三相交流电定子绕组之间有无短接，使用万用表测量驱动电机的定子绕组 U 和 V 之间、V 和 W 之间、W 和 U 之间的电阻值是否正常。

5. 检查驱动电机旋转变压器

① 检查电机控制器与电机连接的低压插接器状态，查看是否存在退针与虚接现象，如图 3–1–10 所示。

② 旋转变压器连接线位于驱动电机低压插接器 A、B、C、D、E、F 端子上，表 3–1–7 给出了驱动电机低压 19 针端子接口定义。

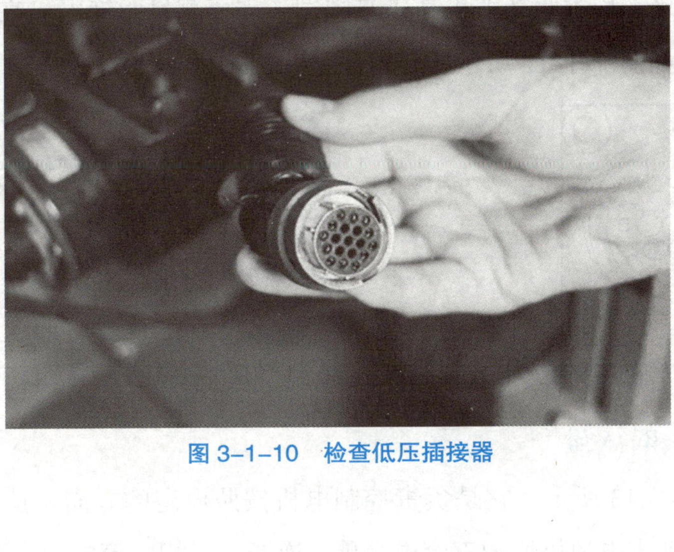

图 3–1–10　检查低压插接器

表 3-1-7　驱动电机低压 19 针端子接口定义

序号	驱动电机 19 针端子编号	端子定义	说明
1	A	励磁绕组 R1	驱动电机旋转变压器端子
2	B	励磁绕组 R2	
3	C	励磁绕组 S1	
4	D	励磁绕组 S3	
5	E	励磁绕组 S2	
6	F	励磁绕组 S4	
7	G	THO	电机温度传感器端子
8	H	TLO	
9	L	HVILI（+L1）	高压互锁端子
10	M	HVILI（+L2）	

6. 检查驱动电机温度传感器

驱动电机温度传感器主要用于监测驱动电机的温度，检查驱动电机温度传感器的好坏，可通过测量其电阻来判断。测量电机温度传感器的电阻值时，需要在常温状态下测量。图 3-1-11 中的驱动电机低压插接器（19 针）中端子 G 和 H 为驱动电机温度传感器的信号端子，需要测量 G-H 端子间的电阻值，电阻值应为 1 kΩ 左右，若为无穷大则为断路。

7. 检查驱动电机高压互锁端子

高压互锁端子是一个所有高压附件所组成的串联闭环电路。每个高压附件对应的两个高压互锁端子应该为导通状态，如果不导通，相当于某个高压插接器未插到位，造成高压互锁回路断路，从而引发整车出现高压故障。检查驱动电机高压互锁端子需要测量驱动电机高压互锁的电阻值，端子 L 和 M 之间，检查方法如图 3-1-12 所示，若电阻值为无穷大，则为断路。

图 3-1-11　驱动电机低压插接器端子分布

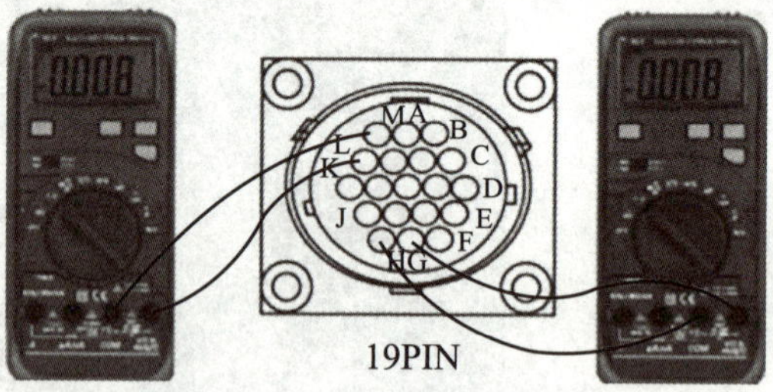

图 3-1-12　检查高压互锁端子

（三）电机控制器的认知

电机控制器如图 3-1-13 所示，它是负责控制电机按照设定的方向、速度、角度、响应时间进行工作的集成电路，将动力电池供给的直流电电能，逆变成三相交流电，给汽车驱动电机提供电源，以实现起动、运行、进退速度、爬坡力度等行驶状态，或者帮助电动车辆制动，并将部分制动能量存储到动力电池中。驱动电机控制系统另一个重要功能是通信和保护，实时进行状态和故障检测，保护驱动电机系统和整车安全可靠运行。

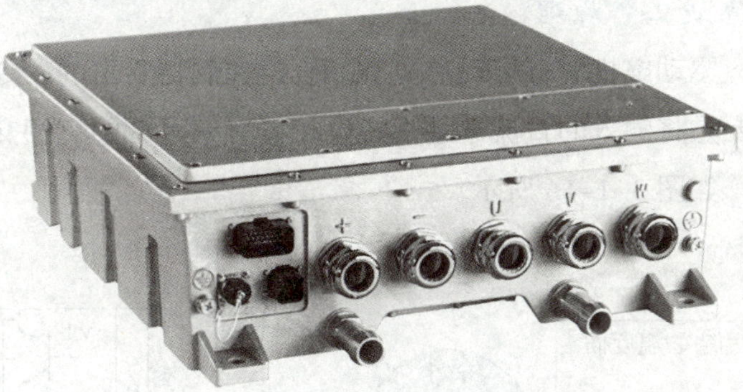

图 3-1-13　电机控制器

1. 电机控制器安装位置

以比亚迪 e5 新能源汽车为例，电机控制器安装在前机舱动力总成的专用支架上。

2. 电机控制器线束认知

① 电机控制器线束分为高压线束和低压线束，分别为高压直流电的输入、380 V 三相交流电的输出和低压插接器，如图 3-1-14 所示。

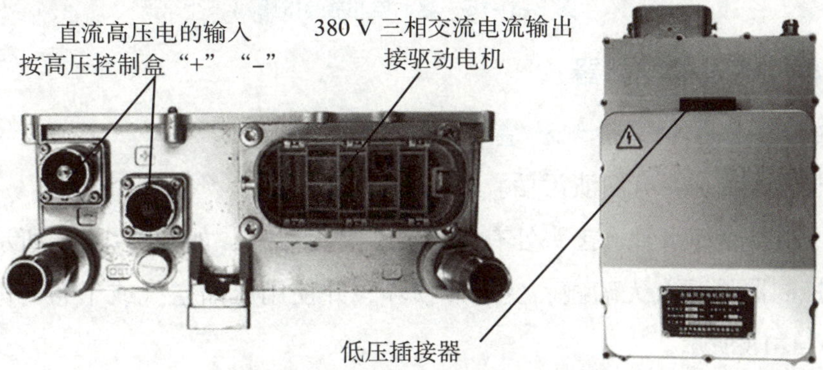

图 3-1-14　电机控制器的高低压线束插接器

② 电机控制器高压线束及端子如图 3-1-15 所示，图 3-1-15（a）中的高压插接器是接高压控制盒的高压直流输出电源端了，共有四个针 A、B、C、D，图 3-1-15（b）中的两个单针插件分别为电机控制器的直流高压电输入，分别是正极和负极端子。橙色线束均为高压附件线束。

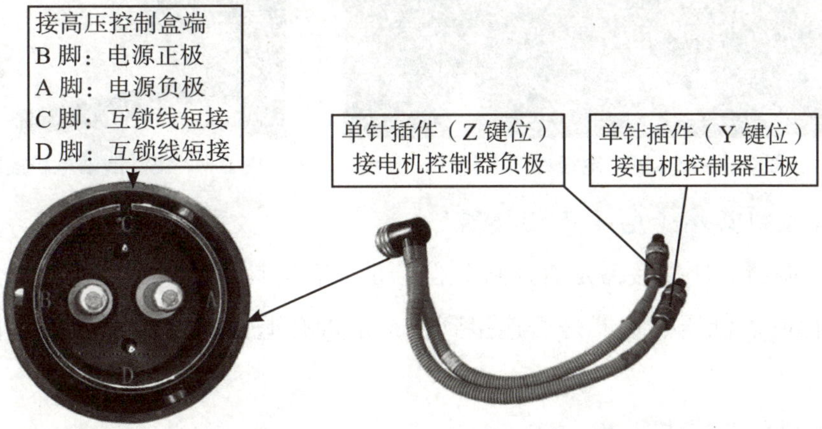

（a）　　（b）

图 3-1-15　电机控制器高压线束及端子

3. 驱动电机控制系统工作原理

在驱动电机系统中，驱动电机的输出动作主要靠电机控制器给出的命令确定，即电机控制器输出命令。电机控制器主要是将输入的直流电逆变成电压、频率可调的三相交流电，供给配套的三相交流永磁同步电机使用，如图 3–1–16 所示。

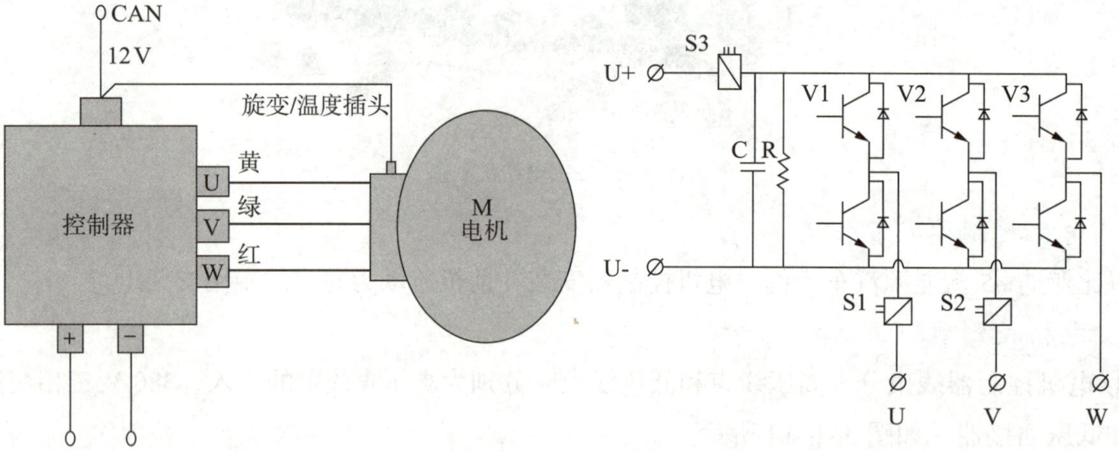

图 3–1–16　驱动电机控制电路

（四）检查与维护电机控制器

1. 驱动电机与电机控制器外观检查

① 检查驱动电机表面是否有油渍污垢。

② 检查电机控制器冷却水管、接头处有无裂纹、有无渗漏，如图 3–1–17 所示。

③ 目测电机控制器外观有无磕碰、变形或损坏，并使用压缩空气或干布对电机控制器的外观进行清洁，如图 3–1–18 所示。

图 3–1–17　驱动电机冷却水管

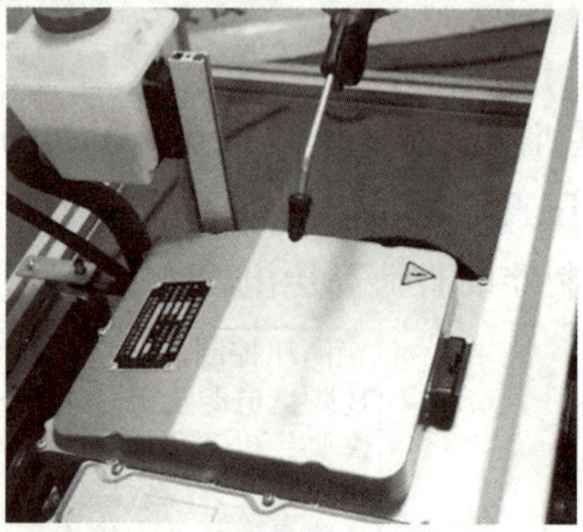

图 3–1–18　清洁电机控制器

2. 检查电机控制器端子电压及插接器

① 检查电机控制器高压插接器是否连接到位，是否有退针现象，或存在过电压烧灼的情况。

② 检查电机控制器低压插接器是否连接到位，是否有退针现象，或存在过电压烧灼的情况，如图 3–1–19 所示。

3. 检查电机控制器高压电缆绝缘性

车辆在充电或行驶中如有动力电池绝缘故障，在检测其他高压系统绝缘电阻值正常情况下，需检查电机控制器和连接电机控制器的高压线缆绝缘电阻值是否正常，用绝缘电阻表黑笔搭铁，红表笔逐个测量电机控制器上的高压端子和高压线缆端子的绝缘电阻值，按下测试按钮，显示的数值为绝缘电阻值。电机控制器的搭铁绝缘电阻值应大于 100 MΩ。

图 3-1-19　检查电机控制器低压插接器

（五）减速器认知

减速器

1. 减速器的功能

新能源汽车为了输出更大的转矩，而采用了更大功率的电机，并通过减速器有效地改变整车的传动比，实现转速和转矩变化。差速器的主要功能是将驱动电机的转速降低、转矩升高，以保证驱动电机的转矩、转速满足车辆需求。EV200 车型采用的减速器是一款前置前驱的减速器，如图 3-1-20 所示；分左右箱，两级传动结构，采用前进档和倒档共用结构设计，整车倒车通过驱动电机反转实现。

图 3-1-20　EV200 车型采用的减速器

2. 减速器的基本参数

减速器基本参数如表 3-1-8 所示。

表 3-1-8　减速器基本参数

技术指标	技术参数	备注
最高输入转速	9 000 r/min	
转矩容量	≤ 260 N · m	
驱动方式	横置前轮驱动	
减速比	7.793	

（续表）

技术指标	技术参数	备注
驱车功能	无	
重量	23 kg	不含润滑油
润滑油规格	GL-475 W-90 合成油	推荐嘉实多 BOT130（美孚 1 号 LS）
设计寿命	10 年 /30 万 km	

3. 减速器的结构与工作原理

减速器的主要功能是将驱动电机的转速降低、转矩升高，以保证驱动电机的转矩、转速满足车辆需求。新能源汽车的减速器与传统汽油车减速器的功能和原理是一样的。

北汽 EV200 新能源汽车采用的减速器总成是一款前置前驱减速器，分左右箱，两级传动结构设计，具有体积小、结构紧凑的特点，采用前进档和倒档共用结构设计，整车倒档通过驱动电机反转实现。减速器动力传动机械部分是依靠两级齿轮副来实现减增矩，按其功用和位置分为右箱体、左箱体、输入轴组件、中间轴组件和差速器组件五部分，减速器工作原理如图 3-1-21 所示。

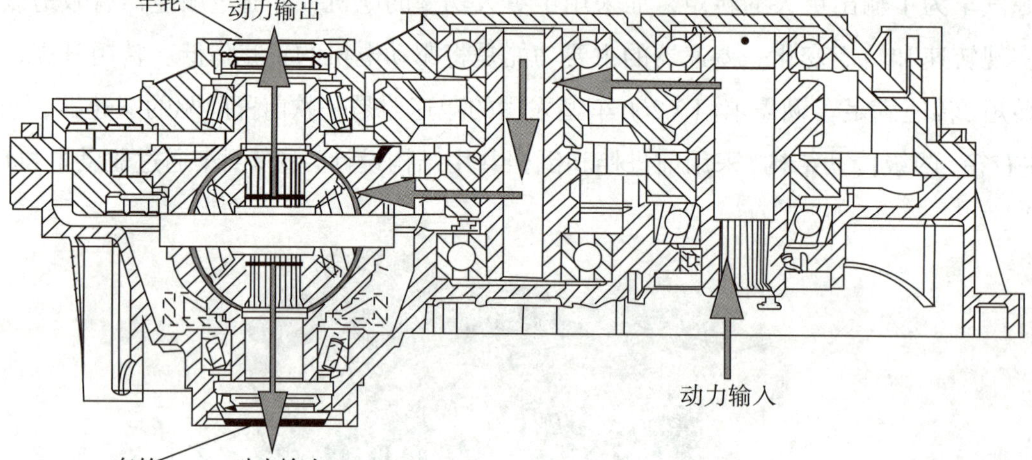

图 3-1-21　减速器工作原理

4. 减速器的分类

减速器是一种相对精密的机械，使用它的目的是降低转速，增加转矩。它的种类繁多，型号各异，主要包括以下几种。

① 按照传动类型可分为固定轴齿轮减速器、蜗轮／蜗杆减速器和行星齿轮减速器。

② 按照传动级数不同可分为单级和多级减速器。

③ 按照齿轮形状可分为圆柱齿轮减速器、圆锥齿轮减速器和圆锥—圆柱齿轮减速器。

④ 按照传动的布置形式又可分为展开式、分流式和同轴式减速器。

（六）减速器维护保养

1. 减速器维护周期

对于初期保养，减速器磨合后，建议 3 000 km 或 3 个月更换润滑油，以后进行定期维护。其维护保养应在整车特约维修点进行，建议的维护周期如表 3-1-9 所示。

表 3-1-9　减速器维护周期

里程 / 千米	10 000	20 000	30 000	40 000	50 000	60 000	70 000	80 000
月数	6	12	18	24	30	36	42	48

小贴士

① 维护周期应以里程表读数或月数判断，以先达到者为准。上表为 8 万千米以内的定期维护，超过 8 万千米按相同周期进行维护。

② 适用于各种工况行驶（重复的短途行驶；在不平整或泥泞的道路上行驶；在多尘路上行驶；在极寒冷季节或盐碱路上行驶；极寒冷季节的重复短途行驶）。

③ 在维护保养中必要时更换润滑油。

④ 如不因换油而是其他维修作业提升车辆时，也应同时检查减速器是否漏油。

⑤ 根据整车驾驶性能及供应商要求，整车将在维护保养时进行软件更新。

⑥ 要求润滑油为 GL-475W-90 合成油，持续许用温度≥ 140 ℃，油量为 0.9 ～ 1.1 L。供应商推荐使用嘉实多 BOT130，公司用油为美孚 1 号 LS。

2. 检查减速器外观

目测减速器外部是否有磕碰、变形、漏油的情况。

3. 检查差速器半轴防尘套密封情况

检查差速器半轴防尘套密封情况，检查防尘套有无破损、漏油，防尘套紧固卡环有无松动。

4. 检查和更换减速器润滑油

（1）维护保养时，润滑油的检查方法

确认车辆是否处于水平状态，检查油位，检查减速器是否有漏油痕迹，如有，应分析漏油原因，修理漏油部位；拆下油位螺塞，检查油位。如润滑油与油位螺塞孔齐平，则说明油位正常。否则，应补加规定润滑油，直到油位螺塞孔口出油为止。

（2）维护保养时，润滑油的更换方法

在换油前，必须停车断电，水平提升车辆，在升起车辆的状态下，检查油位以及是否漏油，如有漏油，拆下放油螺塞，排放废油。

放油螺塞涂上少量密封胶（乐泰 5699 平面密封硅胶），并按规定力矩（12 ～ 18 N · m）拧紧。拆下油位螺塞、进油螺塞，按规定型号加注润滑油，按规定油量（加注到油位螺塞孔）加注规定的新油，油位螺塞、进油螺塞涂上少量密封胶，并按规定力矩拧紧。

二、混合动力汽车动力及驱动系统维护与保养

（一）混合动力汽车发动机认知

混合动力汽车是一种用发动机和驱动电机组合起来共同驱动的低污染、高效率、高经济性的汽

车，在电动汽车的电能源没有完全解决之前，综合发挥内燃机汽车和电动汽车各自的优势，使内燃机的燃料消耗率降到最低。内燃机排放污染减到最小，并充分发挥电力驱动的高效率，这是混合动力汽车得以迅速发展的基础。

1. 阿特金森发动机

1882 年，英国工程师詹姆斯·阿特金森（James Atkinson）在四冲程发动机的基础上，通过一套复杂的连杆机构，使得发动机的做功行程大于压缩行程。这种巧妙的设计，不仅改善了发动机的进气效率，也使得发动机的膨胀比大于压缩比，可以更有效地利用燃烧后废气仍然存有的高压，提高了发动机效率。这种发动机的工作循环被称为阿特金森循环，如图 3-1-22 所示。

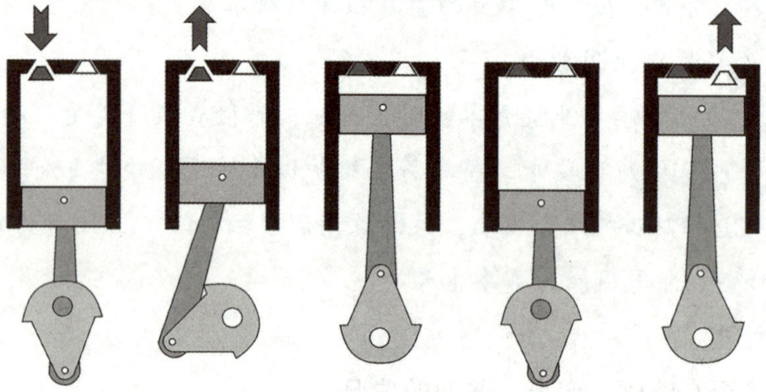

图 3-1-22 阿特金森循环

该循环在结构上实现有很大的难度，需要借助特殊的曲轴和连杆系统，其技术难度高，故此结构简单的四冲程发动机完全占领了市场。

1947 年，美国工程师拉尔夫·米勒（R.H.Miller）在四冲程发动机的基础上也实现了高燃油效率的阿特金森循环。他不像 James Atkinson 那样，机械地实现做功行程大于压缩行程，而是推迟进气门关闭时刻，让进气门在压缩行程中关闭，尽管这样会造成吸入气缸的可燃混合气在活塞开始上升时又部分地被推出气缸，但是压缩行程可以通过控制进气门关闭的时刻来恰当地调节。因考虑到压缩行程又被分为两个阶段（燃油喷射阶段和实际的压缩阶段），这种发动机有时又被称为五冲程发动机。

目前，阿特金森循环多采用可变配气正时方式来实现。现代的阿特金森循环发动机使用电子控制装置和可变配气正时装置，使气缸中的可燃混合气的燃烧体积膨胀得更大，借此让动力装置能更高效地利用燃油。由于该形式的阿特金森循环发动机在大负荷时，其功率输出损失较大，抵消了该发动机燃油效率高的优点，所以应减少发动机大负荷工况，或取消大负荷工况。发动机处于部分负荷工况状态时，进气回流使进入气缸的部分混合气流回进气管，通过增大节气门开度可以降低气流损失，采用远高于普通发动机的压缩比以提高热效率，长的膨胀行程又可以充分利用燃烧气体的膨胀功，减少废气带走的能量，进一步提高了热效率。

2. 阿特金森循环的优缺点

阿特金森循环由于将进气门关闭时间延迟，实际的压缩行程缩短，在做功行程不变的情况下，压缩行程比做功行程短，发动机使用此循环具有以下优、缺点。

（1）优点

① 可避免爆燃发生。因为实际受到压缩的混合气量减少，所以不易产生爆燃。因此可以将发动机的压缩比提高，并获得高膨胀比，让燃烧产生的能量在做功行程中更多地转换为机械能。

② 减少泵压损失。因为实际的压缩混合气量减少，为增加进气量，在部分负荷时发动机以较大的节气门开度运转，节气门开度增大能够使进气歧管内的负压减小，减少泵压的损失及进气阻力。

③ 排放损失少，热效率高，节油。

（2）缺点

① 发动机低转速时，进气惯性小，容积效率较差，加上一部分混合气回流到进气歧管，使得能够被压缩的混合气量更为减少，因而引起发动机低速时输出的转矩变得很差，不适合做动力输出。

② 随着节气门的打开和发动机转速升高，气缸内的混合气回流到进气歧管内更不利于进气，进气量受到限制，很难产生大功率。

针对以上缺点，通常在阿特金森循环发动机上加装增压器，但是混合动力汽车实际上在低速时使用驱动电机驱动，在高速时由发动机 ECU 通过控制燃油喷射的方式来控制发动机转速，以使得发动机工作在最佳转速区域，因此混合动力系统使用阿特金森循环发动机不是必须要加装增压器。

（二）发动机维护与保养

1. 检查发动机机油

① 将车辆停放在水平地面上。发动机暖机并将混合动力系统关闭后至少等待 5 min，让机油回流到发动机底部。

② 首先在机油尺端部下方放一块抹布；然后将机油尺抽出，将机油尺擦净。扁平油尺是指将机油尺重新完全插入。非扁平油尺是指将机油以其凸出部位指向发动机重新完全插入。

③ 再次将机油尺抽出，并检查机油油位；然后擦净机油尺重新将其完全插入。

2. 添加发动机机油

如果机油油位低于或接近低油位标记，则添加与发动机内已有机油类型相同的发动机机油，操作方法如下。

① 逆时针转动机油加油盖，将其拆下。

② 慢慢添加发动机机油，并检查机油尺。

③ 安装机油加油口盖，并顺时针拧紧。

3. 燃油泵的检查

① 使用万用表的电阻档测量端子 1 和端子 2 间的电阻。

② 标准电阻值：在 20 ℃条件下，0.2 ~ 3 Ω。

③ 如果结果不正常，则更换燃油泵总成。

④ 使用万用表的电阻档测量端子 1 和端子 2 间的电阻。

⑤ 标准电阻值：在 20 ℃条件下，11.6 ～ 12.4 Ω。

⑥ 如果结果不正常，则更换燃油泵总成。

4. 火花塞测试

① 拆下全部的点火线圈和火花塞。

② 断开喷油器连接器。

③ 将发动机置于维护模式。

④ 将火花塞一端连接到点火线圈，另一端搭铁。

⑤ 起动发动机（不要超过 2 s），确认各火花塞产生的火花正常。

⑥ 如果结果不正常，则检查点火系统。

⑦ 连接喷油器连接器，安装全部的火花塞和点火线圈。

（三）普锐斯驱动电机认知

混合动力汽车利用驱动电机作为辅助动力，来降低燃料的消耗和实现“低污染”，或在纯电动驱动模式时实现“零污染”。混合动力汽车上驱动电机系统的工作条件以及其工作模式，与传统工业电机相比有着很大的区别，这些区别使得传统工业电机不适合在汽车上使用。

丰田普锐斯混合动力汽车动力传动系统有两个电机 / 发电机：MG1 和 MG2。

电机 / 发电机 MG1 的作用有以下三个。

① 作为动力分离装置的控制元件，MG1 与减速器太阳轮相连，动力控制单元按照一定的控制策略改变转速和转矩，从而实现无级变速功能。

② 作为发电机将发动机冗余能量转化为电能，给动力电池充电或给 MG2 供电。

③ 实现发动机的起动。

电机 / 发电机 MG2 的作用有以下两个。

① 提供辅助动力，以保证在任何工况下发动机始终在高效区域内工作。

② 当汽车制动、下坡或驾驶人放松加速踏板时，发动机熄火，MG2 作为发电机，在汽车的惯性下，车轮带动 MG2 发电，将制动能转化为电能储存在动力电池中。第一代电机 / 发电机用串联绕组方式工作。第二代电机 / 发电机用绕组方式，通过升压回路获得约两倍于第一代电机 / 发电机的工作电压，并优化了气隙磁场，从而在电机 / 发电机体积略有减小的情况下，提高了转矩和效率。第三代电机 / 发电机将工作电压提高到 650 V，最高输出功率增加了 20%，最高转速提高了约一倍，大大缩减了电机 / 发电机的体积和重量。另外，由于体积的减小而造成电机 / 发电机转矩下降，因此第三代普锐斯混合动力汽车的动力系统采用了一个行星齿轮减速器作为 MG2 的减速机构。

（四）驱动电机维护与保养

1. 驱动电机高压电缆检查

（1）绝缘性检查

① 车辆安全断电。

② 断开驱动电机侧高压电缆插接器。

③ 使用兆欧表分别测量高压电缆 U、V、W 端与车身搭铁的电阻，标准值为 100 MQ 或更大，如果结果小于标准值，则更换高压电缆。

（2）导通性检查

① 车辆安全断电。

② 断开高压电缆两侧插接器。

③ 使用万用表分别测量高压电缆 U、V、W 各自两端间的电阻，标准值为小于 1 Ω，如果结果大于标准值，则更换高压电缆。

2. 驱动电机绕组检查

① 车辆安全断电。

② 断开驱动电机侧高压电缆插接器。

③ 使用万用表测量高压电缆 U、V、W 相互间任意两端的电阻，如表 3–1–10 所示。

表 3–1–10　测量高压电缆 U、V、W 相互间任意两端的电阻

对象	条件	万用表连接	标准范围
驱动电机 MG1	20 ℃	U–V	87 ～ 96.2 mΩ
		V–W	
		W–U	
驱动电机 MG2	20 ℃	U–V	148 ～ 170 mΩ
		V–W	
		W–U	

如果测量结果不正常，则更换驱动电机总成。

实践操作

检测驱动电机的绝缘电阻

1. 准备工作

（1）实训场所：理实一体化实训室。

（2）工具及车辆：高压绝缘检测仪、拆装专用工具、高压防护用具、吉利帝豪 EV450 等。

（3）辅助资料：车辆维修手册、教材等。

2. 操作步骤

（1）操作启动开关，将电源模式调至“OFF”状态。断开低压蓄电池负极电缆。

（2）断开直流母线。

（3）拆卸驱动电机三相线束的线束连接器 BV18。

（4）将高压绝缘检测仪的挡位调至 1 000 V。

（5）使用高压绝缘检测仪，测试驱动电机三相线束的线束连接器 BV18 的 1 号端子与驱动电机壳体之间的绝缘电阻。将电阻值、车辆维修手册中的标准值及维护建议等记录在表 3-1-11 中。

（6）使用高压绝缘检测仪，测试驱动电机三相线束的线束连接器 BV18 的 2 号端子与驱动电机壳体之间的绝缘电阻。将电阻值、车辆维修手册中的标准值及维护建议等记录在表 3-1-11 中。

（7）使用高压绝缘检测仪，测试驱动电机三相线束的线束连接器 BV18 的 3 号端子与驱动电机壳体之间的绝缘电阻。将电阻值、车辆维修手册中的标准值及维护建议等记录在表 3-1-11 中。

表 3-1-11　绝缘电阻测试记录表

测试项目	电阻值 /MΩ	标准值 /MΩ	维护建议（修理、更换）
1 号端子与驱动电机壳体之间的绝缘电阻	220	≥ 20	电阻值正常，不需要修理或更换
2 号端子与驱动电机壳体之间的绝缘电阻	216	≥ 20	电阻值正常，不需要修理或更换
3 号端子与驱动电机壳体之间的绝缘电阻	218	≥ 20	电阻值正常，不需要修理或更换

任务小练

一、填空题

1. 驱动电机是电动汽车驱动系统的__________，是车辆行驶的主要__________，其特性决定了车辆的主要__________，直接影响车辆__________、__________和__________。

2. __________、__________、__________是电动汽车的核心部分，称为“三电”。

3. 驱动电机的特点：__________、__________、__________。

4. 驱动电机组件主要由__________、__________、温度传感器、__________和壳体等组成。

5. 旋转变压器是一种能转动的__________，主要由旋转变压器__________与__________组成。

6. 减速器的主要功能是将驱动电机的__________、__________，以保证驱动电机的转矩、转速满足车辆需求。

二、简答题

1. 简述永磁同步电机的特点和工作机制。
2. 驱动电机维护与保养有哪些步骤？

任务 3.2　冷却系统维护与保养

任务引入

近期，北汽 4S 店举办了到店免费维护活动。高先生应邀来店参加免费维护活动，刚来店里实习不久的小李接待了高先生。小李的师傅告诉小李，今天要先对车辆的冷却液、冷却系统气密性、电动水泵、散热器及冷却风扇等进行维护，让他做好准备。假如你是小李，你知道冷却液、冷却系统气密性、电动水泵、散热器及冷却风扇等该如何维护吗?

本任务首先介绍冷却系统的组成和工作原理等基本知识；然后再介绍冷却液、冷却系统气密性、电动水泵、散热器和冷却风扇等的维护方法，其知识与技能要求如表 3-2-1 所示。

表 3-2-1　知识与技能要求

任务内容	冷却系统维护与保养	学习程度		
		识记	理解	应用
学习任务	冷却系统的组成和工作原理		●	
	冷却液的维护			●
	冷却系统气密性、电动水泵的检查			●
	散热器的清理和冷却风扇的检查			●
实训任务	检查冷却风扇的接地电路			●
自我勉励				

任务工单

1. 任务目的

(1) 能够正确维护冷却液。

(2) 能够正确检查冷却系统气密性、电动水泵。

(3) 能够正确清理散热器和检查冷却风扇。

(4) 能够正确、熟练地使用新能源汽车维护与保养工具。

2. 寻找伙伴

以 3 ～ 5 人为一组，选出组长并进行任务分工，将小组成员及分工情况填入表 3-2-2 中。

表 3-2-2　小组成员及分工情况

班级：　　　　　　　　组号：　　　　　　　　　　　　指导教师：

小组成员	姓名	学号		任务分工
组长				
组员				

3. 制订计划

(1) 查阅车辆维修手册，了解冷却系统维护与保养的相关内容，制订工作计划，并将其填入表 3-2-3 中。

表 3-2-3　工作计划

序号	工作内容	负责人

（2）将操作过程中所需的工具和耗材等填入表 3-2-4 中。

表 3-2-4　操作过程中所需的工具和耗材等清单

序号	名称	型号与规格	单位	数量	备注

4. 进行决策

（1）小组成员针对各自的工作计划展开讨论，并选出最佳工作计划。

（2）指导教师根据各小组提交的工作计划给出评价。

（3）各小组成员根据指导教师的评价对工作计划进行调整，调整合格后的工作计划即为最终实施方案。

5. 工作实施

根据最终实施方案，进行冷却系统的维护与保养。按实际操作过程，将作业项目、操作内容、遇到的问题及解决办法等记录于表 3-2-5 中。

表 3-2-5　工作实施过程记录表

序号	作业项目	操作内容、遇到的问题及解决办法	结果

6. 考核评价

各组展示任务完成情况，并完成如表 3-2-6 所示的考核评价表。

表 3-2-6　考核评价表

项目名称	评价内容	满分 / 分	评分 / 分		
			自评	互评	师评
职业素养考核项目 40%	穿戴规范、整洁	6			
	安全意识、责任意识及服从意识强	6			
	积极参加教学活动，按时完成任务工单	10			
	团队合作、沟通交流能力强	6			
	劳动纪律良好	6			
	维护场地、设备及工具等干净整洁	6			
专业能力考核项目 60%	专业知识查找及时、准确	12			
	操作符合规范	18			
	操作熟练，工作效率高	12			
	任务完成度高	18			
合计		100			
总评	自评（20%）+ 互评（20%）+ 师评（60%）=	综合等级	指导教师（签名）：		

相关知识

一、冷却系统概述

1. 冷却系统的组成

冷却系统主要由电动水泵、散热器、冷却风扇、膨胀水箱和冷却液等组成，如图 3-2-1 所示。它的作用是通过冷却液对驱动电机、车载充电机、电机控制器等进行循环散热。

（1）电动水泵

电动水泵是冷却系统唯一的动力元件，用以保证冷却液在整个冷却系统中循环流动。

（2）散热器

散热器由进液口、出液口及散热器芯等组成。

（3）冷却风扇

冷却风扇是用于降低流经散热器的冷却液温度，同时还能增加散热器的通风量，从而有助于提高车辆低速行驶时的冷却速度。冷却风扇的数量会因车型的不同而发生变化，有的车型采用一个冷却风扇，有的车型采用两个冷却风扇。例如，吉利帝豪 EV450 通常采用两个冷却风扇，并使用高低速控制模式，通过两个不同的电机来驱动冷却风扇叶片。

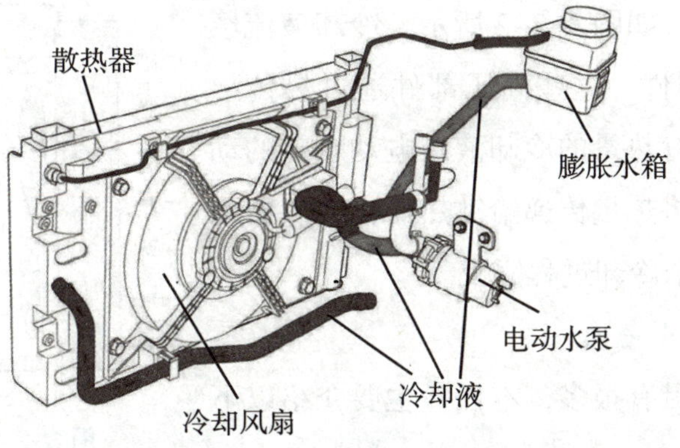

图 3-2-1　冷却系统的组成

（4）膨胀水箱

膨胀水箱是一个透明塑料罐，通过水管与散热器连接，为冷却液的排气、膨胀和收缩提供受压容积，同时也作为冷却液的加注口。

（5）冷却液

冷却液具有防腐蚀、防过热、防霜冻等优点，在整个冷却系统中起着十分重要的作用。新能源汽车的冷却液要求为无水冷却液，而且这种冷却液也不能是电解液体，否则很容易发生短路，从而引起车辆故障。

知识链接

冷却液使用常识

（1）冷却液及其添加剂均为有毒物质，需要放置于安全场所，切勿使其直接接触皮肤。如果冷却液溅到皮肤上或溅入眼睛里，要立即用清水冲洗干净，必要时要及时就医。

（2）冷却液的浓度一般不超出 40% ～ 60%。

（3）从冷却系统中排放的冷却液不宜再继续使用，应严格按有关规定进行处理。在操作过程中，操作人员应做好安全防护工作，规范操作行为，树立环保意识，不可将排放出的冷却液随地乱倒。

（4）冷却液不能混合使用，如更换不同颜色的冷却液。

（5）当更换散热器时，必须更换冷却液。在更换冷却液过程中，必须佩戴绝缘手套，以免烫伤。

（6）在冬季，如果冷却系统里只加入了纯水，则必须尽快按规定添加冷却液添加剂，使冷却液浓度尽快恢复到正常状态，以防结冰造成零件损坏。

（7）冷却液液位明显降低意味着冷却系统发生了渗漏。如果发生这种情况，则应及时检查渗漏部位并进行修理。

课堂讨论

新能源汽车的冷却系统与传统燃油汽车冷却系统在结构和功能上都有哪些不同？

2. 冷却系统的工作原理

冷却系统的工作原理，如图 3-2-2 所示。冷却液流经驱动电机、MCU 等高压部件，这些高压部件通过热传导将热量传递给冷却液，带有热量的冷却液在电动水泵的动力驱动下流经散热器，并将热量传递给散热器，散热器则直接将热量带走，至此整个冷却过程完成。

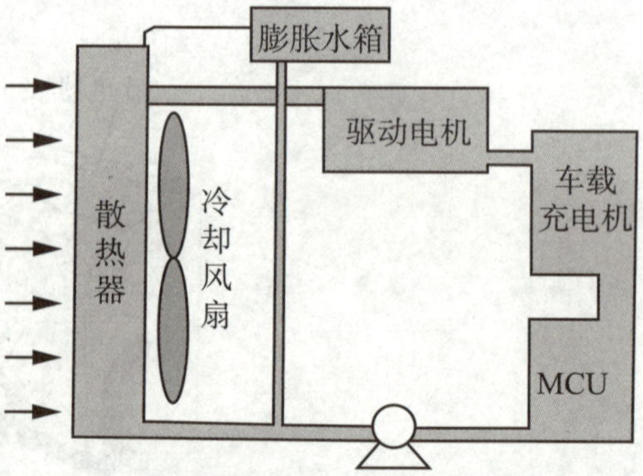

图 3-2-2　冷却系统的工作原理

3. 冷却系统维护作业项目

冷却系统维护作业项目有很多，本任务主要介绍以下几个。

（1）冷却液。

（2）冷却系统气密性。

（3）电动水泵。

（4）散热器。

（5）冷却风扇。

二、冷却液的维护

检查冷却液液位（图 3–2–3），视情况补充或更换冷却液，冷却液液位应符合车辆维修手册的规定，具体检查、更换方法如下。

1. 冷却液的检查

（1）待驱动电机冷却后，检查冷却液液位是否保持在“MIN”（冷却液下限标记）和“MAX”（冷却液上限标记）两条刻度线之间。如果冷却液液位低于“MIN”刻度线，则说明冷却液液位不正常，此时应加注相应的冷却液至规定范围内。

图 3–2–3　检查冷却液液位

（2）缓慢旋开膨胀水箱盖，查看冷却液是否浑浊。如果冷却液浑浊，则应及时更换。

2. 冷却液的更换

（1）冷却液的排放

① 将车辆熄火，并关闭所有电器及点火开关，同时按规定佩戴好护目镜并穿上绝缘服。

② 如果驱动电机处于热的状态，则需要等待其冷却。

③ 为防止烫伤，需要先用一块抹布盖住膨胀水箱盖，然后慢慢将其拧下。

④ 将回收容器置于车下。

⑤ 拧开散热器排放螺塞，排放冷却液。

⑥ 排完冷却液后，安装并拧紧散热器排放螺塞。

冷却系统的工作原理

（2）冷却液的加注

① 检查冷却管路，以确保冷却管路连接完整。

② 缓慢加注新的冷却液至规定范围内。

③ 拧紧膨胀水箱盖。

④ 按照规定进行上电操作，并使电动水泵在规定时间内循环运行，充分排出冷却管路中的空气，然后断电并等待其冷却。

⑤ 检查散热器排放螺塞处有无渗漏。

⑥ 观察膨胀水箱内冷却液液位，如果冷却液液位下降，则应及时补充冷却液，保持冷却液液位处于“min”和“max”两条刻度线之间。

小贴士

（1）当驱动电机处于热的状态时，加注冷却液，冷却液液位可能会接近或略高于“max”刻度线，这属于正常现象。

（2）当驱动电机处于冷的状态时，加注冷却液，冷却液液位不得超过“max”刻度线，否则当驱动电机达到热的状态时，冷却液可能会溢出。

（3）如果冷却液损耗较多，则必须待驱动电机冷却后方可加注新的冷却液，否则驱动电机可能会损坏。

三、冷却系统气密性的检查

（1）检查冷却系统过滤网外观，其外观应保持洁净、无破损。

（2）检查冷却系统的运行状况，冷却系统在运行过程中应无噪声和渗漏。

（3）检查冷却系统的管路和各零件接口处有无渗漏，以及冷却系统的管路固定情况。软管与硬管连接处应无渗漏，且对管路布设无干涉。

知识链接

新能源汽车对冷却系统的要求比传统燃油汽车要高，冷却液管道的需求量也较大。面对旺盛的市场需求，四川川环科技股份有限公司（简称川环科技）紧急启动了扩产计划。

川环科技已积累了四十余年车用软管的开发和生产经验，在管道相关性、高性能、轻量化、耐久性、环保性等方面，拥有大量自主知识产权专利技术，形成了大批专有技术和关键诀窍，特别是在材料配方、结构设计、复合技术、先进工艺等方面具有较扎实的研发基础。

为了攻克新能源汽车技术方面的难关，川环科技成立了专门的技术团队，并与国内主要新能源汽车企业，如吉利新能源、长安新能源、广汽新能源、比亚迪、上汽五菱、理想汽车、威马汽车、哪吒汽车、蔚来汽车、小鹏汽车等，开展合作。

2021 年，川环科技计划投资 3 亿元，建设传统燃油汽车与新能源汽车零部件增量扩能项目，在四川省达州市大竹县经济开发区新征土地 200 亩，新建标准化厂房及相应的配套设施，以达到年产 10 000 t 的生产能力。项目达产后，可形成约 9 亿元的年产值。

多年来川环科技默默发力，专注于新能源汽车冷却系统技术，其综合实力已经是国内冷却液管道产业的隐形冠军。川环科技是新能源汽车行业的一颗冉冉升起的明珠，值得更多地关注。

四、电动水泵的检查

（1）启动车辆后，检查电动水泵（图 3-2-4）有无渗漏，是否存在异响。如果有此情况，则应视情况进行处理。

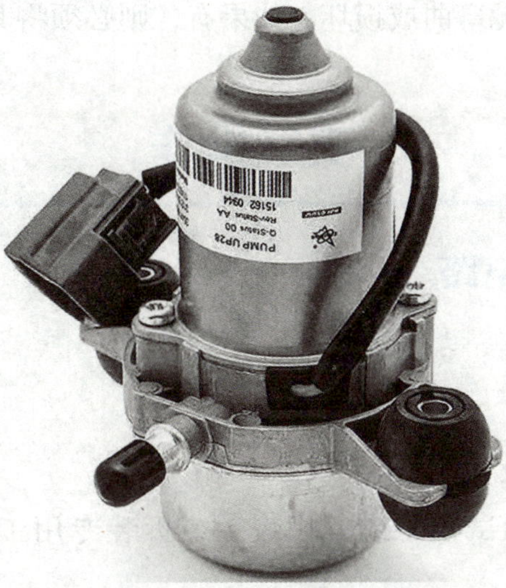

图 3-2-4　检查电动水泵

（2）检查电动水泵的连接线束是否有老化、破损等情况，如果有，则应及时修理或更换。

（3）检查电动水泵是否能正常工作。

五、散热器的清理

检查散热器外表面（图 3-2-5）是否存在积尘或杂物，对存在积尘或杂物的，应使用风枪或毛刷进行清理，外表面应无明显积尘或杂物，且保持干燥。

图 3-2-5　检查散热器外表面

小贴士

严禁使用水枪对散热器芯进行清洗。

六、冷却风扇的检查

（1）检查冷却风扇外表面，其外表面应无明显积尘、弯曲或损坏。

（2）检查冷却风扇的接地电路是否正常。其具体检查方法：使用绝缘测试仪（或万用表），测试线束连接器的某端子和车身接地之间的电阻，查看电阻是否符合标准。如果其数值符合标准，则说明其电阻正常，电阻正常即为冷却风扇的接地电路正常。另外，车型不同，其端子也会有所不同。

（3）检查冷却风扇叶片有无弯曲或损坏，如果有，则必须将其更换。

实践操作

检查冷却风扇的接地电路

一、准备工作

（1）实训场所：理实一体化实训室。

（2）工具及车辆：绝缘测试仪（或万用表）、拆装专用工具、高压防护用具、吉利帝豪EV450等。

（3）辅助资料：车辆维修手册、教材等。

二、操作步骤

吉利帝豪EV450上的CA30b/CA31冷却风扇线束连接器有3个端子，其中，1号端子为高速冷却风扇电源信号端子，2号端子为低速冷却风扇电源信号端子，3号端子为接地端子。

（1）操作启动开关，将电源模式调至“OFF”状态。断开冷却风扇1线束连接器CA30b。

（2）断开冷却风扇2线束连接器CA31。

（3）使用绝缘测试仪（或万用表），测试冷却风扇1线束连接器CA30b的3号端子和车身接地之间的电阻。将电阻值、车辆维修手册中的标准值及维护建议等记录在表3-2-7中。

（4）使用绝缘测试仪（或万用表），测试冷却风扇2线束连接器CA31的3号端子和车身接地之间的电阻。将电阻值、车辆维修手册中的标准值及维护建议等记录在表3-2-7中。

表3-2-7　电阻测试记录表

测试项目	电阻值/MΩ	标准值/MΩ	维护建议（修理、更换）
CA30b的3号端子和车身接地之间的电阻	0.1	＜1	电阻值正常，不需要修理或更换
CA31的3号端子和车身接地之间的电阻	0.1	＜1	电阻值正常，不需要修理或更换

任务小练

一、填空题

1. 冷却系统主要由________、________、________、________、和________等组成。

2. ________是冷却系统唯一的动力元件。

3. 冷却系统的维护作业项目主要有________、________、________、________和________等。

二、简答题

1. 简述冷却液的加注方法。
2. 冷却系统气密性的检查项目主要包括哪几项？
3. 电动水泵的检查项目主要包括哪几项？

思政先锋

符周——新能源汽车赛道上的“领跑人”

符周，是上汽通用五菱汽车股份有限公司（简称上汽通用五菱）宝骏总装车间的一名车辆调试返修员，是宝骏总装汽车装调高级技师，主要负责车辆电控技术的诊断检修。10 年来，他带领团队在新能源三电技术、燃油车汽车电控故障诊断和电路故障排除等方面作出了重大贡献，成为上汽通用五菱奔跑在新能源车赛道上的“领跑人”之一，荣获 2021 年“柳州工匠”称号。

2010 年 10 月，18 岁的符周从柳州汽车运输技工学校毕业，进入上汽通用五菱工作。

那一年，上汽通用五菱乘用车品牌“宝骏”正式进军乘用车市场。但随着我国经济持续快速发展和城镇化进程加速推进，汽车生产带来的能源紧张和环境污染问题更加突出，加快培育和发展节能汽车与新能源汽车呼声日渐高涨。

作为具备核心研发生产技术的传统车企，上汽通用五菱居安思危，2012 年抽调了一批技术过硬的汽车装配人员，来到位于柳东的宝骏汽车生产基地，着手新能源汽车的研发生产。当时，有良好电工知识的符周，正式加入上汽通用五菱新能源汽车的团队。

按照传统车企做法，车工、油漆工等工种都有技艺操作上的传承，但新能源汽车是新的生产方向，以电动为主，没有先例可以参考。

为了让符周他们这批零基础的技术工人们尽快掌握新能源汽车的技能，上汽通用五菱先是让他们到柳职院等院校重新学习电动汽车的理论知识，再到一些车企，现场观察学习别人实操新能源汽车的组装。

然而，关键技术还得靠个人去自学。符周依托着良好的电工知识基础，在上汽通用五菱首款新能源汽车新产品导入宝骏时，不断查阅新能源技术新知识，摸索新能源关键技术技能，很快掌握了新能源汽车整车控制系统、电池、电机及动力系统在宝骏首款 E100 上的应用和问题解决。

由于刻苦勤奋，符周从新能源车的“门外汉”成为在各类新能源汽车技能竞赛中的获奖“专业户”。其中，在 2019 年全国新能源汽车关键技术广西选拔赛中获得“二等奖”、2020 年全国新能源汽车关键技术广西选拔赛再获“二等奖”等。

符周不断学习创新，刻苦研究多项电控技术，把专业知识与实战融会贯通，主动承担宝骏总装车间疑难杂症的解决，挑战一个又一个的困难。

目前，符周长期专研新能源三化技术，在宝骏 E100\E200 等新能源车系上，为攻克 3 大关键电控技术的疑难杂症作出了重大贡献。他带领技师团队解决 112 个工艺装配问题，形成装配技能速成法。通过操作这些标准化的工艺装配流程，技术工人们可以提升技能技巧，超常发挥完成操作，创造经济效益 455 万元。

新能源车以电能为主，电控技术决定新能源车的使用质量。符周利用自身的电控技术专长，承接车间拧紧工具与备件自主维护模式创新活动，再次为企业降低成本作出了贡献。

目前，符周技能大师工作站有近20名技术骨干，他们又为企业培育新能源汽车调试工56人。同时，针对新员工上岗后技能提升，工作站联合工艺工程师、质量工程师等编制《装配划伤控制》《电池枪使用规范》等 12 门培训课程以及考核方法，提升新员工培训质量。

作为企业新能源车的“领跑人”之一，符周希望将所掌握的新能源车知识和技能更好地运用到工作中，带出更多的新能源汽车生产高端人才，服务上汽通用五菱发展，推动柳州新能源汽车工业发展。

项目 4

底盘系统维护与保养

学习目标

知识目标

◆熟悉转向系统、制动系统和行驶系统的组成和工作原理。

◆掌握转向盘的维护方法。

◆掌握转向电机及转向控制器、转向横拉杆球头的检查方法。

◆掌握制动盘和制动摩擦片的维护方法。

能力目标

◆能够正确、安全、熟练地检查和更换制动液，以及检查悬架和轮胎等。

◆能够有效地解决底盘系统维护过程中出现的各种问题。

素质目标

◆要善于应变、善于预测、处事果断，能对实施情况进行决策。

◆培养勇于负责，敢于创新，敢于承担风险的精神。

思政目标

◆坚定技能成才、技能报国的理想信念。

◆培养学生具备服务意识和团队合作精神，树立正确的世界观、人生观、价值观。

任务 4.1　转向系统维护与保养

任务引入

一天，小严开车从河南郑州出发前往北京，参加大学同学的聚会。返回途中，小严看到某4S店正在做车辆维护促销活动，打折力度很大。小严很心动，思虑一番后决定给自己的爱车做个维护，顺便休息一下。小严到店后，工作人员向他介绍了车辆各个部分的维护费用情况，并询问他是做全车维护还是做局部维护。小严考虑到车辆转向盘自由行程偏大，转向控制不准，于是决定让维修人员对转向系统的转向盘、转向电机及转向控制器进行局部维护。假如你是维修人员，你知道转向盘、转向电机及转向控制器该如何维护吗？

本任务首先介绍转向系统的组成和工作原理等基本知识，然后再介绍转向盘、转向电机、转向控制器和转向横拉杆球头的维护方法，其知识与技能要求如表 4-1-1 所示。

表 4-1-1　知识与技能要求

任务内容	转向系统维护与保养	学习程度		
		识记	理解	应用
学习任务	转向系统的组成和工作原理		●	
	转向盘的维护			●
	转向电机及转向控制器、转向横拉杆球头的检查			●
实训任务	检查 EPS 控制单元			●
自我勉励				

任务工单

1. 任务目的

（1）能够正确维护转向盘。

（2）能够正确检查转向电机及转向控制器。

（3）能够正确检查转向横拉杆球头。

（4）能够正确、熟练地使用新能源汽车维护与保养工具。

2. 寻找伙伴

以 3 ～ 5 人为一组，选出组长并进行任务分工，将小组成员及分工情况填入表 4-1-2 中。

表 4-1-2　小组成员及分工情况

班级：　　　　　　　　组号：　　　　　　　　指导教师：

小组成员	姓名	学号	任务分工
组长			
组员			

3. 制订计划

（1）查阅车辆维修手册，了解转向系统维护与保养的相关内容，制订工作计划，并将其填入表 4-1-3 中。

表 4-1-3　工作计划

序号	工作内容	负责人

（2）将操作过程中所需的工具和耗材等填入表 4-1-4 中。

表 4-1-4　操作过程中所需的工具和耗材等清单

序号	名称	型号与规格	单位	数量	备注

4. 进行决策

（1）小组成员针对各自的工作计划展开讨论，并选出最佳工作计划。

（2）指导教师根据各小组提交的工作计划给出评价。

（3）各小组成员根据指导教师的评价对工作计划进行调整，调整合格后的工作计划即为最终实施方案。

5. 工作实施

根据最终实施方案，进行转向系统的维护与保养。按实际操作过程，将作业项目、操作内容、遇到的问题及解决办法等记录于表 4-1-5 中。

表 4-1-5 工作实施过程记录表

序号	实施内容	遇到的问题及解决办法	结果

6. 考核评价

各组展示任务完成情况，并完成如表 4-1-6 所示的考核评价表。

表 4-1-6 考核评价表

<table>
<tr><th rowspan="2">项目名称</th><th rowspan="2">评价内容</th><th rowspan="2">满分 / 分</th><th colspan="3">评分 / 分</th></tr>
<tr><th>自评</th><th>互评</th><th>师评</th></tr>
<tr><td rowspan="6">职业素养考核项目 40%</td><td>穿戴规范、整洁</td><td>6</td><td></td><td></td><td></td></tr>
<tr><td>安全意识、责任意识及服从意识强</td><td>6</td><td></td><td></td><td></td></tr>
<tr><td>积极参加教学活动，按时完成任务工单</td><td>10</td><td></td><td></td><td></td></tr>
<tr><td>团队合作、沟通交流能力强</td><td>6</td><td></td><td></td><td></td></tr>
<tr><td>劳动纪律良好</td><td>6</td><td></td><td></td><td></td></tr>
<tr><td>维护场地、设备及工具等干净整洁</td><td>6</td><td></td><td></td><td></td></tr>
<tr><td rowspan="4">专业能力考核项目 60%</td><td>专业知识查找及时、准确</td><td>12</td><td></td><td></td><td></td></tr>
<tr><td>操作符合规范</td><td>18</td><td></td><td></td><td></td></tr>
<tr><td>操作熟练，工作效率高</td><td>12</td><td></td><td></td><td></td></tr>
<tr><td>任务完成度高</td><td>18</td><td></td><td></td><td></td></tr>
<tr><td colspan="2">合计</td><td>100</td><td></td><td></td><td></td></tr>
<tr><td>总评</td><td>自评（20%）+ 互评（20%）+ 师评（60%）=</td><td>综合等级</td><td colspan="3">指导教师（签名）：</td></tr>
</table>

相关知识

一、转向系统概述

1. 转向系统的组成

新能源汽车转向系统一般采用电动助力转向系统（electric power steering，EPS），它主要用于改变或保持车辆的行驶方向，若其技术状况变差，则不仅会降低车辆操纵的灵活性，还会直接影响行车的安全性。EPS 是一种直接依靠驱动电机提供辅助扭矩的动力转向系统，且具有结构简单、控制灵活、效率高、节能环保及助力效果好等优点。它主要由转向盘、转向横拉杆、转向电机、扭矩传感器、齿轮齿条式转向器和转向控

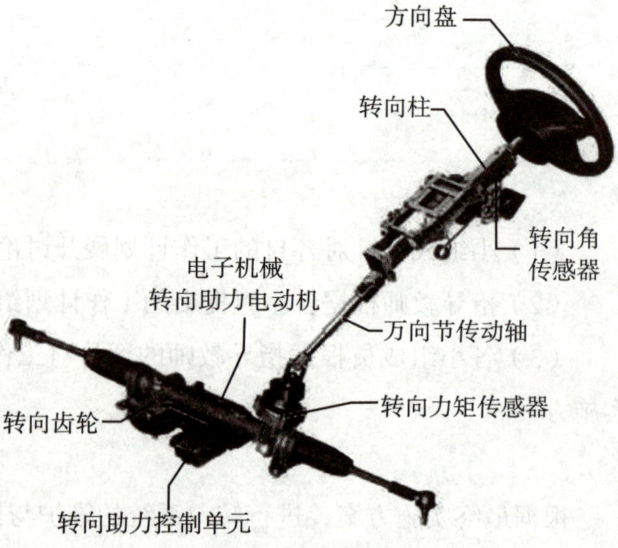

图 4-1-1 EPS 的组成

制器等组成，如图 4–1–1 所示。

（1）转向盘：又称方向盘，主要由轮缘、轮辐等组成，用于控制车轮，改变车辆行驶方向，使车辆直行、向左或向右转弯。

转向系统

（2）转向横拉杆：主要由横拉杆体和旋装在两端的转向横拉杆球头组成，它既可以使左右两侧车轮同步转动，又可以调整前束。

（3）转向电机：主要根据转向控制器发出的指令，将低压蓄电池提供的电能转换成机械能。

（4）扭矩传感器：又称转矩传感器，由两个带孔圆环、线圈、线圈盒和电路板组成，用于检测转向盘上转向力的大小和方向信号，并将其转换成电信号，然后将电信号传递给转向控制器。

（5）齿轮齿条式转向器：主要由齿轮、齿条、壳体和预紧力调整装置等组成。

（6）转向控制器：又称电子控制单元（electrical control unit，ECU）或 EPS 控制单元，由微处理器、存储器和模数转换器等集成电路组成。对于不同的车型，转向控制器的叫法不一，其安装的位置也不同。例如，吉利帝豪 EV450 的转向控制器称为 EPS 控制单元，它的安装位置是在驾驶室转向盘的下方。

小贴士

前轮前束是指前轮前端面与后端面在车辆横向方向的距离差；也可以指车身前进方向与前轮平面之间的夹角，此时也称为前束角。

2. 转向系统的工作原理

当车辆转动时，ECU 根据车速传感器、扭矩传感器等输出的信号计算出所需的转向助力，并通过控制转向电机的旋转方向和电流大小，使转向电机输出相应的扭矩；然后转向电机的扭矩通过减速机构作用到齿轮上，从而实现助力转向。

转向系统维护作业项目有很多，本任务主要介绍转向盘的维护、转向电机及向控制器的检查、转向横拉杆球头的检查。

二、转向盘的维护

1. 转向盘自由行程的检查

（1）将车辆停在水平地面上，转动转向盘，使车轮朝向正前方。

（2）左右轻轻转动转向盘，当车轮即将转动时停止转动转向盘，然后使用钢尺测量转向盘的移动量，该移动量即为转向盘的自由行程，如图 4–1–2（a）所示。转向盘的自由行程应符合规定，一般为 0 ～ 30 mm。如果转向盘的自由行程不在规定范围内，则应检查转向横拉杆球头、齿轮和齿条等是否磨损，以及其他零件安装或连接是否牢固。如果发现有问题，则应及时修理或更换。

2. 转向盘摆动情况的检查

转向盘处于自由转动位置时，两手握住转向盘，向前后左右四个方向摆动转向盘，检查其是否有松动或异响情况，如图 4–1–2（b）所示。如果发现有问题，则应及时修理或更换。

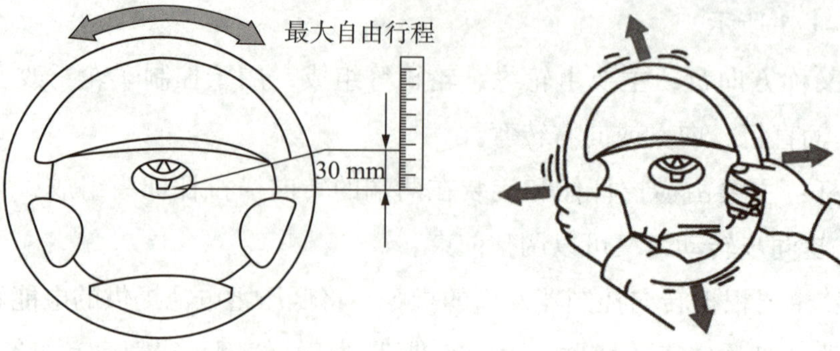

（a）测量转向盘的移动量　　（b）摆动转向盘

图 4-1-2　检查转向盘

3. 转向盘回正能力的检查

在车辆低速行驶的过程中，先将转向盘沿顺时针或逆时针方向转动 90°，再松开手 1 ～ 2 s，如果转向盘能自动回转 70° 以上，则说明转向盘的回正能力正常。

课堂讨论

在驾车过程中，车主李某发现转向盘突然发紧，几乎转不动，熄火后再启动，故障又会自动消除。大家讨论一下，故障发生的原因是什么？长此以往又会产生怎样的结果呢？

三、转向电机及转向控制器的检查

（1）检查转向电机的工作状况，转向电机在运行过程中应无异响。

（2）检查转向电机及转向控制器外表面是否存在积尘或杂物，对存在积尘或杂物的，应使用风枪或毛刷进行清理，其外表面应无积尘或杂物，且保持干燥。

（3）检查转向电机机体和转向控制器壳体的安装和固定情况，紧固力矩应符合车辆维修手册的规定。

（4）检查转向电机，并紧固转向电机各接线柱的螺栓，紧固力矩应符合车辆维修手册的规定。

（5）检查转向控制器连接线束的固定情况和接插件的连接情况，连接线束应固定良好且无脱落，接插件应牢固锁止。

（6）检查转向控制器是否工作正常。其具体检查方法：使用绝缘测试仪（或万用表），测试转向控制器的电压、电阻，查看其是否符合标准；如果其数值符合标准，则说明转向控制器工作正常。

四、转向横拉杆球头的检查

（1）将车辆举升至合适的高度，通过摆动车轮和转向横拉杆，检查转向横拉杆球头的间隙是否符合要求；如果不符合要求，则应及时更换转向横拉杆球头。

（2）检查转向横拉杆球头的固定螺母是否保持牢固。

（3）检查转向横拉杆球头的防尘罩是否损坏，其安装位置是否正确。

（4）检查转向横拉杆球头是否工作正常，如果工作不正常，则应紧固其螺母，必要时应更换转向横拉杆球头。

实践操作

检查 EPS 控制单元

一、准备工作

（1）实训场所：理实一体化实训室。

（2）工具及车辆：绝缘测试仪（或万用表）、拆装专用工具、高压防护用具、吉利帝豪 EV450 等。

（3）辅助资料：车辆维修手册、教材等。

二、操作步骤

1. 检查 EPS 控制单元电源

检查 EPS 控制单元电源的具体方法：使用绝缘测试仪（或万用表），测试 EPS 线束连接器 IP36 的 1 号端子与车身接地之间的电压。将电压值、车辆维修手册中的标准值及维护建议等记录在表 4–1–7 中。

2. 检查 EPS 控制单元接地

检查 EPS 控制单元接地的具体方法：使用绝缘测试仪（或万用表），测试 EPS 线束连接器 IP37 的 1 号端子与车身接地之间的电阻。将电阻值、车辆维修手册中的标准值及维护建议等记录在表 4–1–7 中。

3. 检查 EPS 控制单元 IG1 电路

检查 EPS 控制单元 IG1 电路的具体方法：使用绝缘测试仪（或万用表），测试 EPS 线束连接器 IP35a 的 5 号端子与车身接地之间的电压。将电压值、车辆维修手册中的标准值及维护建议等记录在表 4–1–7 中。

4. 检修 EPS 控制单元 CAN 线路

检查 EPS 控制单元 CAN 线路的具体方法如下。

（1）使用绝缘测试仪（或万用表），测试 EPS 线束连接器 IP35a 的 2 号端子和诊断接口线束连接器 IP16 的 6 号端子之间的电阻。将电阻值、车辆维修手册中的标准值及维护建议等记录在表 4–1–7 中。

（2）使用绝缘测试仪（或万用表），测试 EPS 线束连接器 IP35a 的 6 号端子和诊断接口线束连接器 IP16 的 14 号端子之间的电阻。将电阻值、车辆维修手册中的标准值及维护建议等记录在表

4–1–7 中。

表 4–1–7　电压、电阻测试记录表

测试项目	电压值	电阻值	标准值	维护建议（修理、更换）
IP36 的 1 号端子与车身接地之间的电压	14.05 V	—	11 ～ 14V	电阻值不正常，需要修理或更换
IP37 的 1 号端子与车身接地之间的电阻	—	0.2 Ω	＜ 1 Ω	电阻值正常，不需要修理或更换
IP35a 的 5 号端子与车身接地之间的电压	14.05 V	—	11 ～ 14 V	电阻值不正常，需要修理或更换
IP35a 的 2 号端子和 IP16 的 6 号端子之间的电阻	—	2.09 Ω	＜ 1 Ω	电阻值不正常，需要修理或更换
IP35a 的 6 号端子和 IP16 的 14 号端子之间的电阻	—	3.71 Ω	＜ 1 Ω	电阻值不正常，需要修理或更换

任务小练

一、填空题

1. ______是一种直接依靠驱动电机提供辅助扭矩的动力转向系统。

2. EPS 主要由______、______、______、______、______和______等组成。

3. 转向系统的维护作业项目主要有______、______和______等。

二、简答题

1. 简述转向盘自由行程的检查方法。

2. 简述转向盘回正能力的检查方法。

3. 转向电机及转向控制器的检查项目主要包括哪几项？

思政先锋

“精细保养千分细，决胜疆场万里行。”近日，新疆军区某团高原任务分队扎实开展了车辆装备换季保养工作。“爱装就是爱生命，保装就是保打赢。要想保证在未来战场上装备能够随时拉得出、上得去、打得赢，就要把保养的每一步、每一环都做细做实。”装备换季保养开始前，指挥员的动员铿锵有力。

明确分工后，爬车顶、钻车底……在该团车场，官兵们依据装备保养细则，仔细对车辆装备进行检修保养、故障排除和整体维护。一个个秀技术、拼标准、比作风，干得热火朝天。

阿力木江第一次以驾驶员的身份参加换季保养工作，这辆刚分配给他的军车就是他的“宝贝疙瘩”。阿力木江准备器材、检查工具、打黄油、紧固螺钉、更换油品……碰上有灰尘的地方，还一边儿吹灰，一边儿擦，十分认真。

在换季保养的同时，该团还组织经验丰富的骨干进行传帮带，将专业技术和实践经验传授给新同志。通过讲解保养方法和示范操作流程，帮助新同志掌握换季保养的流程、方法和标准，他们还组织技术骨干对车辆逐一巡查、挨个检修，小故障就地排查、大故障记录在案、常见故障讲解示范，进一步提高车辆保养的技术标准。“只有在日常保养中，认真维护我们的‘老伙计’，才能在任务来的时候不掉链子。”

任务 4.2　制动系统维护与保养

任务引入

小王是一位在外奔波的打工族，年关将至，他开着自己的新能源汽车向家乡驶去。在高速公路上，他发现自己的爱车发出了一些尖锐的噪音，于是他马上下了高速公路，将爱车行驶到最近的汽车维修店，维修师傅经过一番检查后，得出结论，小王汽车的制动系统出现了问题。经过一系列维修，问题得以解决，于是小王问维修师傅，在日常应该如何做制动系统的维护与保养，如果你是维修师傅，你会怎么向小王介绍呢？

本任务主要介绍新能源汽车制动系统及制动系统的维护与保养等基础知识，其知识与技能要求如表 4–2–1 所示。

表 4–2–1　知识与技能要求

任务内容	新能源汽车维护与保养认知	学习程度		
		识记	理解	应用
学习任务	制动系统	●		
	制动液选用原则和质量检查		●	
	制动系统维护流程		●	
实训任务	测量制动盘装配后的端面跳动量			●
自我勉励				

任务工单

1. 任务目的

（1）了解新能源汽车制动系统。

（2）熟悉制动液的选用原则。

（3）掌握制动液的质量检查。

（4）明确制动系统的维护流程。

2. 寻找伙伴

以 3 ～ 5 人为一组，选出组长并进行任务分工，将小组成员及分工情况填入表 4-2-2 中。

表 4-2-2　小组成员及分工情况

班级：　　　　　　　　　　　　组号：　　　　　　　　　　　　指导教师：

小组成员	姓名	学号	任务分工
组长			
组员			

3. 制订计划

（1）查阅相关资料，制订工作计划，并将其填入表 4-2-3 中。

表 4-2-3　工作计划

序号	工作内容	负责人

（2）将操作过程中所需的工具和耗材等填入表 4-2-4 中。

表 4-2-4　操作过程中所需的工具和耗材等清单

序号	名称	型号与规格	单位	数量	备注

4. 进行决策

（1）小组成员针对各自的工作计划展开讨论，并选出最佳工作计划。

（2）指导教师根据各小组提交的工作计划给出评价。

（3）各小组成员根据指导教师的评价对工作计划进行调整，调整合格后的工作计划即为最终实施方案。

5. 工作实施

根据最终实施方案，认识新能源汽车维护的主要作业项目及其位置。按实际操作过程，将实施内容、遇到的问题及解决办法等记录于表 4–2–5 中。

表 4–2–5　工作实施过程记录表

序号	实施内容	遇到的问题及解决办法	结果

6. 考核评价

各组展示任务完成情况，并完成如表 4–2–6 所示的考核评价表。

表 4–2–6　考核评价表

项目名称	评价内容	满分 / 分	评分 / 分		
			自评	互评	师评
职业素养考核项目 40%	穿戴规范、整洁	6			
	安全意识、责任意识及服从意识强	6			
	积极参加教学活动，按时完成任务工单	10			
	团队合作、沟通交流能力强	6			
	劳动纪律良好	6			
	维护场地、设备及工具等干净整洁	6			
专业能力考核项目 60%	专业知识查找及时、准确	12			
	操作符合规范	18			
	操作熟练，工作效率高	12			
	任务完成度高	18			
合计		100			
总评	自评（20%）+ 互评（20%）+ 师评（60%）=	综合等级	指导教师（签名）：		

相关知识

一、制动系统

制动系统的作用是使车辆按照驾驶员的意图在行驶过程中进行减速甚至停车，使已停驶的车辆在各种道路条件下（包括在坡道上）稳定驻车，使车辆下坡行驶时保持速度稳定。

汽车制动系统包括行车制动装置和驻车制动装置两套独立的装置。其中行车制动装置是由驾驶员用脚来操纵的，故又称脚制动或脚刹。驻车制动装置是由驾驶员用手操纵的，故又称手制动或手刹。大多数新能源汽车制动系统为电动真空助力液压制动系统，主要由供能装置、控制装置、传动装置和制动器等部分组成，如图 4–2–1 所示。

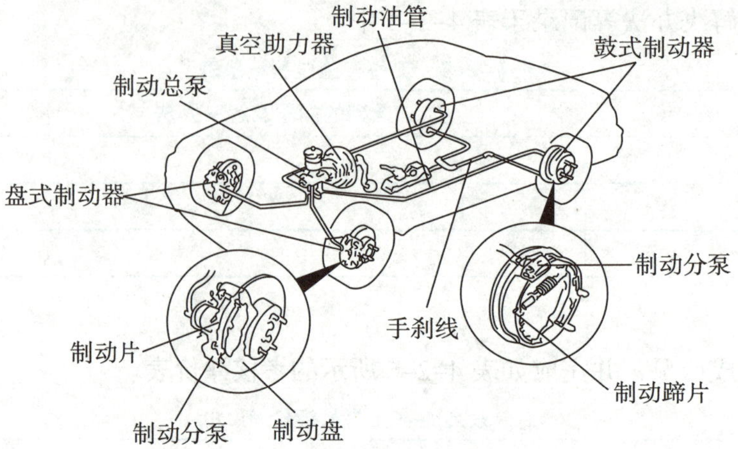

图 4-2-1　制动系统的基本结构

（一）制动器

常见的行车制动器有鼓式制动器和盘式制动器两种，具体内容如下。

1. 鼓式制动器

鼓式制动器结构如图 4-2-2 所示，主要包括制动鼓、制动器底板、制动轮缸、回位弹簧和制动蹄及摩擦片等部分。制动轮缸、回位弹簧、制动蹄及摩擦片等装在制动器底板上，与车架固定，车轮装在制动鼓上。鼓式制动器工作时主要是通过液压装置使摩擦片与制动鼓内侧面发生摩擦，从而达到制动目的。

鼓式制动器的工作原理如图 4-2-3 所示，踩下制动踏板时，踏板推杆推动制动总泵的活塞运动，进而在油路中给制动液加压，制动液将压力传递到车轮的制动轮缸，制动轮缸推动活塞；活塞推动制动蹄向外扩展，进而使得摩擦片与制动鼓接触并发生摩擦，从而达到制动目的。

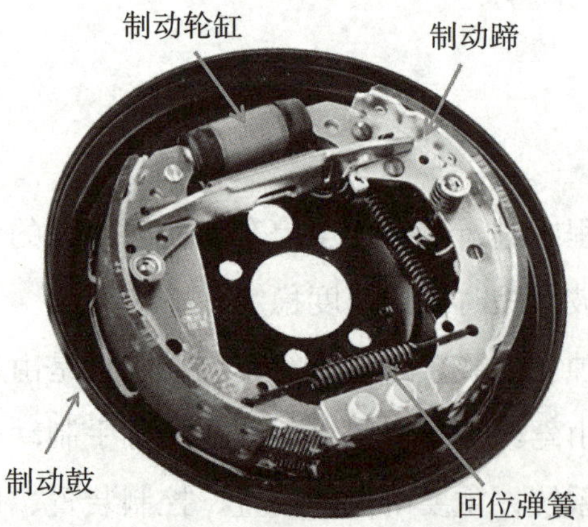

图 4-2-2　鼓式制动器

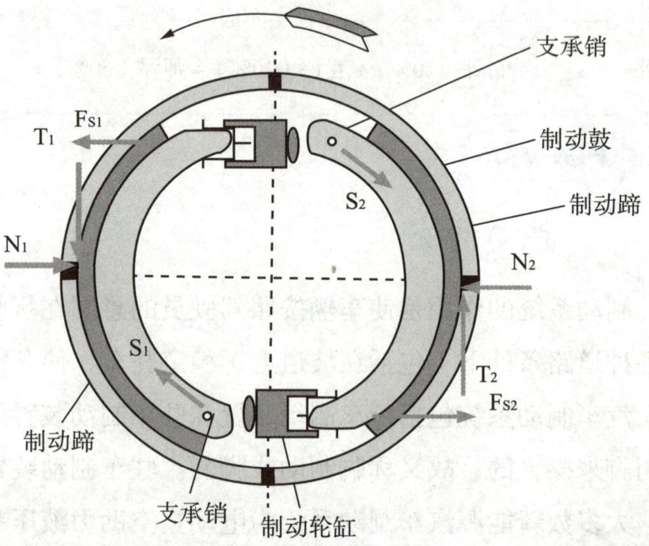

图 4-2-3　鼓式制动器工作原理

2. 盘式制动器

盘式制动器也叫碟式制动器，其结构如图 4-2-4 所示，主要由制动钳、制动片支架、制动盘、摩擦片、摩擦片背板、分泵、油管等部分构成。盘式制动器工作时通过液

盘式制动器

压系统把压力施加到制动钳上，使制动摩擦片与制动盘发生摩擦，从而达到制动目的。

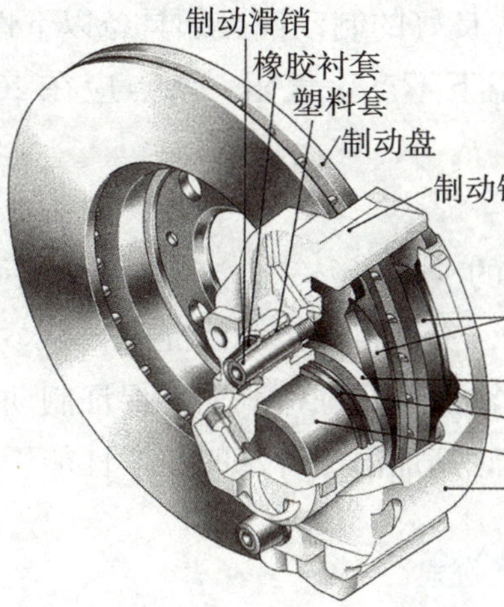

图 4-2-4　盘式制动器结构

（二）电动真空助力系统

电动真空助力系统是在人力制动的基础上加设一套真空助力器总成（图 4-2-5）和电动真空泵（图 4-2-6），以提供真空伺服制动力的助力装置。

图 4-2-5　真空助力器总成

图 4-2-6　电动真空泵

电动真空助力系统的工作过程：当驾驶员启动车辆时，12 V 电源接通，电子控制系统模块开始自检，如果真空罐内的真空度小于设定值，则真空压力传感器向控制器输出相应电压值，此时电动真空泵在控制器的控制下开始工作；当真空度达到设定值后，真空压力传感器向控制器输出相应电压值，真空泵在控制器的控制下停止工作；当真空罐内的真空度因制动消耗而小于设定值时，电动真空泵再次开始工作，如此循环。

（三）制动液和性能要求

1. 制动液的作用

制动液是在汽车液压制动系统中传递制动压力的液态介质，又称刹车油。在密封的充满制动液的制动管路中，当制动液受到压力时，便会快速、均匀地把压力传导到制动液的各个部分，驱动制动元件对车辆进行制动。

2. 汽车液压制动系统对制动液的要求

制动液直接关系着汽车的制动性能，良好的制动液必须具备以下性能。

（1）高温抗气阻性。制动液在高温下不产生气阻，沸点应在 200 ℃以上，在常温下吸湿性能要差。

（2）运动黏度和润滑性良好。

（3）有一定的溶水性，能将系统中的少量水分完全溶解吸收，不产生分层和沉淀。

（4）混溶性好，两种制动液混合时，不产生分层和沉淀。

（5）腐蚀性弱，对制动系统中橡胶零部件腐蚀作用弱，保证制动系统制动灵活、可靠。

（6）长期储存和使用时性能稳定，对其加温、冷却时化学性能无变化。

二、制动液选用原则和质量检查

（一）制动液选用原则

（1）制动液选用类型应与车辆制造商规定的制动液产品类型相同。一般车辆制动液加注口附近或者加注口盖会有说明。

（2）尽量选择正规厂家生产的制动液，其性能稳定、质量有保证。

（3）制动液选用的质量等级应等于或高于车辆制造商规定的制动液质量等级。

（4）严禁不同类型和不同品牌的制动液混合使用，对有特殊要求的制动系统，应加注特定牌号的制动液。由于不同品牌和不同类型的制动液的配方不同，混合使用会造成制动液性能指标下降，即使是互溶性较好，标明能混用或可替代的品牌，使用中也可能引起故障，因而也不要长期混合使用。

（二）制动液质量检测

制动液质量检测工作中最常用的检测仪器是用于定性分析含水量的制动液检测笔，如图 4–2–7 所示。使用制动液检测笔时，拔下测试头护帽，将金属测试头放入被检测制动液中并按下测试开关（图 4–2–8），笔身上的指示灯就会亮。制动液质量检测完成后，要用干燥的布或者纸把测试头上的制动液擦拭干净，关闭开关并套好护帽。

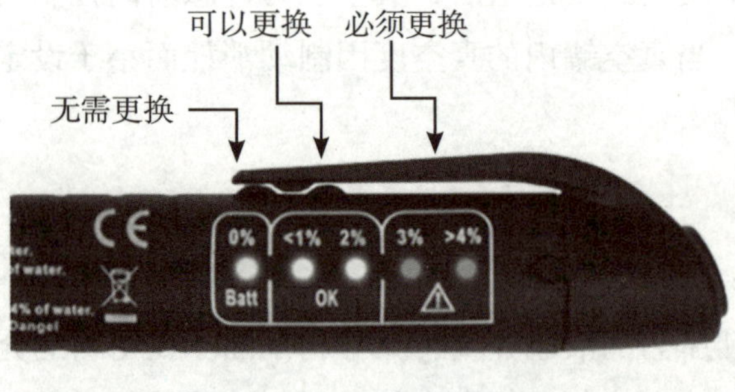

图 4–2–7　制动液测试笔

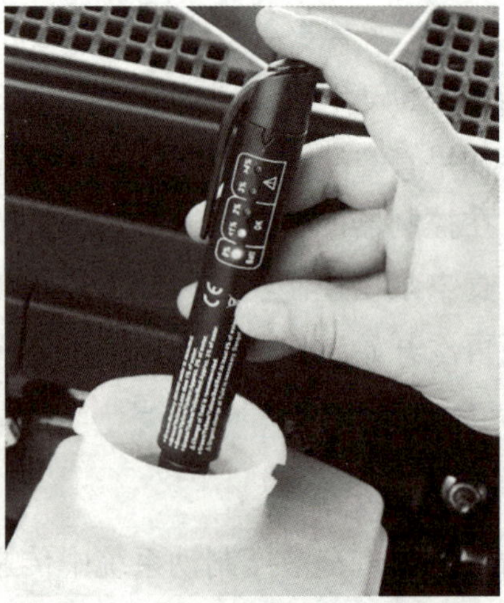

图 4–2–8　制动液质量测试

制动液检测笔的指示灯含义如下。

（1）指示灯显示绿色，其他灯不亮，表示制动液性能良好，不含水分。

（2）指示灯依次显示绿色 / 黄色，表明制动液中含水量低于 1%，制动液性能好，可放心使用。

（3）指示灯显示绿色 / 黄色 / 黄色，制动液中含水量约 2%，制动液可继续使用。

（4）指示灯显示绿色 / 黄色 / 黄色 / 红色，表明制动液中含水量约 3%，建议更换制动液。

（5）指示灯显示绿色 / 黄色 / 黄色 / 红色 / 红色，说明制动液中含水量超 4%，需立刻更换制动液。

（三）制动液更换条件

（1）车辆正常行驶 40 000 km 或连续使用 2 年。

（2）若发现制动液有杂质或沉淀物，应该及时更换。

（3）若车辆在正常行驶中出现制动忽轻忽重，要及时更换制动液，并用酒精清洗制动系统。

（4）冬季时，如发现制动效果下降，应及时更换在低温下黏度偏小的制动液。

（5）若出现制动效能降低或制动踏板回位滞后，要及时对制动系统进行全面检查。如发现橡胶件膨胀变形，说明制动液质量存在问题，这时应选择质量比较好的制动液予以更换，同时更换相关橡胶件。

（四）制动液更换

（1）从制动液储液罐上拧下密封盖，制动液储液罐连接制动液加注及排气装置的吸油软管，抽吸尽可能多的旧制动液。

（2）在驾驶员座椅和制动踏板之间放置制动踏板加载装置，并预紧。

（3）在制动液储液罐上连接制动液加注及排气装置的适配接头，将制动液加注及排气装置的加注软管连接在适配接头上，并启动装置。

（4）拔下左前制动钳排气螺栓上的盖罩，将排气螺栓与制动液收集瓶上的排气软管牢固地固定在一起，以免空气进入制动装置内。用油管扳手旋松排气螺栓，然后放出制动液，如图 4-2-9 所示。

（5）待流出的制动液清澈纯净无气泡时，拧紧排气螺栓。

（6）在汽车右前制动钳上重复此前工作。

（7）拆下两个后车轮，在汽车两后轮上重复工作。

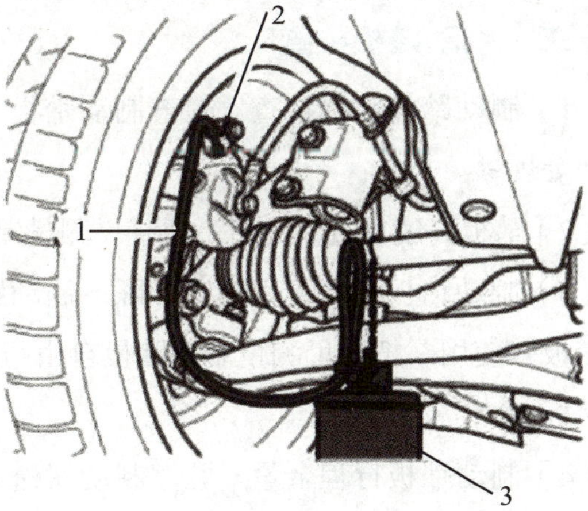

1—排气软管；2—排气螺栓；3—制动液收集瓶。

图 4-2-9　排放制动液

（8）将适配接头从制动液储液罐拧下，检测制动液液位符合要求。

（9）将密封盖拧在制动液储液罐上，取出制动踏板加载装置，重新安装车轮，完成制动液更换。

（五）更换制动液注意事项

（1）更换的制动液必须与原来的制动液编号等级相同，不得和其他等级的制动液混用。

（2）制动液有毒且有腐蚀性，不允许与皮肤、车辆油漆及其他零件表面接触。如果制动液溢出，要用大量的清水冲洗。

（3）制动液具有吸湿性，必须密封保存，否则会从环境中吸取水分而变质。

（4）注意遵守废弃物处理规定，合理收集和处置排放的废旧制动液。

（5）制动液更换完成后，检测踏板压力和制动踏板的自由行程，并确保制动液液位符合要求、制动装置无泄漏和损坏、液压软管无扭转、液压软管和车轮无摩擦。

三、制动系统维护流程

（一）制动系统外观检查

目测制动系统液压管道、接头处，检查有无泄漏、破损、锈蚀；检查制动储液罐制动液液面位置，应处在高（MAX）和低（MIN）位刻线之间，如图 4-2-10 所示。

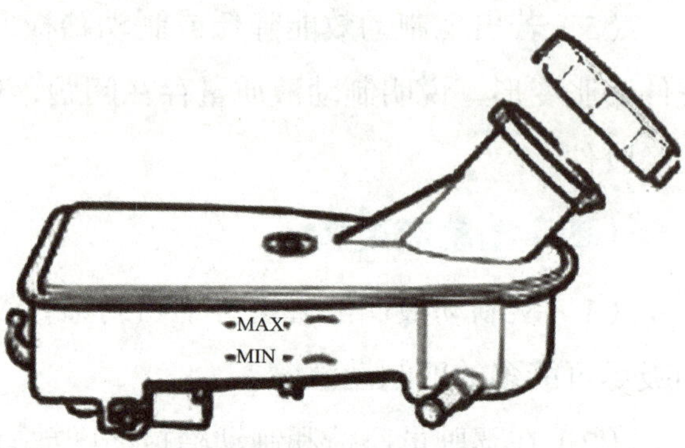

图 4-2-10　制动液面检查

检查制动管路和软管在车辆运动时，是否因振动而与车轮或者车身接触；检查制动管路安装是否良好；检查制动管路软管有无扭曲、磨损、开裂、隆起和老化等；制动管路渗漏检查，目测制动管路连接部分有无液体渗漏。

（二）制动踏板检查

（1）制动踏板状况检查。检查制动踏板有无反应灵敏度差、踏板不完全落下、异常噪音、过度松动等现象。

（2）踏板高度检查。使用一把直尺测量制动踏板高度，如果超出规定范围，应调整踏板高度。

（3）制动踏板自由行程检查。踩下制动踏板几次，解除制动助力器，然后使用手指轻轻按压制动踏板并使用一把直尺测量制动踏板自由行程。对于配备了液压制动助力器的车辆，至少要踩下制动踏板 40 次。

（4）制动踏板行程余量。驻车制动器松开时，用力踩下制动踏板；然后使用一把标尺测量踏板行程余量，检查其是否处于规定的范围内，踏板行程余量标准值请参阅相关车型维修手册。

（三）驻车制动装置检查

（1）驻车制动杆行程检查 驻车制动杆被拉动时，检查其行程是否在预定的槽数内（拉动时可以听到“咔嗒”声），如果不符合标准，应调整驻车制动杆的行程。需要注意的是，若驻车制动杆行程超出规定值，应调整后制动蹄片或驻车制动蹄片的间隙，然后重复检查。

（2）检查驻车指示灯工作情况，将启动开关置于“ON”挡位置，在拉动杆到达第一个槽口位置前，检查仪表上的驻车指示灯是否已经亮起。

（3）驻车制动拉杆行程调整，在调整驻车制动杆行程之前，应确保驻车制动蹄片间隙已经调整好。

（四）制动摩擦片的测量和检查

1. 盘式制动摩擦片厚度测量

拆下车辆前轮，用游标卡尺或钢板尺测量内外摩擦片的厚度，如图 4–2–11 所示。摩擦片厚度（不计背板厚度）应符合该车型维修手册规定的数值。

2. 鼓式制动摩擦片厚度测量

鼓式制动摩擦片厚度的测量如图 4–2–12 所示，如果摩擦片厚度（不计背板厚度）接近维修手册规定的磨损极限，必须予以更换；制动鼓摩擦表面如果凹槽过深，或制动鼓内圆柱成椭圆，必须与蹄片一起更换。

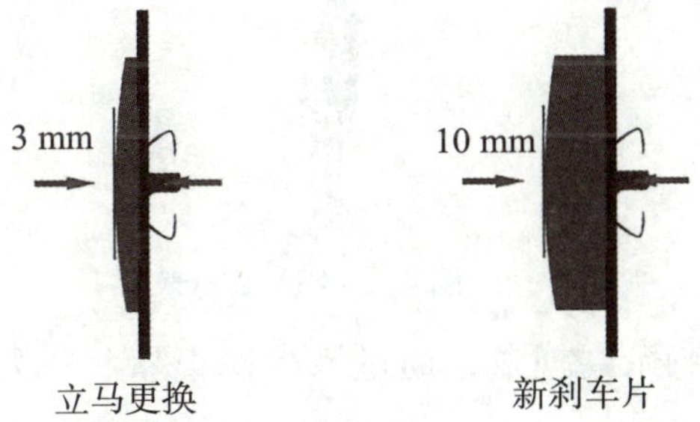

图 4–2–11　摩擦片厚度

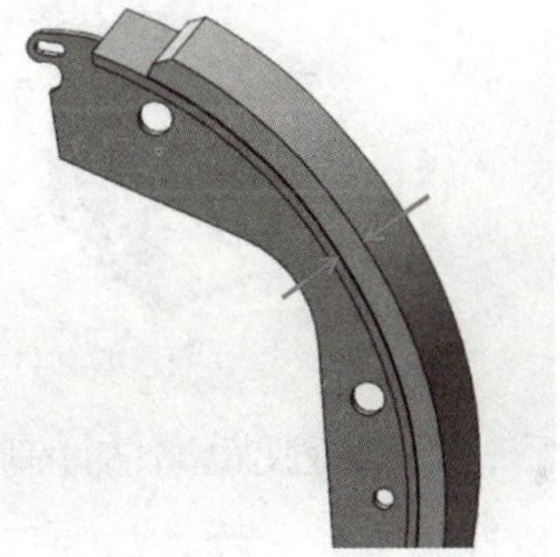
图 4–2–12　测量鼓式制动摩擦片厚度

3. 盘式制动摩擦盘厚度测量

用游标卡尺在制动盘表面的中心测量制动盘厚度，如图 4–2–13 所示。如果制动盘厚度低于最小厚度值，则需及时更换制动盘。

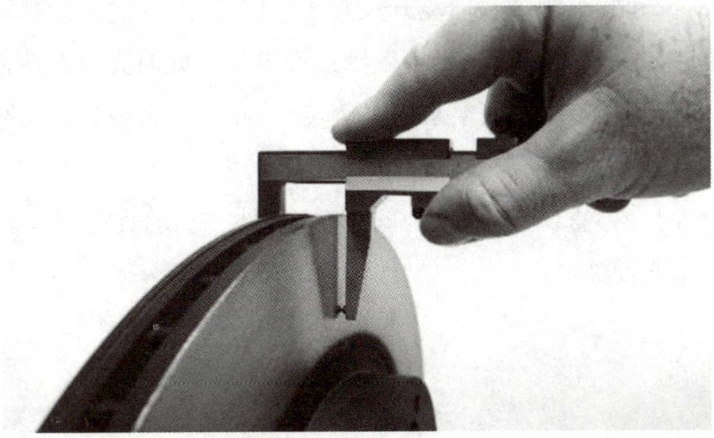
图 4–2–13　摩擦盘厚度

4. 制动盘跳动量检查

制动盘的跳动量必须符合该车型维修手册的相关规定，否则会影响制动性能。制动盘跳动量的具体检测方法如下。

（1）在工作台上组装磁性表座，如图 4-2-14 所示。

（2）将磁性表座固定在减震器上。

（3）安装百分表，表头距制动盘边缘 10 mm，表头与制动盘垂直，如图 4-2-15 所示。

（4）均匀转动制动盘并记下制动盘的最大跳动量，若超出规定范围，则应换新件。

图 4-2-14 磁性表座

图 4-2-15 百分表

测量后，根据行驶距离估计制动器摩擦片的剩余磨损量，通过该次检查和上一次检查之间的行驶距离，估计到下一次检查前的行驶距离；通过检查上一次检查到现在制动器摩擦片的磨损，估计制动器摩擦片在下一次检查时的情况。在检查时，如果估计制动器摩擦片的厚度小于可接受的磨损值，建议本次更换制动器摩擦片。

（五）电动真空泵及控制器检查维护

（1）车辆停稳后，拉起驻车制动，启动开关置于“ON”挡位置，将制动踏板踩到底，反复踩踏三次后真空泵应正常启动，大约 10 s 后真空度到达设定值，此时真空泵应停止运转。

（2）反复踩踏制动踏板，使制动真空泵连续运转 5 min，然后观察真空泵有无异响、异味，真空泵控制器插接器、线束有无变形、发热现象。

（3）在真空泵运转时，检查制动真空泵与软管连接处、制动真空罐与软管连接处是否漏气，检查各软管有无老化、扭曲及破损。

实践操作

测量制动盘装配后的端面跳动量

一、准备工作

（1）实训场所：理实一体化实训室。

（2）工具及车辆：百分表、拆装专用工具、吉利帝豪 EV450 等。

（3）辅助资料：车辆维修手册、教材等。

二、操作步骤

（1）拆卸制动盘，如图 4–2–16 所示。从轮毂拆离制动盘后，应清除轮毂和制动盘摩擦面上的铁锈或污物，否则可能会导致制动盘装配后的端面跳动量过大，从而导致制动器跳动。

（2）用专用清洗剂，清洗制动盘摩擦面。

（3）安装制动盘于轮毂上。

（4）安装螺母，并将其紧固，如图 4–2–17 所示。

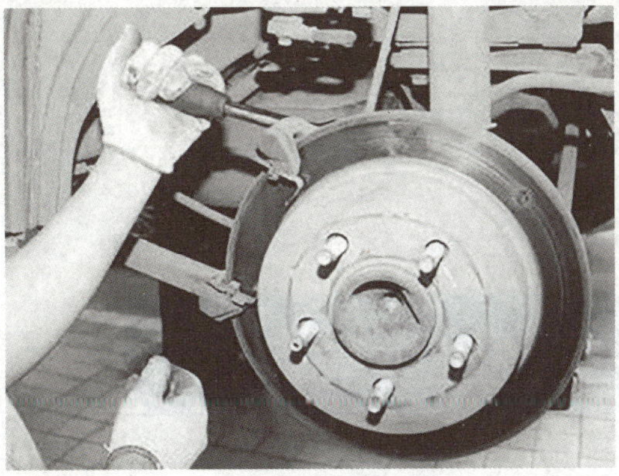
图 4–2–16　拆卸制动盘

图 4–2–17　安装螺母并将其紧固

（5）将百分表固定在支架上，使其与制动盘摩擦面接触并成 90°，且距离制动盘的外边缘 13 mm。

（6）转动制动盘，直到百分表读数达到最小，然后将百分表归零。

（7）转动制动盘，直到百分表读数达到最大，此时百分表上的读数即为所测量的制动盘装配后的端面跳动量。将测量值、车辆维修手册中的标准值及维护建议等记录在表 4–2–7 中。如果其跳动量超过标准值，则应检查轴承轴向间隙和车桥轮毂的跳动；如果轴承轴向间隙和车桥轮毂跳动正常，且制动盘厚度在标准值范围内，则应及时对制动盘进行表面修整以确保其平整度。

表 4-2-7　测量记录表

测量项目	测量值 /mm	标准值 /mm	维护建议（修理、更换）
制动盘装配后的端面跳动量	0.05	0.05	测量值符合标准，不需要修理或更换

任务小练

一、填空题

1. 制动系统的作用是使车辆按照驾驶员的意图在行驶过程中进行________，使已停驶的车辆在各种道路条件下（包括在坡道上）________，使车辆下坡行驶时________。

2. 行车制动装置是由驾驶员用脚来操纵的，故又称________。驻车制动装置是由驾驶员用手操纵的，故又称________。

3. 制动系统由________、________、________和________等部分组成。

4. 制动液是在汽车液压制动系统中________的液态介质，又称________。

5. 冬季时，如发现________，应及时更换在低温下黏度偏小的制动液。

6. 检查制动储液罐制动液液面位置，应处在________和________位刻线之间。

7. 制动盘的跳动量必须符合该车型________的相关规定，否则会影响制动性能。

二、简答题

1. 汽车制动液应该如何更换？

2. 简述制动系统维护流程。

任务 4.3　行驶系统维护与保养

任务引入

由于工作的需要，郭先生常常开车跑长途，对车辆各部件使用效果的要求自然很高。为了提升车辆的行驶稳定性和安全性，就需要定期对车辆进行维护。一天，在与好友逛 4S 店时，郭先生就将悬架、车轮轴承及轮胎等部件进行了维护。假如你是维修人员，你知道悬架、车轮轴承及轮胎该如何维护吗？

本任务首先介绍行驶系统的组成和工作原理等基本知识，然后再介绍悬架、车轮轴承间隙和轮胎等的维护方法，其知识与技能要求如表 4-3-1 所示。

表 4-3-1　知识与技能要求

任务内容	行驶系统维护与保养	学习程度		
		识记	理解	应用
学习任务	行驶系统的组成和工作原理		●	
	悬架和车辆轴承间隙的检查			●
	轮胎的维护			●
实训任务	检查前、后悬架的摩擦力			●
自我勉励				

任务工单

1. 任务目的

（1）能够正确检查悬架。

（2）能够正确检查车轮轴承间隙。

（3）能够正确维护轮胎。

（4）能够正确、熟练地使用新能源汽车维护与保养工具。

2. 寻找伙伴

以 3 ～ 5 人为一组，选出组长并进行任务分工，将小组成员及分工情况填入表 4-3-2 中。

表 4-3-2　小组成员及分工情况

班级：　　　　　　　　　　组号：　　　　　　　　　　指导教师：

小组成员	姓名	学号	任务分工
组长			
组员			

3. 制订计划

（1）查阅车辆维修手册，了解行驶系统维护与保养的相关内容，制订工作计划，并将其填入表 4-3-3 中。

表 4-3-3　工作计划

序号	工作内容	负责人

（2）将操作过程中所需的工具和耗材等填入表 4–3–4 中。

表 4–3–4　操作过程中所需的工具和耗材等清单

序号	名称	型号与规格	单位	数量	备注

4. 进行决策

（1）小组成员针对各自的工作计划展开讨论，并选出最佳工作计划。

（2）指导教师根据各小组提交的工作计划给出评价。

（3）各小组成员根据指导教师的评价对工作计划进行调整，调整合格后的工作计划即为最终实施方案。

5. 工作实施

根据最终实施方案，进行行驶系统的维护与保养。按实际操作过程，将作业项目、操作内容、遇到的问题及解决办法等记录于表 4–3–5 中。

表 4–3–5　工作实施过程记录表

序号	实施内容	遇到的问题及解决办法	结果

6. 考核评价

各组展示任务完成情况，并完成如表 4–3–6 所示的考核评价表。

表 4–3–6　考核评价表

项目名称	评价内容	满分 / 分	评分 / 分		
			自评	互评	师评
职业素养考核项目 40%	穿戴规范、整洁	6			
	安全意识、责任意识及服从意识强	6			
	积极参加教学活动，按时完成任务工单	10			
	团队合作、沟通交流能力强	6			
	劳动纪律良好	6			
	维护场地、设备及工具等干净整洁	6			
专业能力考核项目 60%	专业知识查找及时、准确	12			
	操作符合规范	18			
	操作熟练，工作效率高	12			
	任务完成度高	18			
合计		100			
总评	自评（20%）+ 互评（20%）+ 师评（60%）=	综合等级	指导教师（签名）：		

相关知识

一、行驶系统概述

1. 行驶系统的组成

行驶系统主要由车架、车桥、车轮和悬架等组成，如图 4-3-1 所示。

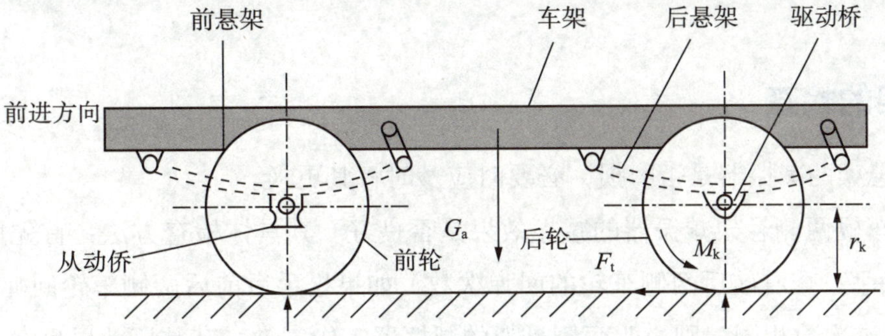

图 4-3-1　行驶系统的组成

（1）车架

新能源汽车装配的基础，用于支撑、连接车辆各部分，需要承受车辆内外的各种荷载，因此需要具有足够的强度和合适的刚度。

（2）车桥

车桥又称车轴，主要用于承受车辆的各种载荷，并维持车辆在道路上的正常行驶。

（3）车轮

车轮主要由轮辋、轮毂、轴承和轮胎等组成。其中，轮胎主要由胎面、胎体、胎圈、气密层和胎肩等组成。

（4）悬架

悬架包括前悬架和后悬架，它由螺旋弹簧、减振器和横向稳定杆等组成（图 4-3-2），具有缓冲和减振等作用。其中，横向稳定杆与减振器配合使用，可以使行驶中的车辆更加稳定。横向稳定杆是一个横跨整个车桥的金属杆，它将悬架两侧有效地连接在一起。

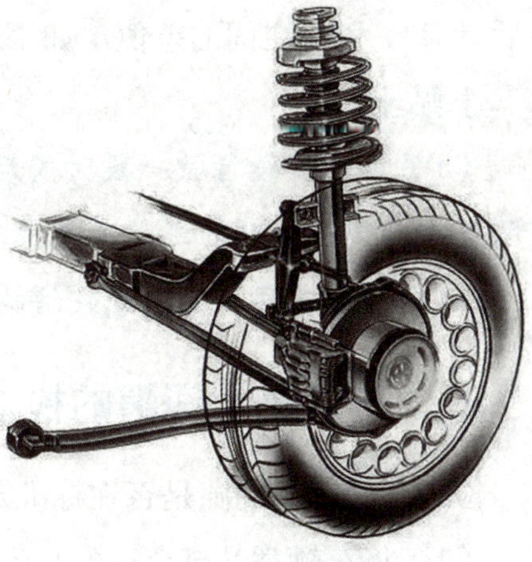

图 4-3-2　悬架的组成

前悬架的作用是可以最大限度地增加轮胎与路面之间的摩擦力，能够提供良好的转向操纵性和稳定性，并确保乘客的舒适度；它还能吸收垂直加速车轮的能量，使车轮顺着路面上下颠簸的同时，车架和车身不受干扰。

后悬架的作用是使车桥支撑总成通过位于每个控制臂前侧的橡胶衬套连接至车身底部，车桥结构可维持车轮与车身的关联，并通过一个扭力梁来平衡左右车轮的上下跳动，以减小车辆的摇晃，从而保持车辆的平稳。

2. 行驶系统的工作原理

行驶系统利用传动轴的动力，驱动车轮与地面作用，产生牵引力，从而使车辆正常行驶。行驶系统还要承受车辆的总重量和地面的反作用力，缓和不平整地面对车辆造成的冲击，并减弱车辆行驶中的振动，保证车辆行驶平稳。行驶系统与转向系统相互配合，以保证车辆的行驶稳定性。

行驶系统维护作业项目有很多，本任务主要介绍悬架的检查、车轮轴承间隙的检查、轮胎的维护。

二、悬架的检查

（1）检查悬架的减振器是否磨损，必要时应及时将其更换。

（2）检查车辆两侧悬架减振器的减振效果是否良好。其具体检查方法：首先用力按压车辆的保险杠，然后松手，查看前后两侧车轮的回弹次数。如果松手后前后两侧车轮回弹1～2次，车身停止跳动，且回弹次数相同，则说明两侧悬架的减振器工作正常，其减振效果良好。

（3）检查悬架的减振器有无漏油，如果有，则应及时将其更换。

（4）检查悬架减振器的防尘罩是否有裂纹、裂缝或其他损坏，如果有，则应及时将其更换。

（5）检查悬架的螺旋弹簧是否松弛或折断，必要时应及时将其更换。

（6）检查横向稳定杆的连接状况，以及横向稳定杆是否损坏，如果有，则应及时将其更换。

（7）检查悬架的胶套及横向稳定杆胶套是否损坏，如果损坏，则应及时将其更换。

（8）检查悬架上是否有零件松动、损坏或缺失，是否有磨损或润滑不足的迹象，如果有，则应及时修理或更换。

（9）检查悬架的摩擦力是否符合要求。其具体检查方法：先抬起保险杠并缓慢松手，使用卷尺测量地面至保险杠中心的距离 A；接着按压保险杠并缓慢松手，测量地面至保险杠中心的距离 B；最后计算 A 和 B 之间的差值。如果两者的差值在标准值范围内，则说明悬架的摩擦力符合要求。

小贴士

（1）车辆持续行驶一段时间后，用手触摸减振器，正常情况下减振器会发热。如果减振器没有明显发热，则说明其工作不正常。

（2）由于不同车型的悬架结构不同，因此悬架的检查项目和顺序也不同。

三、车轮轴承间隙的检查

检查车轮轴承间隙是否在标准范围内，具体检查方法如下。

（1）将车辆举升至合适的高度，并锁止牢固。

（2）双手握住轮胎的上下两端，来回扳动轮胎，检查车轮轴承有无摆动。

（3）手动旋转车轮一周以上，检查车轮轴承转动是否灵活、有无噪音。

（4）拆卸车轮，具体方法如下。

① 使用随车工具拆卸车轮固定螺母盖，如图 4-3-3（a）所示。

② 按照数字顺序旋松车轮固定螺母，如图 4–3–3（b）所示。

③ 按照第②步中的数字顺序旋出车轮固定螺母，取下车轮。

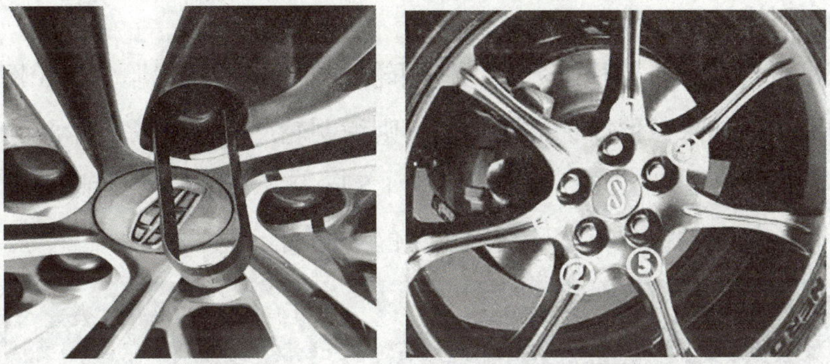

（a）　　（b）

图 4–3–3　拆卸车轮

（5）将百分表垂直放于制动盘表面，如图 4–3–4 所示。

（6）将制动盘转动一周，观察百分表读数，如图 4–3–5 所示。如果车轮轴承间隙大于标准值，则说明需要更换车轮轴承。

图 4–3–4　垂直放置百分表于制动盘表面

图 4–3–5　观察百分表读数

四、轮胎的维护

1. 轮胎胎面的检查

（1）检查轮胎胎面（图 4–3–6）有无破裂、异物嵌入及磨损等。如果有异物嵌入，则容易发生瘪胎或爆胎现象，还有可能引起严重的交通事故。

图 4–3–6　检查轮胎胎面

（2）检查轮胎胎面的沟槽深度是否符合要求，具体检查方法有如下两种。

① 使用钢尺测量轮胎胎面的沟槽深度，如果沟槽深度低于规定值，则说明轮胎磨损严重，应更换轮胎。

② 使用轮胎深度规测量轮胎胎面的沟槽深度（图 4–3–7），如果沟槽深度低于规定值，则说明轮胎磨损严重，应更换轮胎。

2. 轮胎气压的检查

轮胎气压对于轮胎的磨损、破裂方面都有着决定性的影响，因此为了安全行驶，必须定期检查轮胎气压，使轮胎气压维持在标准范围内。

检查轮胎气压是否正常，具体检查方法：使用轮胎气压表检测轮胎气压（图 4–3–8），查看轮胎气压表是否符合标准，如果数值在标准范围内，则说明轮胎气压正常。轮胎气压的检查，需要在轮胎冷却状态（车辆停放 3 h 以上或行驶路程少于 1.5 km）下进行，因为此时可以得到的轮胎气压比较准确。此外，轮胎气压的标准范围还会因车型的不同而不同。

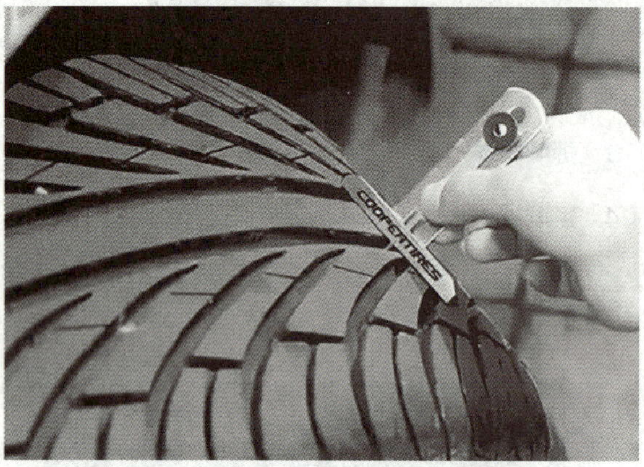

图 4–3–7　使用轮胎深度规测量轮胎胎面的沟槽深度

图 4–3–8　使用轮胎气压表检测轮胎气压

知识链接

轮胎气压的说明

新的轮胎在使用初期，会因屈挠运动发热而使轮胎外缘尺寸发生变化，从而导致轮胎气压降低。因此，应在使用 24 h 或行驶 2 000 ～ 3 000 km 后，检查并调整轮胎气压。

轮胎气压不足或过足，同一悬架上的轮胎气压不均，都会对轮胎造成不同程度的危害。

（1）轮胎气压不足

轮胎气压不足会导致轮胎的变形加剧、生热增加，极大降低轮胎的使用寿命，而且还会带来以下问题。

① 轮胎胎肩过度磨损。

② 增大轮胎发生撞击起鼓的可能。

③ 轮胎各部件间粘合力下降，导致脱层。

④ 轮胎气压严重不足，导致轮胎胎侧碾压损坏。

⑤ 轮胎跳动过大，导致轮胎胎圈与轮辋之间异常磨损，并损伤轮辋。

⑥ 滚动阻力增加，油耗升高。

（2）轮胎气压过足

轮胎气压过足会导致轮胎胎面的接地面积减小，以及轮胎胎体的刚性增加、缓冲性降低，而且还会带来以下问题。

① 轮胎胎面中央位置过度磨损。

② 增大轮胎受外力冲击时破裂甚至爆胎的危险。

③ 接地面积减小，导致操控性下降，易发生甩尾、滑行等危险。

④ 乘车舒适度下降。

⑤ 行驶平顺性差，易对车辆底盘造成损伤。

（3）同一悬架上的轮胎气压不均

同一悬架上的轮胎压力不均，会带来以下问题。

① 左右制动力不均匀。

② 操纵性降低。

③ 行驶或提速时车辆跑偏。

3. 轮胎换位

车辆行驶时，前后轮所承受的荷载不同，其磨损的情况也不同，因此为避免轮胎受单一方向的磨损，需要对轮胎进行定期适时的换位，以确保轮胎磨损均匀，进而延长轮胎的使用寿命。轮胎换位的方法主要有两种，即不启用备用轮胎的换位和启用备用轮胎的换位，如图 4–3–9 所示。

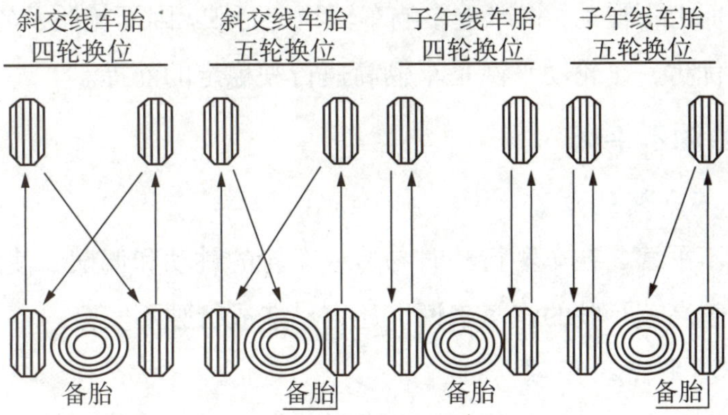

图 4–3–9　轮胎换位的方法

4. 轮胎的其他检查

（1）检查轮胎气门嘴（图 4–3–10）是否漏气，具体检查方法：用手拧下轮胎气门嘴盖，将轮胎气压加到规定值后，在轮胎气门嘴上涂一层肥皂水，然后检查轮胎气门嘴的漏气情况。如果没有漏气，则需要将轮胎气门嘴盖拧紧，以防灰尘或湿气进入气门芯。

（2）检查轮胎螺栓孔（图 4–3–11）是否存在滑脱、腐蚀等情况。

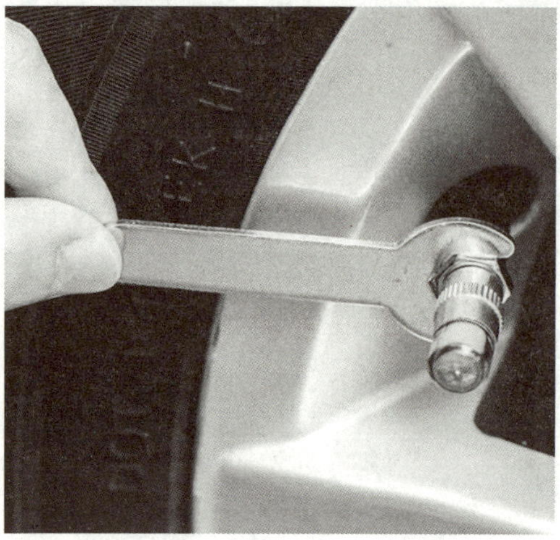

图 4-3-10　检查轮胎气门嘴

图 4-3-11　检查轮胎螺栓孔

五、车轮动平衡

车轮承担了车辆的质量，同时驱动车辆行驶，因而轮胎及轮毂的好坏也成为影响车辆驾驶感受的重要因素。轮胎及轮毂都是圆形的，几何中心的稳定性是其具有的一条重要性质，轮胎的中心在其转动的时候是保持高度不变的，始终是地面以上轮胎半径的高度。如果车轮形状不是圆形，它的几何中心随着轮胎转动而上下浮动，将严重影响车辆稳定行驶，因而轮胎及轮毂在出厂后是否规则，决定了车辆驾驶性能的优劣，车轮动平衡是车辆高速行驶稳定的前提。

（一）车轮与轮胎动不平衡

1. 车轮与轮胎动不平衡的危害

如果车轮与轮胎动不平衡，在车辆行驶时易造成车轮的跳动和偏摆，使汽车相关零部件受到损坏，缩短使用寿命。对于高速行驶的汽车来说，还容易造成行驶不安全。

2. 车轮与轮胎动不平衡的原因

车轮与轮胎动不平衡的主要原因包括质量分布不均匀，轮辋、制动鼓变形，轮毂与轮辋加工质量不佳。如轮毂与轮辋两者不同心，轮胎螺栓孔分布不均，螺栓质量不佳，安装位置不正确，轮胎有不均匀或不规则磨损、损坏等。

（二）动平衡仪的结构及使用方法

1. 动平衡仪的结构

车轮动平衡仪按动平衡原理工作，既可以检测不平衡力，也可以测定不平衡力矩。操作动平衡仪时，只要将被测车轮的轮胎宽度和轮辋直径以及安装尺寸输入动平衡仪中即可完成平衡作业，动平衡仪仪表即会自动显示轮胎两侧的不平衡质量 m_1 和 m_2 及其位置。

2. 动平衡仪的使用方法

（1）清除被测车轮上的泥土、石子，取下原来的平衡块。

（2）检查轮胎气压值是否在规定范围内。

（3）根据轮辋中心孔的大小选择锥体，仔细地装上车轮，用大螺距 / 螺母上紧。

（4）打开电源，检查指示控制装置的面板是否指示正确。

（5）用卡尺测量轮辋宽度、轮辋直径（也可从胎侧读出），用动平衡仪上的标尺测量轮辋边缘至机箱的距离，再用输入或选择器旋钮对准测量值的方法，将以上参数值输入指示控制装置。

（6）放下车轮防护罩，按下启动键，车轮旋转，平衡测试开始，计算机自动采集数据。

（7）车轮自动停止或听到“嘀”声后按下停止键，并操纵制动装置使车轮停止旋转，从指示装置读取车轮内、外不平衡量和不平衡位置。

（8）抬起车轮防护罩，用手慢慢转动车轮，当指示装置发出指示时停止转动车轮；在轮辋的内侧或外侧上部加装指示装置显示的该侧平衡块质量；内、外侧要分别进行，平衡块装卡要牢固、可靠。

（9）安装平衡块后有可能产生新的不平衡，应重新进行平衡试验，直至不平衡量小于 5 g，指示装置显示“00”或“OK”。

（10）测试结束，关闭电源开关，取下车轮。

3. 检测标准及检测结果分析

车轮不平衡检测时，若其不平衡量小于该车型的规定值，则不必对该车轮进行动平衡调整；若其不平衡量超标，则应进行动平衡调整。实际上，往往通过平衡作业可使车轮平衡性满足要求，但当不平衡值过大时或通过平衡作业难以达到要求时，应对车轮进行进一步的检查，以找出故障原因。车轮不平衡的主要原因有以下几个方面。

（1）前轮定位不当，尤其是前束和主销倾角，不仅影响汽车的操纵性和行驶稳定性，而且会造成轮胎偏磨。这种胎冠的不均匀磨损与轮胎不平衡形成恶性循环，因而在使用中会出现车轮不平衡，当然也可能是车轮定位角失准的信号。

（2）因轮胎和轮辋以及挡圈等因素使形状失准或密度不均匀而先天形成的重心偏离。

（3）安装中心与旋转中心因轮胎和轮辋定位误差难以重合。

（4）原有的整体综合重心由于维修过程的拆装而遭到破坏。

（5）车轮直径过小，运动中轮胎相对于轮辋在圆周方面滑移，从而发生波状不均匀磨损。

（6）质心因车轮碰撞造成变形发生了位移。

（7）新胎冠因轮胎翻新后定位精度不高而造成厚度不均匀，使重心改变。

（8）高速行驶中制动抱死而引起的纵向和横向滑移，会造成局部的不均匀磨损。

（9）车轮平衡块脱落。

实践操作

检查前、后悬架的摩擦力

一、准备工作

（1）实训场所：理实一体化实训室。

（2）工具及车辆：卷尺、吉利帝豪 EV450 等。

（3）辅助资料：车辆维修手册、教材等。

二、操作步骤

1. 检查前悬架的摩擦力

（1）抬起前保险杠，并尽可能抬高车辆。

（2）缓慢放下前保险杠，并使车辆恢复至正常翘头高度。

（3）用卷尺测量地面至前保险杠中心的距离 *A*，并将测量值记录在表 4-3-7 中。

（4）先按压前保险杠，再缓慢松开，使车辆恢复其正常翘头高度。

（5）测量地面至前保险杠中心的距离 *B*，并测量值记录在表 4-3-7 中。

（6）计算 *A* 和 *B* 两个测量值之间的差值。将差值、车辆维修手册中的标准值及维护建议等记录在表 4-3-7 中。

2. 检查后悬架的摩擦力

（1）抬起后保险杠，并尽可能抬高车辆。

（2）缓慢放下后保险杠，并使车辆恢复正常翘头高度。

（3）测量地面至后保险杠中心的距离 *C*，并将测量值记录在表 4-3-7 中。

（4）先按压后保险杠，再缓慢松开，并使车辆恢复至正常翘头高度。

（5）测量地面至后保险杠中心的距离 *D*，并将测量值记录在表 4-3-7 中。

（6）计算 *C* 和 *D* 两个测量值之间的差值。将测量值、车辆维修手册中的标准值及维护建议等记录在表 4-3-7 中。

表 4-3-7 测量记录表

测试项目	测量值 /mm	标注值 /mm	维护建议（修理、更换）
A	300	—	
B	295	—	测量值正常，不需要修理或更换
A 和 *B* 之间的差值	5	＜12.7	
C	370	—	
D	365	—	测量值正常，不需要修理或更换
C 和 *D* 之间的差值	5	＜12.7	

任务小练

一、填空题

1. 行驶系统主要由__________、__________、__________和__________等组成。
2. 行驶系统的维护作业项目主要有__________、__________和__________等。

二、简答题

1. 悬架的检查项目主要包括哪几项？
2. 如何检查轮胎气压？
3. 检查轮胎胎面沟槽深度的方法主要有哪两种？

任务 4.4　自动变速器

任务引入

自动变速器是自动挡汽车的核心，如今的新能源汽车，由于动力系统的转变，几乎所有新能源汽车都已成为自动挡，那么自动变速器有哪些种类，又是如何工作的？

本任务首先介绍自动变速器的种类、组成和工作原理等基本知识，其知识与技能要求如表 4–4–1 所示。

表 4–4–1　知识与技能要求

任务内容	行驶系统维护与保养	学习程度		
		识记	理解	应用
学习任务	丰田混合动力变速驱动桥		●	
	宝马混合动力主动变速器		●	
	ATM 变速器		●	
实训任务	检查变速驱动桥油位、机油泵油压			●
自我勉励				

任务工单

1. 任务目的

（1）了解丰田混合动力变速驱动桥的组成及工作原理。

（2）了解宝马混合动力主动变速器的组成及工作原理。

（3）了解 ATM 变速器的组成及工作原理。

2. 寻找伙伴

以 3 ～ 5 人为一组，选出组长并进行任务分工，将小组成员及分工情况填入表 4-4-2 中。

表 4-4-2　小组成员及分工情况

班级：　　　　　　组号：　　　　　　指导教师：

小组成员	姓名	学号	任务分工
组长			
组员			

3. 制订计划

（1）查阅车辆维修手册，了解行驶系统维护与保养的相关内容，制订工作计划，并将其填入表 4-4-3 中。

表 4-4-3　工作计划

序号	工作内容	负责人

（2）将操作过程中所需的工具和耗材等填入表 4-4-4 中。

表 4-4-4　操作过程中所需的工具和耗材等清单

序号	名称	型号与规格	单位	数量	备注

4. 进行决策

（1）小组成员针对各自的工作计划展开讨论，并选出最佳工作计划。

（2）指导教师根据各小组提交的工作计划给出评价。

（3）各小组成员根据指导教师的评价对工作计划进行调整，调整合格后的工作计划即为最终实施方案。

5. 工作实施

根据最终实施方案，进行行驶系统的维护与保养。按实际操作过程，将作业项目、操作内容、遇到的问题及解决办法等记录于表 4–4–5 中。

表 4–4–5　工作实施过程记录表

序号	实施内容	遇到的问题及解决办法	结果

6. 考核评价

各组展示任务完成情况，并完成如表 4–4–6 所示的考核评价表。

表 4–4–6　考核评价表

项目名称	评价内容	满分 / 分	评分 / 分		
			自评	互评	师评
职业素养考核项目 40%	穿戴规范、整洁	6			
	安全意识、责任意识及服从意识强	6			
	积极参加教学活动，按时完成任务工单	10			
	团队合作、沟通交流能力强	6			
	劳动纪律良好	6			
	维护场地、设备及工具等干净整洁	6			
专业能力考核项目 60%	专业知识查找及时、准确	12			
	操作符合规范	18			
	操作熟练，工作效率高	12			
	任务完成度高	18			
合计		100			
总评	自评（20%）+ 互评（20%）+ 师评（60%）=	综合等级	指导教师（签名）：		

相关知识

一、丰田混合动力变速驱动桥

1. 组成及主要部件

变速驱动桥主要包括变速驱动桥阻尼器、发电机（MG1）、电动机（MG2）、行星齿轮和减速装置（包括主动链轮、从动链轮、中间轴主动齿轮、中间轴从动齿轮、主减速器主动齿轮和主减速器从动齿轮），如图 4–4–1 所示。

行星齿轮组、MG1、MG2、变速驱动桥阻尼器和主动链轮都安装在同心轴上，动力从主动链轮传输到减速装置。

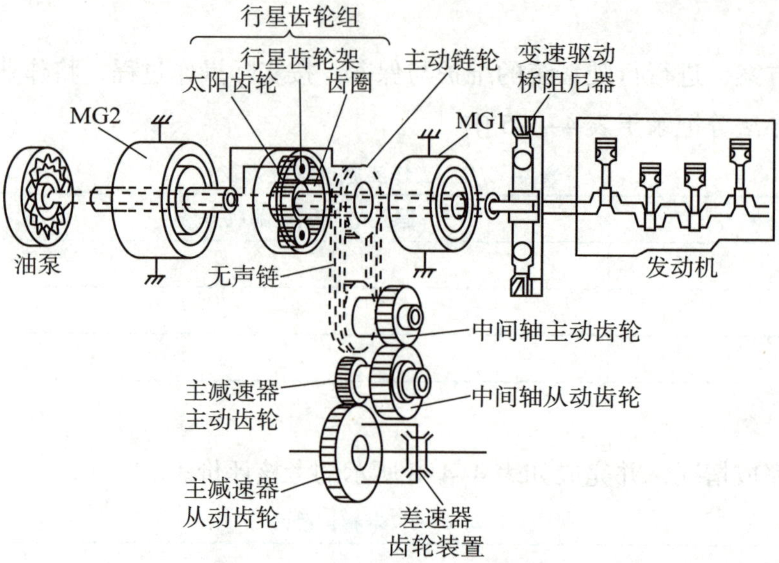

图 4-4-1　变速驱动桥总成与组成

（1）行星齿轮组

以适当的比例分配发动机驱动力直接驱动车辆和发电机，通过行星齿轮组传输的发动机输出功率分为两部分：一部分驱动汽车；另一部分驱动 MG1 用来发电。作为行星齿轮的一部分，太阳齿轮连接到 MG1 上，齿圈连到 MG2 上，行星齿轮架连接到发动机输出轴上，动力通过传动链传送到中间轴主动齿轮，如图 4-4-2 所示。

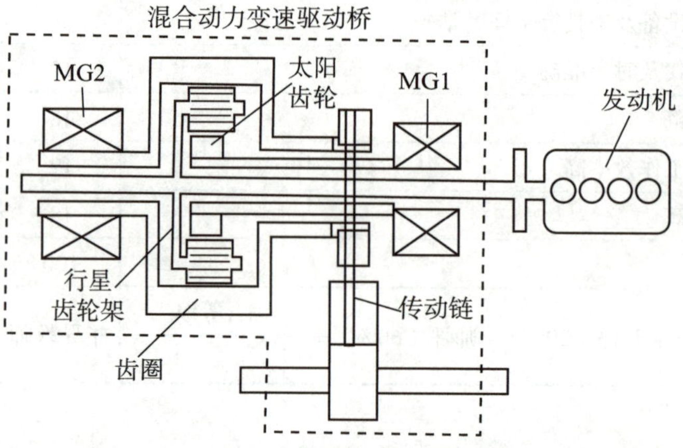

图 4-4-2　行星齿轮组与工作原理

行星齿轮中太阳轮、内齿圈、行星架三者的速度关系永远满足

$$n_1+an_2=(1+a)n_3$$

式中：$a=z_2/z_1$；n_1 为太阳轮转速；n_2 为内齿圈转速；n_3 为行星架转速；z_2/z_1 为内齿圈齿数和太阳轮的齿数比，通常用 a 表示，是一个大于 1 的数。

根据相对运动关系可以非常方便地用模拟杠杆图来表示行星齿轮组各部件的转速关系，如图 4-4-3 所示（图中行星排的运动状态是从 MG2 向 MG1 方向看的运动状态）。杠杆 3 个节点的相对位置由太阳齿轮（MG1）与齿圈（MG2）的齿数确定，相对于水平基准位置，同侧表示运转方向相同，异侧表示运转方向相反，相对于基准位置的高度（垂直位移）相似于转速。

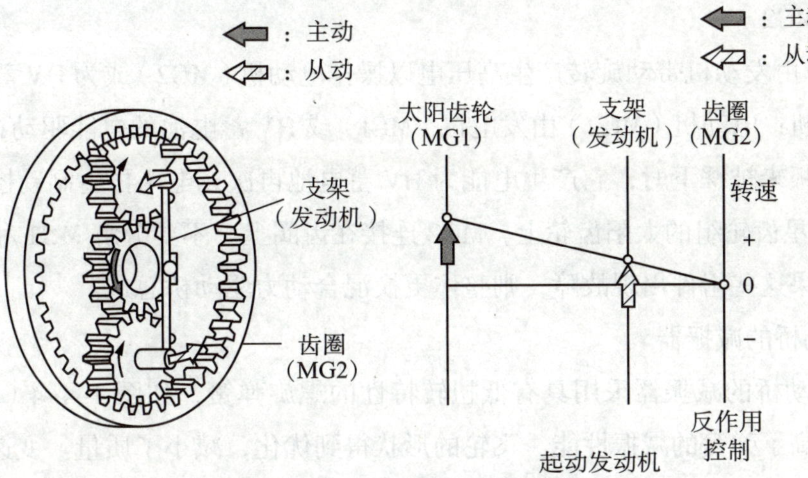

图 4-4-3　行星齿轮组及角速度关系模拟杠杆图

表 4-4-7 中的模拟杠杆图对行星齿轮的旋转方向、转速和电源平衡进行了直观表示。此模拟杠杆中，3 个齿轮的转速始终可用一条直线来连接。

模拟杠杆图还对发电机（MG1）或电动机（MG2）的充电或发电状态、旋转方向和转矩状态作了说明。

表 4-4-7　模拟杠杆图

状态	旋转方向	转矩状态	模拟杠杆图例
放电	正转	+ 转矩	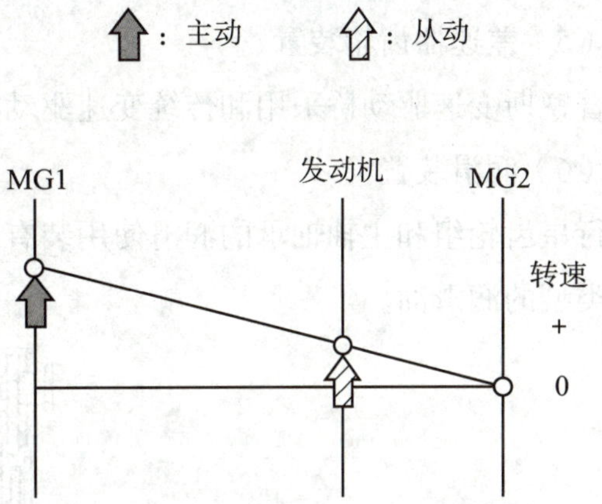
	+ 侧	箭头向上	
	反转	− 转矩	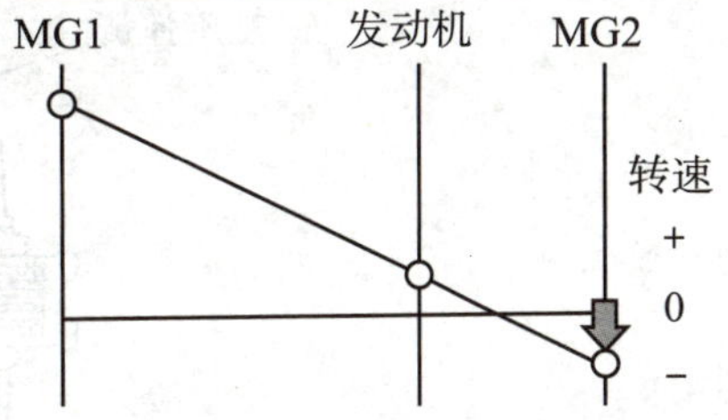
	− 侧	箭头向下	
发电	正转	− 转矩	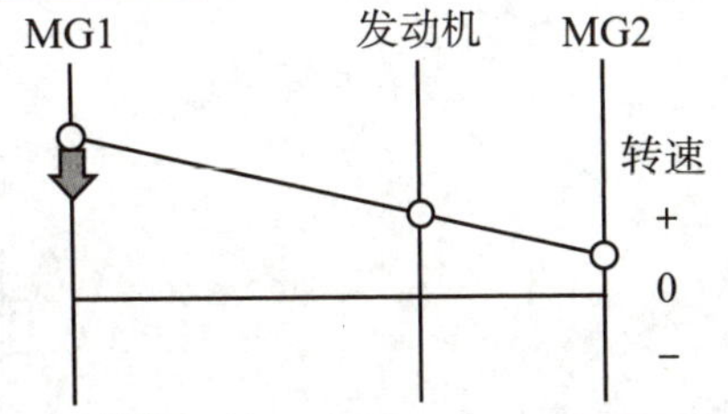
	+ 侧	箭头向下	

（2）MG1 和 MG2

发电机（MG1）由发动机带动旋转产生高压电以操作电动机（MG2）或为 HV 蓄电池充电。同时，它还可以作为起动机；电动机（MG2）由发电机（MGl）或 HV 蓄电池的电能驱动，产生车辆动力。制动期间或制动踏板未被踩下时，它产生电能为 HV 蓄电池再次充电（再生制动控制）。

MG1 连接在行星齿轮组的太阳齿轮上，MG2 连接在齿圈上。不要分解 MG1 和 MG2，因为它们都是精密组件。如果这些组件出现故障，则整体更换混合动力驱动桥总成。

（3）变速驱动桥的减振器

普锐斯变速驱动桥的减振器采用具有低扭转特性的螺旋弹簧，如图 4-4-4（a）所示。螺旋弹簧的刚度较小，提高了弹簧的减振性能。飞轮的形状得到优化，减小了质量。变速驱动桥减振器传递发动机的驱动力，它包括用干式、单片摩擦材料制成的转矩波动吸收机构。

（4）减速装置

MG1 盖上的链轮支架采用铝材料。采用滚珠轴承承载中间轴从动齿轮。减速装置包括无声链、中间轴齿轮和主减速器齿轮，如图 4-4-4（b）所示。采用小链距的无声链保证安静运行，并且和齿轮传动机构相比，机构的总长度缩短。中间轴齿轮和主减速器齿轮的齿都经过高精密研磨，其齿腹得到了优化，以保证运行的高度安静。主减速器齿轮经过最佳配置，减小了发动机中心轴和差速器轴间的距离，使差速器的结构更加紧凑。

（5）差速器齿轮装置

普锐斯变速驱动桥采用和传统变速驱动桥差速器相类似的小齿轮型差速器齿轮装置。

（6）润滑装置

行星齿轮组和主轴轴承的润滑使用装有余摆曲线式油泵的强制润滑系统。减速装置和差速器使用同类型的润滑油。

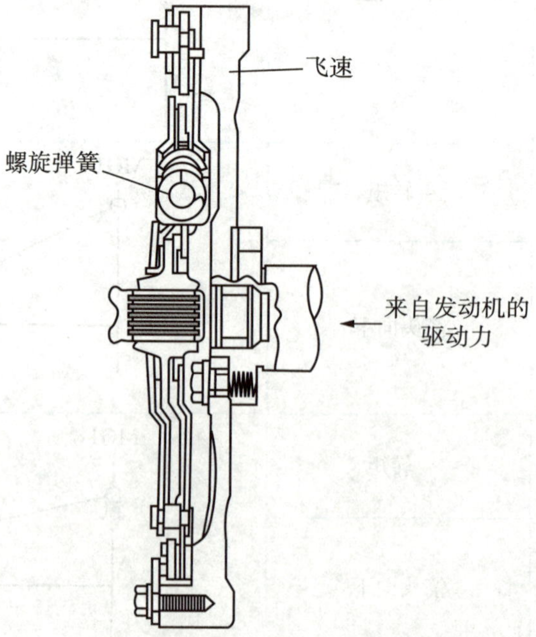

（a）

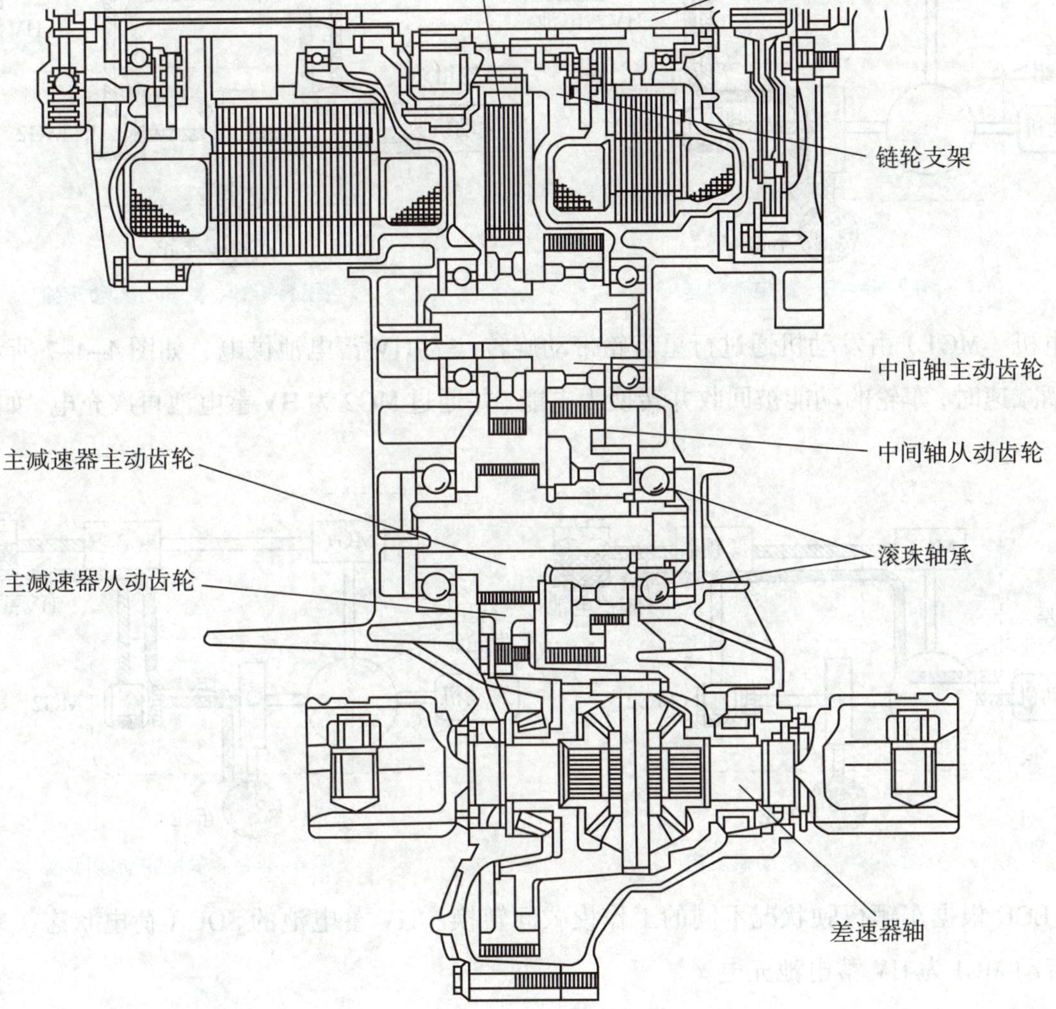

（b）

图 4-4-4　减振器与减速装置

2. 工作原理

根据行驶条件的不同，汽车在稳定运行过程中，可能处于以下工作状态，以最大限度地适应车辆的行驶状况。

电动机（MG2）接收来自 HV 蓄电池的电能，以驱动车辆，如图 4-4-5 所示。

发动机通过行星齿轮驱动车辆时，发电机（MG1）由发动机通过行星齿轮带动旋转，为（MG2）提供电能，如图 4-4-6 所示。

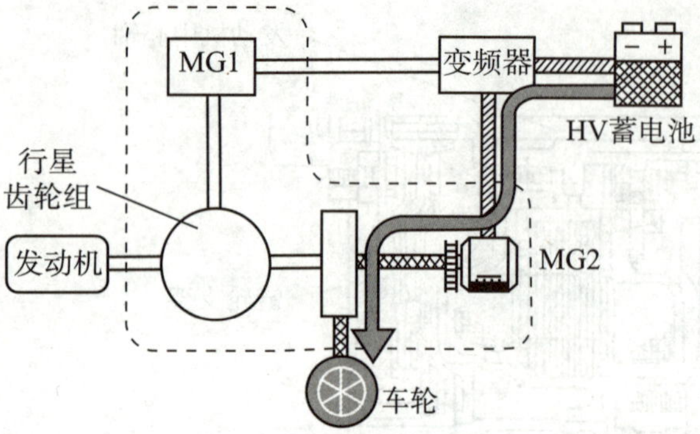

图 4-4-5　蓄电池供电

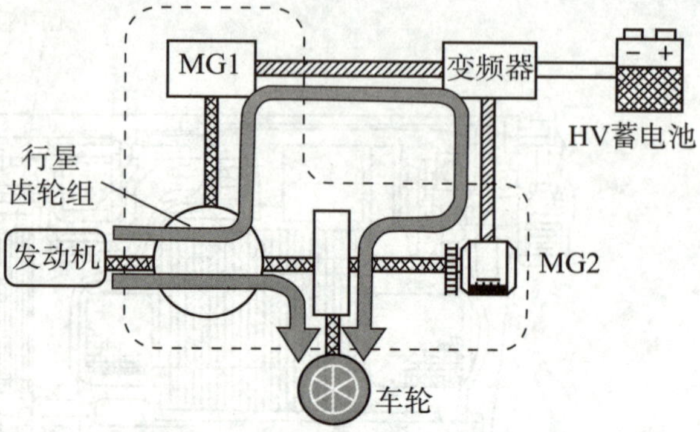

图 4-4-6　发动机驱动车轮

发电机（MG1）由发动机通过行星齿轮带动旋转，为 HV 蓄电池供电，如图 4-4-7 所示。

车辆减速时，车轮的动能被回收并转换为电能，并通过 MG2 为 HV 蓄电池再次充电，如图 4-4-8 所示。

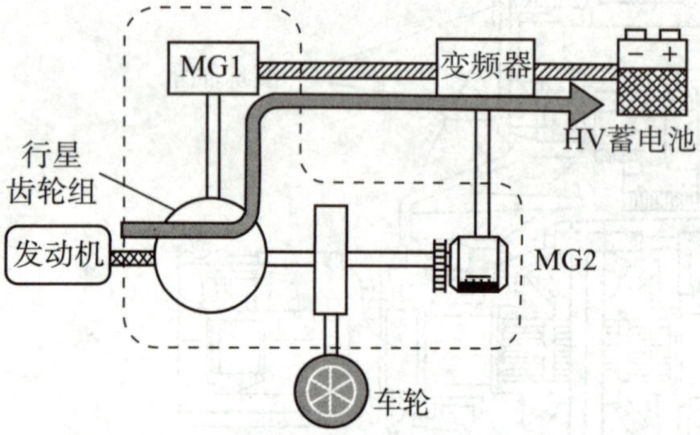

图 4-4-7　发动机发电

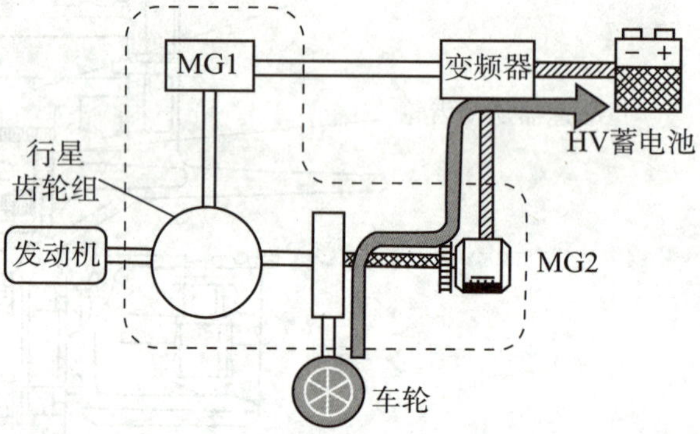

图 4-4-8　车轮的动能回收

HV ECU 根据车辆行驶状况不同的工作模式间转换。HV 蓄电池的 SOC（荷电状态）较低时，发动机带动 MGI 为 HV 蓄电池充电。

图 4-4-9 为车辆行驶状况。分析 THS- II 系统的工作原理过程，说明 THS- II 系统如何控制发动机、MG1 和 MG2 来驱动汽车。图 4-4-9 中，*A* 表示仪表板上 READY 灯亮；*B* 表示起动；*C* 表示发动机微加速；*D* 表示小负荷巡航；*E* 表示节气门全开加速；*F* 表示减速行驶；*G* 表示倒车。

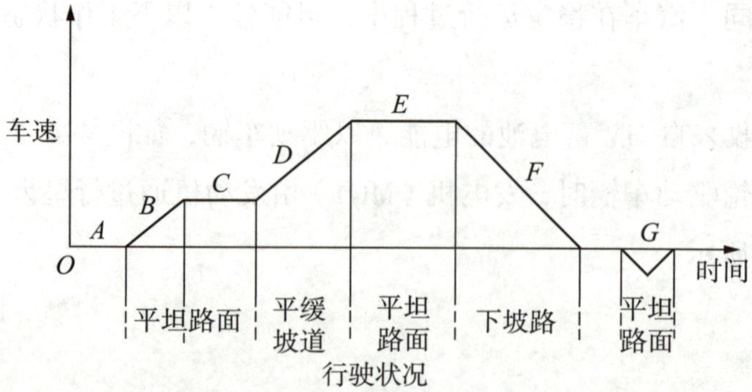

图 4-4-9　车辆行驶状况

3. 换挡控制系统

紧凑型选挡杆（变速器换挡总成）安装在仪表盘上，换挡后，当驾驶员的手离开选挡杆手柄时，手柄会回到原位，驾驶员甚至可以用指尖操作手柄，操作极其便利。

变速器换挡总成内的挡位传感器能检测挡位（R、N、D 和 P）并发送信号到 HV ECU。HV ECU 控制发动机、MG1 和 MG2 的转速，从而产生最佳齿轮速比。

普锐斯混合动力汽车采用和换挡控制类似的电控装置，当驾驶员按下变速器换挡总成顶部的驻车开关时，P 位控制系统就会激活混合动力变速驱动桥上的换挡控制执行器，机械地锁止中间轴从动齿轮，该齿轮与驻车锁齿轮连接，从而锁止驻车锁。

二、宝马混合动力主动变速器

1. 组成及主要部件

宝马 X6 混合动力汽车的主动变速器与传统自动变速器一样，变速器输入端和变速器输出端之间传动比不同。从驾驶员的角度来说共有 7 个前进挡位。在变速器内部，这 7 个前进挡位通过 4 个固定的基本挡位和具有可变传动比的两个模式实现。在 4 个固定的基本挡位中，发动机和变速器输出轴的转速比固定不变。而具有可变传动比的模式则不同，发动机与变速器输出轴的转速比能够进行连续可变调节，这种模式称为无级变速（continuously variable transmission，CVT）。

由于宝马 X6 混合动力汽车主动变速器具有两个 CVT 模式，因此通常也称其为双模式主动变速器。通过集成在主动变速器内的两个电机对传动比进行电动调节。因此，这两种模式也称为 ECVT。电机作为混合动力驱动装置的主要组成部分，还用于为发动机提供支持（助力）以及回收利用制动能量。4 个固定的基本挡位和 2 个 ECVT 模式通过 3 个行星齿轮组和 4 个片式离合器实现。

以下附加组件属于主动变速器系统：扭转减振器；包含电动泵 / 机械泵和冷却循环回路在内的供油系统；电液控制模块；混合动力驻车锁。

主动变速系统使用一个双质量飞轮作为扭转减振器。飞轮位于发动机与主动变速器之间。其结构与手动变速器车辆所用的部件相似。宝马 X6 混合动力汽车的发动机不通过独立的起动机起动，但是仍然装有通常情况下与起动机嵌接在一起的齿轮，该齿轮在宝马 X6 混合动汽车上仅用于获取曲轴转速。

虽然主动变速器没有液力变矩器，但变速器组件仍需要润滑，同时也是为了操控片式离合器，在变速器输入端装有一个机油泵，该油泵既可通过发动机也可通过专门为此安装的电机驱动。同时，机油回路还用于对变速器组件进行冷却。

与当前其他自动变速器一样，混合动力电子变速器控制系统是电液控制模块的组成部分，安装在变速器油底壳内。宝马 X6 混合动力汽车上的混合动力电子变速器控制系统简称为 TCM（transmission control mode）。

与其他自动变速器不同，主动变速器的混合动力驻车锁并非液压操控式，而是通过一个电机操控。该电机以及相关电子控制单元集成在一个壳体内，称为直接换挡模块（DSM），该模块位于变速器壳体外侧。

与传统自动变速器不同，主动变速器没有液力变矩器。而且，主动变速器也没有顺序手动变速器内自动操控的离合器。那么，如何实现发动机转速与输出转速差异巨大的起步过程呢？通过电机可以补偿这一转速差异。在利用发动机起步的过程中，发动机开始时仅驱动两个电机中的一个，该电机产生电能从而驱动第二个电机，同时产生变速器输出轴上的转矩，从而最终使车辆移动。进行换挡时也需要电机进行工作，它可以为发动机转矩提拱支持并确保在片式离合器分离和接合时换挡过程舒适顺畅。仅仅依靠电机还不足以降低发动机的运转不平稳性，因此在发动机与变速器之间安装了双质量飞轮。

（1）电机

电机 A 和电机 B 共同构成了宝马 X6 的电力驱动部分。两个电机均既可以作为电动机又可以作为发电机驱动。

这些电机是高电压组件，因此通过橙色高电压导线供应能量。由于三相的横截面较大，因此没有组合而是单独连接。

电机的定子和转子均有变速器油经过，主要是为了进行冷却。在每个电机定子的绕组中都装有一个温度传感器（NTC 电阻）。温度传感器的信号分析用于在绕组温度过高时降低相应电机的转矩从而防止其过热。这种根据温度降低转矩的功能从约 160 ℃时起开始执行。此外，每个电机还有一个位置传感器。位置传感器的信号用于实现准确的转速调节以及电机的最佳效率控制。位置传感器按照旋转变压器原理工作。在转子的一个线圈上存储规定的交流电压。定子上的线圈错开 90°。此处的感应电动势可说明转子位置。

两个电机各有一个带有供电电子装置的执行机构控制单元，它们都安装在供电电控箱内。混合动力主控控制单元规定两个电机的额定转矩和额定转速。混合动力电机控制装置执行这些规定值并产生为此所需的相电压。此外它们还负责分析电机内温度传感器和位置传感器的信号。也就是说，上述在高温情况下降低转矩、调节转速以及确定电机位置偏置情况均由混合动力电机控制装置执行。

（2）行星齿轮组

主动变速器包含 3 个行星齿轮组，这些行星齿轮组也在变速器油中运动。行星齿轮组用于产生不同的基本挡位以及主动变速器内的各种状态。

（3）片式离合器

主动变速器共包含 4 个片式离合器。连接部件见表 4-4-8。

表 4-4-8　片式离合器连接部件

片式离合器编号	部件 1	部件 2
1	行星齿轮组 3 的齿圈	变速器壳体
2	变速器主轴（和行星齿轮组 3 的行星齿轮架）	变速器输出轴
3	行星齿轮组 2 和 3 的太阳轮	变速器壳体
4	行星齿轮组 2 的齿圈	行星齿轮组 2 的太阳轮

片式离合器 1 和 3 支撑在变速器壳体上，其作用相当于片式制动器。通过这四个片式离合器可使主动变速器实现以下所需状态：2 个 ECVT 模式中的一个；4 个固定的基本挡位中的一个；没有动力传输的状态。

离合器以液压方式操控。通过相应控制电机可使片式离合器在几乎没有转速差的情况下接合。因此，主动变速器状态切换和换挡时几乎不会出现牵引力中断。

没有液压压力时，所有片式离合器均处于断开状态，这与空挡 / 驻车挡时的变速器状态相符。在 4 个固定的基本挡位下，始终有 2 个片式离合器接合，另外 2 个断开。在两个 ECVT 模式下，始终有 1 个片式离合器接合，其他 3 个断开，结构示意图如图 4-4-10 所示。

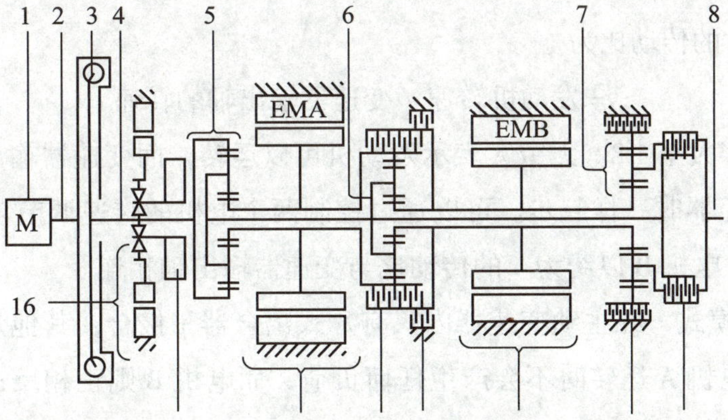

1—发动机；2—变速器输入轴；3—双质量飞轮；4—变速器油泵的机械驱动装置；5—行星齿轮组 1；6—行星齿轮组 2；7—行星齿轮组 3；8—变速器输出轴；9—片式离合器 2；10—片式离合器 1；11—电机 B；12—片式离合器 3；13—片式离合器 4；14—电机 A；15—变速器油泵；16—用于驱动变速器油泵的电机。

图 4-4-10　主动变速器结构示意图

2. 工作原理

主动变速器内部状态包括“没有动力传输”的状态、2 个 ECVT 模式和 4 个固定的基本挡位。下面将借助变速器结构示意图来对这些状态进行说明。

（1）ECVTI 模式

ECVTI 模式是具有可变传动比的第一种模式，用于较低车速和最大牵引力的情况。处于该模式时可通过以下方式驱动车辆：仅通过电动机 B（图 4-4-11）；仅通过发动机：通过电机 B 和发动机（图 4-4-12）。

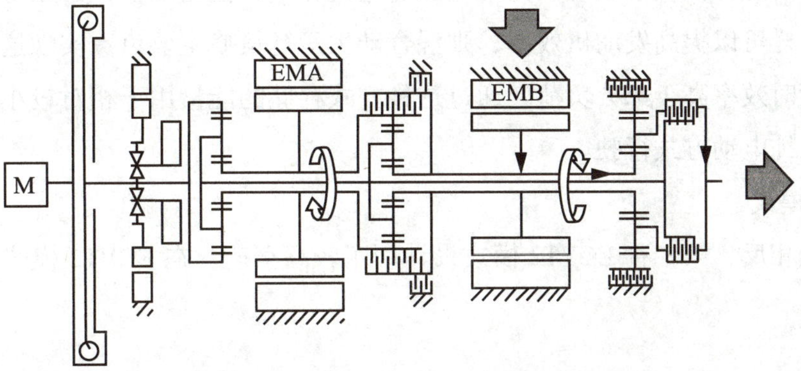

图 4-4-11　在 ECVTI 模式下以纯电动方式行驶时的动力传输

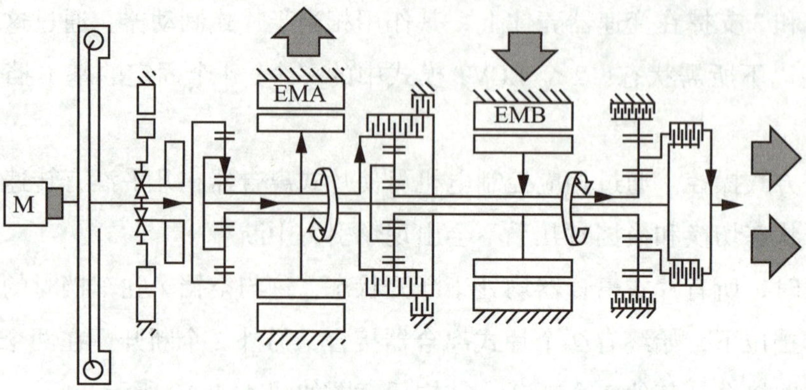

图 4-4-12　在 ECVTI 模式下发动机和电机混合驱动时的动力传输

使用发动机驱动时的传动比为

i= 发动机转速 / 变速器输出轴的转速

该传动比可从无穷大至 1.8。无穷大表示发动机可以运转，而变速器输出轴保持静止状态，因此可以像带有液力变矩器时一样起步。可以通过控制两个电机的转速调节该传动比，电机 A 转速越高，该传动比越大。电机 B 以约为 4 的传动比与变速器输出轴相连。

为了实现 ECVT1 模式，在主动变速器内只有片式离合器 1 接合，其他片式离合器均断开。以纯电动方式行驶时，电机 A 运转时不会产生任何负荷，而电机 B 则正相反；这样可使变速器输入轴及发动机保持静止状态。

采用发动机和电机 B 混合驱动方式时，发动机功率分为两个部分，也可以说发动机的功率“分支”（这就是“功率分支式混合动力”术语的来源），包括两部分：机械部分，直接用于驱动车辆；电气部分，因为电机 A 作为发电机使用并产生电量。

发电机产生的电能可以部分或完全存储在高电压蓄电池内。电机 B 吸收电能。电能完全或部分来自电机 A 或高电压蓄电池。各能量的大小取决于很多因素，这些能量由混合动力主控制单元随时重新计算和调节。

ECVTI 模式的特点在于，除发动机机械驱动路径外还有电动驱动路径。使用电动驱动路径时，发动机借助一个发电机产生电能，这些电能完全或部分通过一个电机用于驱动车辆。这种电动驱动路径的布置方式与串联混合动力驱动装置相同。如果考虑到能量流的总量，则电动驱动装置可以为发动机提供支持。在这种模式下也可以为高电压蓄电池充电，但是发动机必须提供更大功率且消耗更多燃油。如果这样可以提高发动机效率，则混合动力运行策略主要负责实现这种所谓的“负荷点提高”，如满负荷时效率高于部分负荷。通过这种方式存储的能量用于相对较小的额外能量损耗，如可以重新用于以纯电动方式行驶。

（2）ECVT2 模式

与第一种模式相反，第二种 ECVT2 模式设计用于较高车速。在 ECVT2 模式下，既可以以纯电动方式行驶；也可以起动发动机行驶。发动机的传动比可在 0.723 ～ 1.8 的范围内调节。与 ECVTI 模式相同，电机转速在此也用作控制参数。根据具体数值可以看出，传动比较 ECVT2 模式更小，因此适于较高速，但电机的传动比也更小，所以它的有效转速范围向更高速度推移。电机可以为发动机提供支持或用于为高电压蓄电池充电。与第一种 ECVT1 模式相似，通常一个电机吸收电能（在此为电机 A），另一个电机发出电能（在此为电机 B）。在 ECVT 2 模式下片式离合器 2 接合，其他片式离合器均断开，如图 4-4-13 所示。

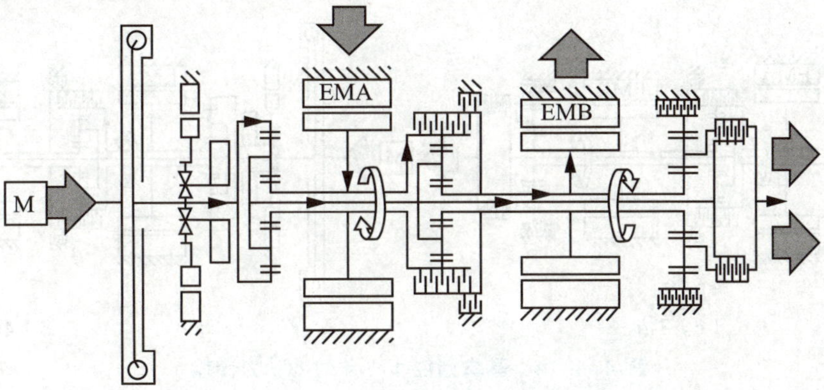

图 4-4-13　在 ECVT2 模式下的动力传输

在第二种 ECVT2 模式下也可以通过控制电流（考虑到总量）使电压蓄电池充电（发动机负荷点提高）或放电（为发动机提供支持）。运行策略会在考虑最佳总效率的同时调节相应的能量流。

（3）固定的基本挡位

与两个 ECVT 模式不同，对于主动变速器固定的基本挡位而言，变速器输入轴与变速器输出轴间的传动比固定不变。因此，发动机转速变化时，车速也会发生相应程度的改变。只有当发动机不在最佳效率范围内时，该固定传动比才会体现出不利的一面。但在需要发动机高转矩的情况下，运行策略仍会选择这些范围。相对于 ECVT 模式而言，固定挡位的优势在于取消了电机驱动装置的双重能量转换。因为通过一个电机产生电能并通过另一个电机使用电能也会造成相应损失。处于所有固定的基本挡位时（除基本挡位 4 外），电机均可以无负荷旋转；作为电机驱动，从而为发动机提供支持；作为发电机驱动，从而为高电压蓄电池充电。

例如，处于固定的基本挡位 4 时，电机 B 静止不动，因此只有电机 A 可以灵活使用。

以发电机方式运行特别适用于滑行阶段或车辆减速时，从而将动能转化为电能并存储到高电压蓄电池内。如果忽略固定基本挡位的不同传动比，那么主动变速器的工作状态就好像电机和发动机安装在同一根轴上一样。这种布置方式与并联混合动力驱动装置完全一样。

在主动变速器内通过接合两个片式离合器可以实现所有固定基本挡位，如图 4-4-14 所示，依次为基本挡 1、2、3、4 挡的动力传输。

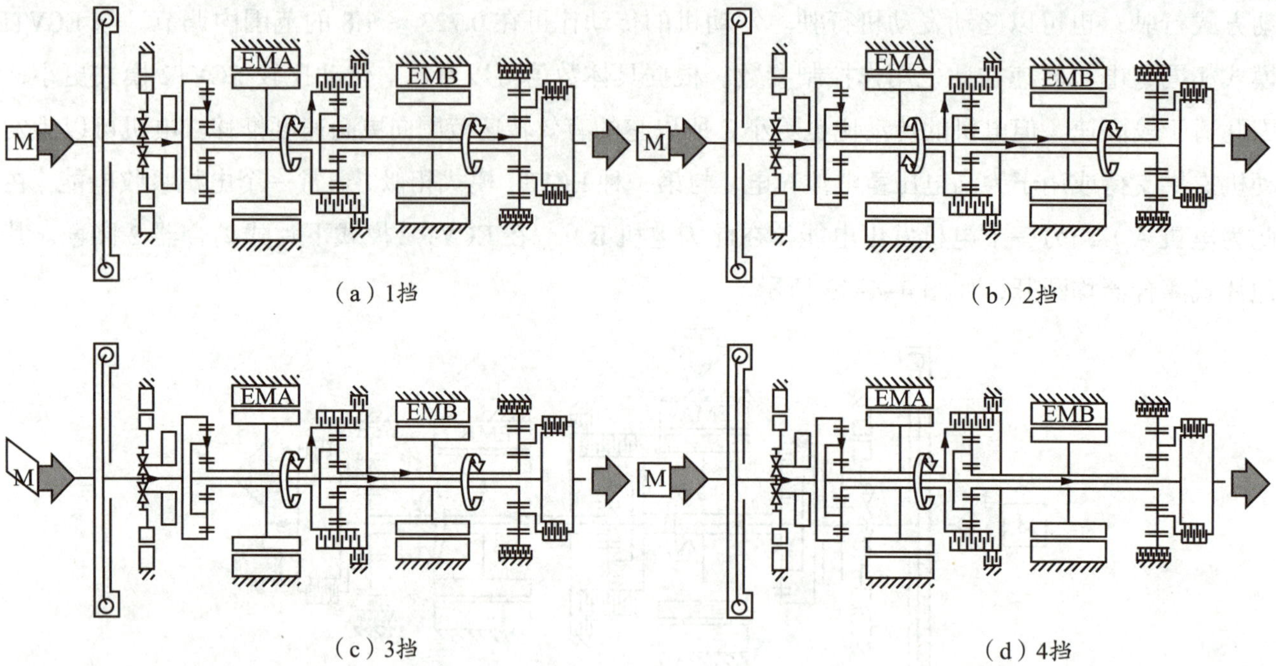

图 4-4-14　基本挡位 1 ～ 4 时的动力传输

表 4-4-9 展示了 4 个固定基本挡位的主要特点。

表 4-4-9　4 个固定基本挡位的主要特点

基本挡位	接合的片式离合器	内燃机传动比	备注
1	1 和 4	3.889	可以实现最大强度的助推功能。电动机和内燃机的动力都传输到变速器输出轴上
2	1 和 2	1.800	同样需要在两个 ECVT 模式间进行切换
3	2 和 4	1.000	直接挡位用于最大变速器效率
4	2 和 3	0.723	“超速”用于较高车速。电动机 B 处于静止状态

（4）没有动力传输

由于在发动机与主动变速器之间没有中央离合器，主动变速器必须提供一种在变速器输入轴与变速器输出轴之间没有动力传输的状态。这样可确保在发动机自由转动的同时车辆不会移动。相反，也可以确保在车轮自由滚动的同时发动机不会输出或吸收转矩。

没有动力传输的状态通过断开所有片式离合器来实现。发动机运转时电机也随之运转，此时电机不产生任何负荷，既不作为发电机也不作为电动机驱动。发动机转速超过 4 000 r/min 时，电机就会达到超过自身设计要求的过高转速，因此在这种变速器状态下会通过电子限速使发动机转速低于 4 000 r/min。

三、ATM 变速器

部分混合动力客车是在不改变原车机械变速器主体结构的基础上，通过加装特殊的电控单元控制装置取代原机械变速器由人工操作完成换挡动作，实现变速器内部换挡过程的自动化。

1. AMT 系统组成

AMT 系统包括传感器、AMT ECU 和执行器。

传感器包括离合器位置传感器、选挡换挡位置传感器、变速杆位置传感器、发动机转速传感器、车速传感器等。

执行器包括选挡换挡执行控制机构、离合器离合执行机构、节气门执行机构、制动执行机构、动力源执行机构。目前市场上的 AMT 操纵系统有三种结构形式：电控液动、电控气动和直流电动机操纵。其中，电控液动和直流电动机操纵是两种应用较多的形式。

2. AMT 的基本工作原理

图 4-4-15 为 AMT 结构控制简图，电控液动中换挡油源来自蓄能器，当蓄能器的油压低时，压力继电器接通电路，电动油泵开始泵油。当蓄能器中的压力高过一定值后，压力继电器断开，停止供油。

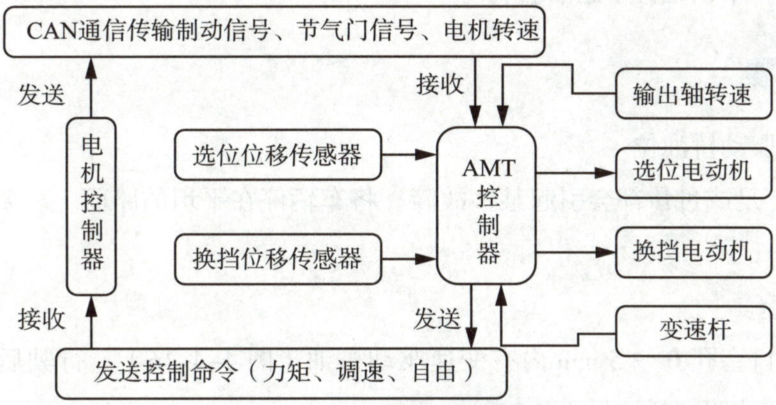

图 4-4-15　AMT 结构控制简图

当转动钥匙通电后，系统首先给变速器顶部的选挡和换挡油缸加油压，这样可促使变速器进入空挡，确认后，发动机起动系统方可起动发动机。驾驶员挂挡后，系统先向离合器油缸供入油液。离合器分离，选挡油缸的一端加压选挡，换挡油缸的一端加压换挡。换挡完成后系统控制离合器油缸脉冲阀开始泄油，以保证离合器接合平顺。

电控气动与电控液动换挡控制过程相同，区别是工作介质的压缩空气，采用气制动的客车压缩空气储存在储气筒里，所以不用再设供能装置。直流电动机控制是采用三个电动机控制分别完成离合器离合动作、选挡动作、换挡动作。

AMT 采用线控，这促使变速器的变速杆更像游戏机的手柄。它的挡位设置类似于手动变速器，但不同于手动变速器传统的“H”型挡位结构，其变速杆只能前后移动进行升挡或降挡（以“+”和“–”表示），或是通过转向盘后方的换挡手柄实现升挡和降挡。

AMT 变速器挡位设置保留了自动变速器的 N 位（空位）和 R 位（倒车位），在驾驶时有自动模式（A 位）和手动模式（M 位或 S 位）可供选择，两种模式在使用时可以自由切换。使用手动模式起步时，如果不拨动变速杆升挡，即使加速踏板踩到底变速器也不会自动升挡。

AMT 通常会有坡路起车辅助功能，坡路起车辅助功能是当驾驶员的脚从制动踏板上抬起时，制动系统延时 1 s 再松开制动，防止车辆后溜，给驾驶员足够的时间把脚从制动踏板移向加速踏板。

AMT 的缺点是换挡时有动力损失，导致换挡加速不好，且变速器无失效保护模式。

实践操作

检查变速驱动桥油位、机油泵油压

一、准备工作

（1）实训场所：理实一体化实训室。

（2）工具及车辆：卷尺、吉利帝豪 EV450 等。

（3）辅助资料：车辆维修手册、教材等。

二、操作步骤

（1）检查变速驱动桥油位

变速驱动桥油不足或过量都会引起某些故障。将车辆停在平坦的路面上。要使用纯正的变速驱动桥油。

① 拆下加液口塞。

② 确保距加液口塞孔 0 ～ 5 mm 内有变速驱动桥油（图 4-4-16）。行驶后，换油时重新检查变速驱动桥油位（变速驱动桥油量为 3.8 L）。

③ 如果油量较少，检查是否漏油。

④ 用新衬垫安装加液口塞。力矩为 39 N · m。

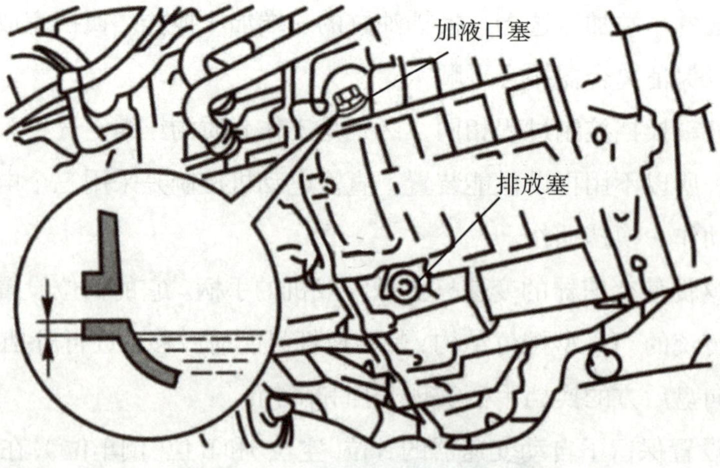

图 4-4-16　检查变速驱动桥油位

（2）检查机油泵油压

在机油正常工作温度 50 ～ 80 ℃下进行测试。

① 顶起车辆。

② 拆下机油泵罩塞并安装专用工具 SST（图 4–4–17）。

③ 设置鼓风机开关为 HI。

④ 打开空调开关。

⑤ 踩下制动踏板，按下电源开关，起动发动机（起动混合动系统）。

⑥ 保持发动机转速为 1 200 r/min，测量油压。油压为 9.8 kP 或更大。

⑦ 安装新 O 形圈和机油泵罩塞（图 4–4–18）。力矩为 7.4 N·m。

图 4–4–17　检查机油泵油压

图 4–4–18　安装新 O 形圈和机油泵罩塞

任务小练

一、填空题

1. 变速驱动桥主要包括__________、__________、__________、行星齿轮和__________。

2. 减速装置和__________使用同类型的润滑油。

3. 宝马 X6 混合动力汽车的主动变速器与传统自动变速器一样，变速器__________和变速器__________之间传动比不同。

4. 发动机与变速器输出轴的转速比能够进行__________，这种模式称为 CVT。

5. AMT 系统包括__________、__________和__________。

二、简答题

1. 简述丰田混合动力变速驱动桥的工作原理。

2. 简述 AMT 的基本工作原理。

思政先锋

张国强——从汽车兵到大国工匠

1983 年 11 月，张国强怀揣报国之志参军入伍。在营区里看到一辆辆威武的解放大卡车，张国强立刻着了迷，挪不动步子。

张国强的一举一动，被细心的连队干部看在眼里，便选送他到汽车训练队去学习。以优异成绩学成归来，张国强先后成为连队的汽车修理工和驾驶员。因为表现出色，他又被推荐到地方汽车企业学习 1 年。

“与汽车打交道是件快乐的事。”张国强如饥似渴地汲取着“养分”，每个月的津贴省吃俭用后都被他用来购买相关书籍。白天在车上对照印证，晚上在宿舍看书学习，培训结束回到部队，张国强已经能给老兵当师傅了。

一次部队冬季夜间拉练，一辆卡车在野外抛锚。张国强和战友赶到现场，已近凌晨 1 点。钻进卡车与地面的狭窄缝隙里，张国强一修就是 3 个小时。等卡车修好后，他整个人都快冻僵了，躺在地上腿脚动弹不得。战友们把他抬回宿舍，他在被窝里暖了 1 个多小时才缓过来。

一次次急难险重任务的摔打磨炼，让张国强很快成长起来，成为一名光荣的共产党员。“这段军旅生涯为我的人生之路打下坚实的基础。”每次看到那张身着绿军装、头戴棉军帽的老照片，张国强都会想起那些难以忘怀的军营往事。

1986 年 12 月，张国强从部队复员，被安置到一汽工作。还能继续跟自己喜爱的汽车打交道，张国强很满意。出乎意料的是，他被分配到内饰件厂成为一名汽车座椅缝纫工。

当时，正赶上缝纫车间一位女工休产假，一时找不到人顶替她的岗位。车间主任找到张国强说明情况，还没等做他的思想工作，张国强就表态：“我是一名党员、一名老兵，啥时候都服从命令听指挥，哪里需要到哪里！”

就这样，张国强成了缝纫车间唯一的“男兵”，跟着 40 多名女工干起了“针线活”，一干就是 3 年。

“电动缝纫机的踏板，踩起来跟踩油门有啥不一样啊？”……和张国强一同分到一汽的退役军人有不少，大伙聚到一起总爱和张国强开玩笑。张国强每次都一脸严肃地说：“咱当过兵的人，在哪个岗位都要把工作干好。只要是为国家作贡献，干啥都一样！”

1990 年，一汽质检处在公司范围内公开招聘整车检查员，张国强报了名。21 个报名人选，大多是之前就从事汽车生产工作的，最终录取的 5 个人里，张国强是唯一一名干缝纫出身的。

“那时能录取全凭着在部队修车打下的底子。踩了 3 年缝纫机，知识都落下了，进入整车检查员岗位，得从头学起。”

上班时，张国强人不离车，一个部件一个部件琢磨，查找问题。下班回家，他一头扎进书堆里，寻找答案。

看车、看书，上车、修车，周而复始，不厌其烦，对于厂里的车型，张国强熟悉连接每个零件的电线颜色，能背下整车螺栓的力矩……靠着这股子钻劲，两年后，张国强在公司举办的技能大赛中夺取了机动车检查工竞赛第二名。

2006 年，张国强代表一汽参加全国首届载货汽车装调工职业技能大赛。比赛要求选手面对未接触过的新车型，在半小时内排除 6 个故障。最终，张国强成为唯一一名排除全部故障的选手，一举夺魁。

一次，张国强陪同公司领导到车间验证转向异响问题，领导提出查看动力转向油罐里的滤芯状况。因为滤芯埋在动力转向油中，如果不知道原理很难拆卸。当时，张国强走上前去，把手探入油罐里，摸到滤芯后准确迅速地拆卸下来，让现场的人惊叹不已。

之所以能“技惊四座”，因为张国强对汽车的每个部件都有深入研究。如今，张国强作为高级专家，更加侧重解决解放卡车中存在的潜在问题。一次，在检查一辆新型卡车时，张国强感觉转向杆和减震器的空间布局有些异常。但设计师经过反复考量论证，认为应该没有问题。

“有千万分之一的可能都不行。”张国强将卡车的减震器涂抹上红色颜料，到路况恶劣的道路上开车一遍遍测试。最后，张国强发现转向杆沾上了颜料，证明在极端恶劣的路况下，转向杆和减震器会发生碰撞，形成干涉。测试结果说服了设计师，他们改进优化了结构设计，避免了潜在的安全隐患。

解决整车制动系统渗漏问题，被一汽评为质量管理一等奖……这些年，张国强参与解决的问题难以计数。2017 年，他参与编制并主审的《汽车装调工国家职业技能标准》，成为全国同行业人员的标准教材。

从一名操作方向盘的汽车兵，到引领技术创新的“汽车人”，张国强军人本色不改，用不懈努力诠释大国工匠精神，为振兴民族汽车品牌贡献自己的力量。

项目 5

空调系统及车身电气设备维护与保养

学习目标

知识目标

◆熟悉空调系统的组成和工作原理。

◆掌握制冷系统、暖风系统、通风系统和控制系统的维护方法。

◆了解车身电气设备的组成。

能力目标

◆能够正确、熟练地检查空调系统的制冷能力和暖风效果。

◆能够正确、迅速地更换空调滤芯。

◆能够根据组合仪表中各指示灯的工作状态，正确判断出车辆的故障类型。

素质目标

◆培养学生坚守职业道德界线，管理言行举止，提高职业素质。

◆培养学生决策能力、组织能力、指挥能力和应变能力。

思政目标

◆培养学生实事求是、独立思考、勇于创新的科学精神。

◆培养学生具备良好的心理素质，增强应对压力和挫折的能力，并善于从逆境中寻找转机。

◆养成做事细心、严谨的工作作风。

任务 5.1　空调系统维护与保养

任务引入

小靳在 4S 店实习已经将近半年了，根据他的表现，带队师傅认为他可以独当一面了。为了检验小靳的能力，带队师傅让他对某品牌车空调系统的电动压缩机、冷凝器、PTC 加热器及空调滤芯等作业项目进行维护。如果让你来维护上述作业项目，你会怎么操作？

本任务首先介绍空调系统的组成和工作原理等基本知识，然后再介绍制冷系统、暖风系统、通风系统和控制系统的维护方法，其知识与技能要求如表 5-1-1 所示。

表 5-1-1　知识与技能要求

任务内容	空调系统维护与保养	学习程度		
		识记	理解	应用
学习任务	空调系统的组成和工作原理		●	
	制冷系统、暖风系统、通风系统和控制系统的维护			●
实训任务	空调零件更换			●
自我勉励				

任务工单

1. 任务目的

（1）能够正确维护制冷系统。

（2）能够正确维护暖风系统。

（3）能够正确维护通风系统。

（4）能够正确维护控制系统。

2. 寻找伙伴

以 3 ～ 5 人为一组，选出组长并进行任务分工，将小组成员及分工情况填入表 5-1-2 中。

表 5-1-2　小组成员及分工情况

班级：　　　　　　　　组号：　　　　　　　　指导教师：

小组成员	姓名	学号	任务分工
组长			
组员			

3. 制订计划

（1）查阅车辆维修手册，了解空调系统维护与保养的相关内容，制订工作计划，并将其填入表 5–1–3 中。

表 5–1–3　工作计划

序号	工作内容	负责人

（2）将操作过程中所需的工具和耗材等填入表 5–1–4 中。

表 5–1–4　操作过程中所需的工具和耗材等清单

序号	名称	型号与规格	单位	数量	备注

4. 进行决策

（1）小组成员针对各自的工作计划展开讨论，并选出最佳工作计划。

（2）指导教师根据各小组提交的工作计划给出评价。

（3）各小组成员根据指导教师的评价对工作计划进行调整，调整合格后的工作计划即为最终实施方案。

5. 工作实施

根据最终实施方案，进行空调系统的维护与保养。按实际操作过程，将作业项目、操作内容、遇到的问题及解决办法等记录于表 5–1–5 中。

表 5–1–5　工作实施过程记录表

序号	实施内容	遇到的问题及解决办法	结果

6. 考核评价

各组展示任务完成情况，并完成如表 5–1–6 所示的考核评价表。

表 5-1-6　考核评价表

项目名称	评价内容	满分 / 分	评分 / 分		
			自评	互评	师评
职业素养考核项目 40%	穿戴规范、整洁	6			
	安全意识、责任意识及服从意识强	6			
	积极参加教学活动，按时完成任务工单	10			
	团队合作、沟通交流能力强	6			
	劳动纪律良好	6			
	维护场地、设备及工具等干净整洁	6			
专业能力考核项目 60%	专业知识查找及时、准确	12			
	操作符合规范	18			
	操作熟练，工作效率高	12			
	任务完成度高	18			
合计		100			
总评	自评（20%）+ 互评（20%）+ 师评（60%）=	综合等级	指导教师（签名）：		

相关知识

一、空调系统概述

空调系统

1. 空调系统的组成

空调系统包括制冷系统、暖风系统、通风系统和控制系统等四大系统。它通过采用外循环模式，可以实现通风功能；有空调滤清器，可以帮助过滤掉空气中的灰尘、花粉等物质；具有除霜、除雾功能，可以保证驾驶员在驾驶过程中的视线良好。

（1）制冷系统

制冷系统主要由电动压缩机、冷凝器、储液干燥器、膨胀阀、蒸发器、空调压力开关、管路和空调制冷剂等组成。它主要用于对车内空气或由外部进入车内的新鲜空气进行冷却或除湿，以使车内空气变得凉爽舒适。它采用电动压缩机制冷，由动力电池提供的高压直流电驱动。

① 电动压缩机。制冷系统的心脏，其动力源是动力电池，主要由驱动控制器、高压接插件、低压接插件、电动压缩机吸气口、电动压缩机排气口和电动压缩机本体等组成（图 5-1-1）。

② 冷凝器。冷凝器主要由芯管、散热片和冷却风扇等组成。其中，芯管由铜管或铝管制成，在芯管周围还焊接了散热片。冷凝器的散热面积通常是蒸发器的两倍，而且散热面积越大，空调制冷效果会越好（图 5-1-2）。

图 5-1-1　电动压缩机

图 5-1-2　冷凝器

③ 储液干燥器。储液干燥器主要由过滤器、干燥剂、进口、出口和吸出管等组成，主要用于临时储存从冷凝器流出的液态空调制冷剂，并保证其流动的连续性和稳定性，同时还可以过滤掉杂质、吸收水分。

④ 膨胀阀。膨胀阀又称节流阀，主要由线圈、阀体和接线端口等组成，它是空调系统中高、低压空调制冷剂的分界点（图 5-1-3）。

⑤ 蒸发器。蒸发器的结构与冷凝器的类似，但两者的作用刚好相反；蒸发器上还配备有温度传感器，以防止其结冰（图 5-1-4）。

图 5-1-3　膨胀阀

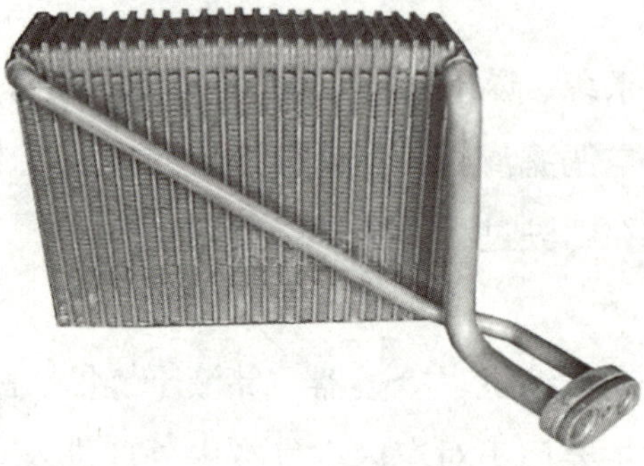

图 5-1-4　蒸发器

⑥ 空调压力开关。空调压力开关主要用于检测制冷系统的压力，而且在压力异常时启动相应的保护电路，可以防止制冷系统损坏。

⑦ 管路。管路包括低压管路和高压管路两种。其中，从膨胀阀出口至电动压缩机入口处的管路为低压管路，从电动压缩机出口至膨胀阀入口处的管路为高压管路。

⑧ 空调制冷剂。空调制冷剂在空调系统中有吸收、携带和释放热量的作用。它有 R134a 和 R12 两种，这两种空调制冷剂都具有无色、无味、无毒、阻燃、不易爆炸、化学性能稳定的特点。其中，R134a 具有黏度低、流动阻力小、制冷能力强、吸水性较高、不破坏臭氧层等优点，但是易外泄；R12 具有互溶性好、热力性能好等优点，但是它会破坏大气臭氧层，导致温室效应。目前使用较为广泛的是 R134a。

知识链接

空调制冷剂使用常识

（1）空调制冷剂应避免振动或置于高温处，以免发生爆炸。

（2）空调制冷剂不能储存在阳光照射处或有热源的地方，且应远离明火，以免分解产生有毒气体。

（3）R134a与R12不能混用，因为两者不相溶，如果混用，极有可能会导致电动压缩机损坏。

（4）当使用R134a时，空调系统应避免使用铜材料，以免产生镀铜现象；当使用R12时，空调系统应避免使用橡胶密封圈，以免将其溶解。

（5）空调制冷剂应保存在40℃以下的环境中。

（6）在使用空调制冷剂时，应佩戴护目镜，并尽可能避免直接接触。如果眼睛不慎接触空调制冷剂，则应使用适当的冲洗溶液对其进行冲洗，切不可揉搓，必要时还应寻求医疗援助。

（7）不管在何种情况下，都不能将空调制冷剂直接排放至大气中，以免造成环境污染。

（2）暖风系统

暖风系统主要由PTC加热器（图5-1-5）组成。PTC加热器是一种将PTC热敏电阻元件作为发热源的加热器，它可以对车内空气或由外部进入车内的新鲜空气进行加热，以达到取暖和除湿的目的。

（3）通风系统

通风系统主要由鼓风机、空调滤清器（图5-1-6）和风道等组成，用于将外部新鲜空气送入车内，以实现通风换气，同时也可以改变冷暖气流的流向和分配。

图5-1-5　PTC加热器

图5-1-6　空调滤清器

①鼓风机。由永磁型马达和鼠笼式风扇组成。它主要用于输出一定的风量，并根据驾驶员的意愿调节风量的大小，以使风量达到合适的状态。如果鼓风机不工作，那么出风口将无风送出。鼓风机在不同转速下运转取决于鼓风机调速模块（图5-1-7），如果驾驶员选择最大空调模式，那么绝大部分进入鼓风机的空气将来自车内（即内循环）。

图 5-1-7　鼓风机调速模块

② 空调滤清器。空调滤清器又称花粉滤清器，一般安装在空调的进气口位置，主要用于过滤从外部进入车内的空气，给驾驶员和乘客提供良好的空气环境。它堵塞后会影响风道空气的正常流通，使通风口的出风量变小，而且空调系统的制冷能力和暖风效果都会降低。

③ 风道。风道主要用于空气的流通。

（4）控制系统

控制系统主要由空调控制器、鼓风机开关、A/C 开关和各种继电器等组成。它不仅可以控制电动压缩机的吸合与断开，以防压力过高，还可以控制车内空气的流速、方向和温度等。

① 空调控制器。空调控制器一般安装在蒸发器箱体的底部，是整个空调系统的总控中心，用于协调控制空调系统的运作。它可以根据人们的需求来控制制冷系统、暖风系统及通风系统等各个模块。

② 鼓风机开关。鼓风机开关一般安装在空调控制面板内，主要用于打开鼓风机，使其工作，它还会设置不同的挡位，以供调速使用。

③ A/C 开关。A/C 开关是电动压缩机的控制开关，启动后电动压缩机将开始制冷。

④ 各种继电器。各种继电器主要用于控制各部件，使其执行不同的功能，还可以减少流入控制开关的电流，延长控制开关的使用寿命。

2. 空调系统的工作原理

（1）空调系统的制冷工作原理

空调系统的制冷工作原理如图 5-1-8 所示。新能源汽车空调系统的制冷工作原理与传统燃油汽车的基本相似，只是驱动方式发生了变化。新能源汽车的电动压缩机直接采用了高压直流电进行驱动，空调制冷剂在密封的空调系统中循环，经过压缩、冷凝降温、节流膨胀、蒸发制冷等过程，具体内容如下。

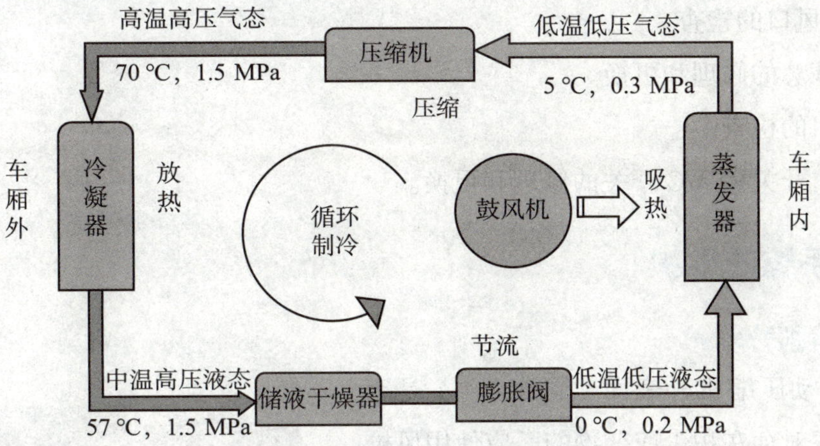

图 5-1-8　空调系统的制冷工作原理

空调制冷剂在蒸发器中最大限度地吸收周围空气中的热量后，低温、低压的气态空调制冷剂被电动压缩机吸入并压缩成高温、高压的气态空调制冷剂；然后该气态空调制冷剂经高压管路流入冷凝器，在冷凝器中经过散热、降温，变成中温、高压的液态空调制冷剂；接着中温、高压的液态空调制冷剂经储液干燥器干燥、过滤后进入膨胀阀，在节流作用下变成低温、低压的液态空调制冷剂，然后进入蒸发器中；低温、低压的液态空调制冷剂在蒸发器中吸收热量后重新进入电动压缩机，如此周而复始，最终使车内的温度降低。

（2）空调系统的制热工作原理

车辆启动后，打开热风旋钮，动力电池开始对 PTC 加热器进行供电，气流在鼓风机的作用下流过 PTC 加热器，产生热量传递。外部空气与加热后的空气混合，通过风道吹出舒适的暖风，从而达到制热效果。

课堂讨论

新能源汽车的空调系统与传统燃油汽车的空调系统有区别吗？如果有，具体表现在哪些方面呢？

空调系统维护作业项目有很多，本任务主要介绍以下几个项目。

（1）电动压缩机的维护。

（2）冷凝器的检查。

（3）制冷能力的检查。

（4）空调制冷剂的加注。

（5）空调压力开关的检查。

（6）管路的检查。

（7）暖风效果的检查。

（8）PTC 加热器的维护。

（9）空调出风口的检查。

（10）空调滤芯的修理和更换。

（11）鼓风机的检查。

（12）鼓风机开关和 A/C 开关的修理和更换。

二、制冷系统的维护

1. 电动压缩机的维护

（1）检查电动压缩机外表面（图 5-1-9）是否存在积尘或杂物，对存在积尘或杂物的，应使用风枪或毛刷进行清理，外表面应无明显积尘或杂物，且保持干燥。

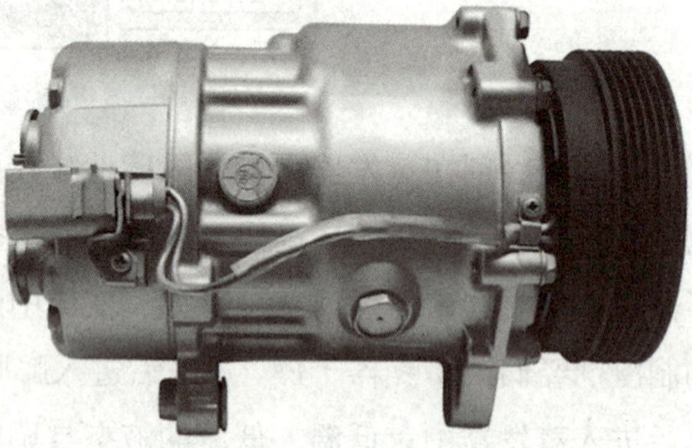

图 5-1-9　检查电动压缩机外表面

（2）检查电动压缩机工作的声音是否正常，具体检查方法：将新能源汽车听诊器放在电动压缩机上进行听诊并判断，如果电动压缩机内有金属摩擦的声音，则说明内部轴承损坏，此时需要及时进行修理或更换。

（3）检查电动压缩机电缆线的接头螺栓是否松动，及其表面有无烧蚀。

（4）检查电动压缩机的螺栓连接是否牢固，确认紧固力矩是否符合车辆维修手册的规定。

（5）检查电动压缩机的吸、排气压力是否正常。

（6）检查电动压缩机的连接部件是否齐全，安装是否到位。

（7）检查电动压缩机本体和驱动控制器壳体的安装情况，并紧固螺栓，且紧固力矩应符合车辆维修手册的规定。

（8）检查电动压缩机高压线束、接线柱等的连接和固定情况，并紧固电动压缩机三相接线柱螺栓，且紧固力矩应符合车辆维修手册的规定。

（9）检查驱动控制器线束的固定情况及接线柱的连接情况，其线束应固定良好，其接线柱的连接应无松脱。

（10）检查电动压缩机支架安装得是否牢固。

小贴士

如果发现电动压缩机有异常，则应立即关闭空调系统，以免增大电动压缩机的损坏程度。

课堂讨论

夏季，如果车辆的电动压缩机出现故障，则是最让人烦恼的事情，为了避免出现类似情况，必须做好其平时的维护工作。你知道如何做好电动压缩机的维护工作吗？其注意事项又有哪些呢？

2. 冷凝器的检查

（1）检查冷凝器外表面是否存在积尘或杂物，对存在积尘或杂物的，应使用风枪或毛刷进行清理，外表面应无明显积尘或杂物，且保持干燥。

（2）检查冷凝器是否有脏污，如果有，则需要用专用工具将其清理干净。如果冷凝器脏污情况比较严重，则需要将其取下并反向冲洗，方能清理干净。

（3）检查冷凝器外表面的防锈涂料是否脱落，如果发现脱落，则应及时涂刷。

（4）检查冷凝器上的冷却风扇是否运转正常。

（5）检查冷凝器上的连接部件是否齐全，安装是否到位。

（6）检查冷凝器上的散热片上是否有脏污，如果有，则需要将其清理干净。

3. 制冷能力的检查

检查空调系统制冷能力的具体操作步骤如下。

（1）将点火开关调至“ON”挡，然后按下 A/C 开关。

（2）将冷暖风调节旋钮调至制冷位置，并将出风口大小调至最大。

（3）检查车内各个出风口有无冷风吹出，并用手感受出风口冷风的温度。

（4）关闭空调，然后关闭点火开关，并拔下钥匙。

4. 空调制冷剂的加注

检查空调制冷剂的加注量是否符合标准，如果空调制冷剂不足，则应按照标准加注，具体操作步骤如下。

（1）调整好歧管压力表。

（2）先关闭歧管压力表上的高、低压手动阀，然后将高、低压软管的另一端分别与空调系统的高、低压阀门连接。

（3）检查空调系统的压力是否正常，如果其压力正常，则可以进行空调制冷剂的加注。

（4）排放空调制冷剂的操作方法如下。

①将中间软管的另一端与回收空调制冷剂的容器连接。

②打开高压手动阀，使空调制冷剂从中间软管排出，并查看高压表上的压力值。

③当高压表上的压力值下降至规定范围内，再打开低压手动阀。

④当高、低压表上的压力值下降至 0 时，关闭高、低压手动阀，排放完空调制冷剂。

（5）将制冷系统抽真空的操作方法如下。

①将中间软管的另一端与真空泵连接。

②启动真空泵，打开高、低压手动阀，直到高、低压表上的压力值降至最低为止。

③关闭高、低压手动阀，关闭真空泵。

④查看高、低压表上的压力值是否有回升，如果有，则表明制冷系统存在泄漏，需要及时修理。

（6）加注空调制冷剂的操作方法如下。

① 将中间软管的另一端与空调制冷剂罐注入阀的接口连接。

② 打开空调制冷剂罐注入阀，排出管道中的空气，再拧开中间软管的阀门，并将空调制冷剂罐正置。

③ 打开低压手动阀，使空调制冷剂进入制冷系统，直至达到规定的压力，然后再关闭低压手动阀。

④ 启动车辆和空调系统，将鼓风机的风速调至最大，温度调至最低，使鼓风机运行约 5 min，再打开低压手动阀，直到加注空调制冷剂至规定值为止。

⑤ 关闭低压手动阀和空调制冷剂罐注入阀，至此空调制冷剂加注完毕。

知识链接

歧管压力表（图 5-1-10）主要由高压表、低压表、高压手动阀、低压手动阀、低压工作阀接口、高压工作阀接口和中间工作阀接口等组成。其中，高、低压工作阀接口分别连接高、低软管；中间工作阀接口连接中间软管。

（1）歧管压力表的使用方法如下。

① 高、低压手动阀同时关闭时，可检测高、低压压力。

② 高压手动阀关闭、低压手动阀打开时，可从低压软管处加注空调制冷剂等。

③ 高压手动阀打开、低压手动阀关闭时，可从高压软管处加注空调制冷剂等。

④ 高、低压手动阀同时打开时，可进行加注、抽真空操作。

（2）使用歧管压力表时，应注意确认歧管压力表的量程范围，切勿超量程测量。

图 5-1-10　歧管压力表

5. 空调压力开关的检查

检查空调压力开关（图 5-1-11）是否损坏，如果有损坏，则应及时修理或更换。

6. 管路的检查

（1）检查空调系统各管路外表面是否完好，各管路外表面应无渗漏、破损。

（2）检查空调系统各管路连接情况是否良好，连接部件是否齐全，安装是否到位。其各管路应保持连接牢靠，且无松动。如果有松动，则应紧固螺栓，并将紧固力矩调至符合车辆维修手册的规定。

图 5-1-11　检查空调压力开关

（3）检查制冷系统各管路接头处是否有油污、灰尘等。

知识链接

空调系统工作时，空调制冷剂的状态如下。

（1）若空调制冷剂几乎透明，伴有少量气泡，且随电机转速的升高而减少，则说明空调制冷剂正常，如图 5-1-12（a）所示。

（2）若空调制冷剂不太透明，且有大量气泡生成并流动，则说明空调制冷剂不足，如图 5-1-12（b）所示。

（3）若空调制冷剂不透明，没有气泡生成，且能看见雾状气体，则说明空调制冷剂过多或过少，如图 5-1-12（c）所示。

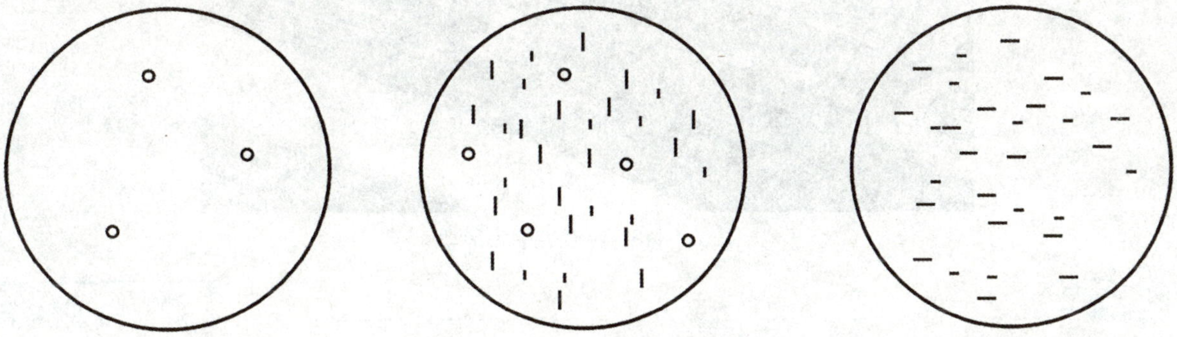

（a）空调制冷剂正常　（b）空调制冷剂不足　（c）空调制冷剂过多或过少

图 5-1-12　空调制冷剂的状态

三、暖风系统的维护

1. 暖风效果的检查

检查空调系统暖风效果的具体操作步骤如下。

（1）将点火开关调至“ON”挡，然后按下 A/C 开关。

（2）将冷暖风调节旋钮调至暖风位置，并将出风口大小调至最大。

（3）检查车内各个出风口有无暖风吹出，并用手感受出风口暖风的温度。

（4）暖风系统运转几分钟后，检查吹出的暖风有无焦煳味，如果有，则应及时修理。

（5）关闭空调，然后关闭点火开关，并拔下钥匙。

2. PTC 加热器的维护

（1）检查 PTC 加热器外表面是否存在积尘或杂物，对存在积尘或杂物的，应使用风枪或毛刷进行清理，外表面应无明显积尘或杂物，且保持干燥。

（2）检查 PTC 加热器螺栓连接是否紧固，确认紧固力矩是否符合车辆维修手册的规定。

（3）检查 PTC 加热器正负极的绝缘电阻是否正常。

（4）检查 PTC 加热器支架安装得是否牢固。

按照车辆维修手册进行维护，是车辆维护人员必须遵守的规范，这样不仅可以提高其工作的可靠性，还能保障人身安全。

3. 空调出风口的检查

（1）清理空调出风口的具体方法：先使用车载吸尘器对出风口进行吸尘，然后取下进气滤网，清除其灰尘，最后用湿毛巾擦去出风口的污垢。

（2）检查空调出风口（图 5-1-13）的出风量是否正常。

图 5-1-13 检查空调出风口

知识链接

车载吸尘器一般由吸尘器主机和吸嘴组成。使用车载吸尘器时，要先给它安装合适的吸嘴；然后将车载吸尘器电源插头插入点烟器插座；最后按下车载吸尘器电源开关，对准待清理部位进行吸尘，如图 5-1-14 所示。

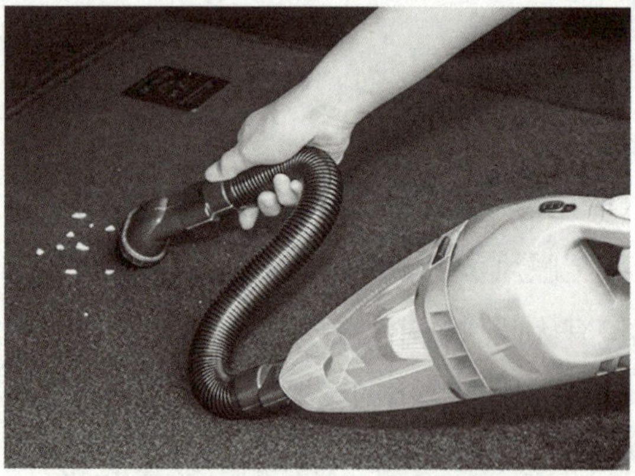

图 5-1-14 使用车载吸尘器

四、通风系统的维护

1. 空调滤芯的清理和更换

（1）检查空调滤芯是否有杂物，如果有，则应及时清理。

（2）更换空调滤芯时，应先拆卸空调滤芯盖板，再取出旧的空调滤芯并安装新的空调滤芯，最后盖上空调滤芯盖板。

小贴士

在启动空调系统前，要确保已安装了空调滤清器，如果没有安装空调滤清器，则空调系统可能会损坏。

2. 鼓风机的检查

（1）检查鼓风机的工作状况，鼓风机应运转正常，且无异响。

（2）检查鼓风机的风速调节状况（图 5–1–15）是否正常，具体检查方法：开启 A/C 开关，将鼓风机转速逐渐调到最高挡，观察显示屏上的风速指示情况是否和调速挡位同步。

（3）检查风道是否过脏或通风时有无异响，并确保风道清洁、通风良好，且无异响。

（4）检查内、外循环模式（图 5–1–16）是否可以正常切换。

（5）检查不同出风模式下各出风口的工作是否正常，如图 5–1–17 所示。

图 5–1–15　检查鼓风机的风速调节状况

图 5–1–16　检查内、外循环模式

图 5–1–17　检查出风口

（6）更换鼓风机调速模块时，应先取出鼓风机调速模块，再断开鼓风机调速模块的线束连接器；清理完以后，先连接鼓风机调速模块的线束连接器，再安装鼓风机调速模块。

五、控制系统的维护

新能源汽车空调控制系统的常见按键通常包括：

电源开关键：控制整个空调系统的电源接通与断开。

模式选择键：用来选择制冷模式、制热模式、除湿模式、内循环模式等。

温度控制键：用来设置车内温度，包括升温、降温按钮。

风量控制键：用来调节风扇转速，控制风量大小。

风向控制键：用来选择风向，比如面部、足部等位置。

自动模式键：一键进入自动控制模式。

空调键：单独控制压缩机的开关。

内外循环键：控制是使用新风还是内循环空气。

最大制冷键：快速启用最大制冷模式。

最大除湿键：快速达到最大除湿效果。

电加热键：控制电加热器的开关。

辅助功能键：如电动解霜、暖风挡等按钮。

控制系统的维护主要检查电源开关键、风量控制键、鼓风机开关、A/C 开关（见图 5–1–18）等是否损坏，如果损坏，则应及时修理或更换。

图 5–1–18　检查 A/C 开关

实践操作

空调零件更换

一、准备工作

（1）实训场所：理实一体化实训室。

（2）工具及车辆：高压绝缘检测仪、拆装专用工具、高压防护用具、吉利帝豪 EV450 等。

（3）辅助资料：车辆维修手册、教材等。

二、操作步骤

1．更换空调滤芯

（1）打开前机舱盖。

（2）打开杂物箱。

（3）拆卸空调滤芯。

① 拆卸空调滤芯盖板。

② 取出旧的空调滤芯。

（4）安装空调滤芯。

① 安装新的（或清理干净的）空调滤芯。

② 安装空调滤芯盖板。

（5）关闭杂物箱。

（6）关闭前机舱盖。

2. 更换鼓风机调速模块

（1）打开前机舱盖，断开低压蓄电池的负极电缆。

（2）拆卸鼓风机调速模块。

① 取出鼓风机调速模块。

② 断开鼓风机调速模块的线束连接器。

（3）安装鼓风机调速模块。

① 连接鼓风机调速模块的线束连接器。

② 安装鼓风机调速模块。

（4）连接低压蓄电池的负极电缆。

（5）关闭前机舱盖。

任务小练

一、填空题

1. 空调系统包括__________、__________、__________和控制系统等四大系统。

2. __________是制冷系统的心脏。

3. __________是一种将 PTC 热敏电阻元件作为发热源的加热器。

4. 通风系统主要由__________、__________和__________等组成。

5. __________是整个空调系统的总控中心，用于协调控制空调系统的运作。

6. __________是电动压缩机的控制开关，启动后电动压缩机将开始制冷。

二、简答题

1. 如何检查电动压缩机工作的声音？

2. 如何检查空调系统的制冷能力？

3. 如何检查空调系统的暖风效果？

任务 5.2　车身电气设备维护与保养

任务引入

新能源汽车的主要动力来源是电池，那么车身大部分零件必定也是由电力驱动，车身电器设备的种类和用途是多种多样的，面对种类繁多的电气设备，我们该如何进行维护与保养呢？

本任务主要介绍新能源汽车车身电器设备的维护与保养等基础知识，其知识与技能要求如表 5-2-1 所示。

表 5-2-1　知识与技能要求

任务内容	新能源汽车维护与保养认知	学习程度		
		识记	理解	应用
学习任务	车身电器设备		●	
	组合仪表的检查			●
	电动车窗、天窗的检查			●
	电动后视镜、刮水器的检查			●
实训任务	检查组合仪表线束连接器的端子电压和接地端子导通性			●
自我勉励				

任务工单

1. 任务目的

（1）了解新能源汽车车身电气设备。

（2）了解组合仪表、电动车窗、电动天窗的检查。

（3）熟悉电动后视镜、电动刮水器的检查。

2. 寻找伙伴

以 3 ～ 5 人为一组，选出组长并进行任务分工，将小组成员及分工情况填入表 5-2-2 中。

表 5-2-2　小组成员及分工情况

班级：　　　　　　　　　　组号：　　　　　　　　　　指导教师：

小组成员	姓名	学号	任务分工
组长			
组员			

3. 制订计划

（1）查阅相关资料，制订工作计划，并将其填入表 5-2-3 中。

表 5-2-3　工作计划

序号	工作内容	负责人

（2）将操作过程中所需的工具和耗材等填入表 5–2–4 中。

表 5–2–4　操作过程中所需的工具和耗材等清单

序号	名称	型号与规格	单位	数量	备注

4. 进行决策

（1）小组成员针对各自的工作计划展开讨论，并选出最佳工作计划。

（2）指导教师根据各小组提交的工作计划给出评价。

（3）各小组成员根据指导教师的评价对工作计划进行调整，调整合格后的工作计划即为最终实施方案。

5. 工作实施

根据最终实施方案，认识新能源汽车维护的主要作业项目及其位置。按实际操作过程，将实施内容、遇到的问题及解决办法等记录于表 5–2–5 中。

表 5–2–5　工作实施过程记录表

序号	实施内容	遇到的问题及解决办法	结果

6. 考核评价

各组展示任务完成情况，并完成如表 5–2–6 所示的考核评价表。

表 5–2–6　考核评价表

<table>
<tr><th rowspan="2">项目名称</th><th rowspan="2">评价内容</th><th rowspan="2">满分 / 分</th><th colspan="3">评分 / 分</th></tr>
<tr><th>自评</th><th>互评</th><th>师评</th></tr>
<tr><td rowspan="6">职业素养考核项目 40%</td><td>穿戴规范、整洁</td><td>6</td><td></td><td></td><td></td></tr>
<tr><td>安全意识、责任意识及服从意识强</td><td>6</td><td></td><td></td><td></td></tr>
<tr><td>积极参加教学活动，按时完成任务工单</td><td>10</td><td></td><td></td><td></td></tr>
<tr><td>团队合作、沟通交流能力强</td><td>6</td><td></td><td></td><td></td></tr>
<tr><td>劳动纪律良好</td><td>6</td><td></td><td></td><td></td></tr>
<tr><td>维护场地、设备及工具等干净整洁</td><td>6</td><td></td><td></td><td></td></tr>
<tr><td rowspan="4">专业能力考核项目 60%</td><td>专业知识查找及时、准确</td><td>12</td><td></td><td></td><td></td></tr>
<tr><td>操作符合规范</td><td>18</td><td></td><td></td><td></td></tr>
<tr><td>操作熟练，工作效率高</td><td>12</td><td></td><td></td><td></td></tr>
<tr><td>任务完成度高</td><td>18</td><td></td><td></td><td></td></tr>
<tr><td colspan="2">合计</td><td>100</td><td></td><td></td><td></td></tr>
<tr><td>总评</td><td>自评（20%）+ 互评（20%）+ 师评（60%）=</td><td>综合等级</td><td colspan="3">指导教师（签名）：</td></tr>
</table>

相关知识

一、车身电气设备概述

1. 车身电气设备的组成

车身电气设备一般包括低压用电设备、低压电源及配电设备等。

（1）低压用电设备

低压用电设备包括照明设备（如前照灯、前雾灯、后雾灯等）、报警与信号设备（如转向灯、危险报警灯、喇叭等）、仪表与监测设备（如里程表、电量表、转速表等）、安全舒适设备（如电动车窗、电动天窗、电动后视镜、电动刮水器等）。

（2）低压电源

低压电源即低压蓄电池，它产生的直流电主要用于为车身电气设备供电。

（3）配电设备

配电设备包括熔断器、继电器、接插件和导线等，用于确保车辆电气设备的安全运行和操作方便。

车身电气设备作业项目有很多，本任务主要介绍以下几个项目。

（1）组合仪表的检查。

（2）电动车窗的检查。

（3）电动天窗的检查。

（4）电动后视镜的检查。

（5）电动刮水器的检查。

二、组合仪表的检查

1. 组合仪表中各指示灯工作状态的检查

检查组合仪表中各指示灯的工作状态是否良好，其位置及名称如图 5-2-1 所示。组合仪表会因车型的不同而不同，指示灯对应的信息也会不同，应视具体情况而定。

图 5-2-1　组合仪表中各指示灯的位置及名称

知识链接

组合仪表中各指示灯的含义如下。

（1）当点火开关调至“ON”挡时，驱动电机功率表表针会从0到100，再从100到0进行自检；当动力输出时，表针会随输出功率的增大而增大；当制动能量回收时，表针会随输入功率的增大而减小。

（2）当前雾灯打开时，前雾灯指示灯会亮起。

（3）当示廓灯打开时，示廓灯指示灯会亮起。

（4）当点火开关调至“ON”挡，且安全气囊发生故障时，安全气囊指示灯会亮起，此时应检查安全气囊模块。

（5）当车辆ABS发生故障时，ABS故障指示灯会亮起。

（6）当后雾灯打开时，后雾灯指示灯会亮起。

（7）当远光灯打开时，远光灯指示灯会亮起。

（8）当加速踏板发生故障时，车辆会进入跛行状态，跛行指示灯会亮起。

（9）当低压蓄电池的电压过高或过低时，低压蓄电池故障指示灯会亮起。

（10）当驱动电机或电机控制器温度过高而引起冷却液温度过高时，驱动电机冷却液温度过高指示灯会亮起。

（11）当动力电池发生故障时，动力电池故障指示灯会亮起。

（12）当动力电池断开时，动力电池断开指示灯会亮起。

（13）当组合仪表与新能源汽车失去通信时，系统故障灯会变成红色，并持续闪烁。当车辆出现一级故障时，系统故障灯会变成红色，并持续亮起；当车辆出现二级故障时，系统故障灯会变成黄色，并持续闪烁。

（14）当电量小于30%时，充电提示灯会亮起；当电量低于5%时，会显示“请尽快充电”的提示。

（15）当EPS系统发生故障时，EPS故障指示灯会亮起。

（16）当点火开关调至“ON”挡，驾驶员未系安全带，或者乘客未系安全带且座位上有人或有重物时，安全带未系指示灯会亮起。

（17）当EBD系统发生故障、制动液液位降低或制动系统发生故障时，制动系统故障指示灯会亮起。

（18）当车身防盗开启后，防盗指示灯会亮起。

（19）当充电线束接触不好时，会显示“请连接充电枪”的提示，充电线束连接指示灯会亮起。

（20）当驻车制动器拉紧或未松到位时，驻车制动指示灯会亮起。

（21）当车门未关或没有关严时，门开指示灯会亮起。

（22）当点火开关调至“ON”挡时，车速表表针会从 0 到 100，再从 100 到 0 进行自检。

（23）当右转向打开时，右转向指示灯会亮起。

（24）当车辆准备绪时，“READY”指示灯会亮起。

（25）当左转向打开时，左转向指示灯会亮起。

2. 组合仪表的清理

组合仪表多为塑胶、皮革制品，存在大量细条沟纹，极易藏污纳垢。清理时，要先用车载吸尘器除尘，再喷洒清洁剂，然后用毛巾擦拭。对于难以清除的污渍，可用软毛刷进行刷洗。组合仪表清理干净后，应喷涂一层表板蜡，然后用干净的无纺布涂抹均匀，使组合仪表表面光亮，且不容易吸附灰尘。

由于组合仪表、空调出风口等处边角和格栅多，直接用毛巾难以清理干净，因此可先用带刷子的车载吸尘器一边刷一边吸尘，然后再用蒸汽清洗机清理。

知识链接

图 5-2-2 为 JNX-4 蒸汽清洗机，它具有吸尘和蒸汽清洗两种功能，4S 店一般都会采用这种蒸汽清洗设备。

JNX-4 蒸汽清洗机的清洗口同时安装了蒸汽喷口和吸尘口，此设备在喷出蒸汽并清洗的同时，吸尘口会将清洗后的脏物吸走。它不仅可用于车辆内部的清理、杀菌，还可用于车辆外部的清理，其使用步骤如下。

（1）接通蒸汽清洗机电源。

（2）连接水源和蒸汽清洗机的进水阀。

（3）将喷枪装在蒸汽清洗机上，确认蒸汽清洗机底部的排水阀已关闭。

（4）启动电源，打开进水阀注水，待水满灯亮后关闭进水阀。

（5）打开蒸汽清洗机的开关，该设备开始加热升温，约 60 s 后，开始提供蒸汽。

（6）将喷枪口对准待清理部位进行清理、杀菌，如图 5-2-3 所示。

（7）清理、杀菌完毕后，关闭开关，打开喷枪口排放剩余蒸汽。当天工作结束后，应打开底部排水阀放空水箱。

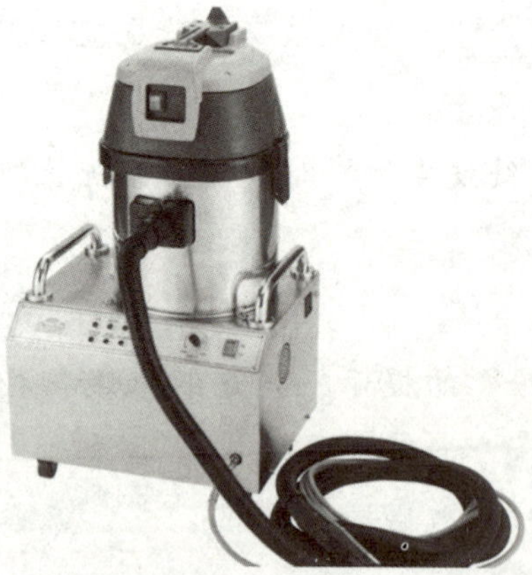

图 5-2-2　JNX-4 蒸汽清洗机

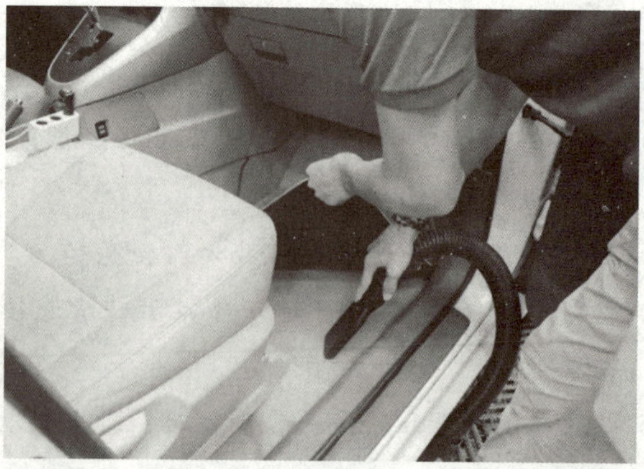

图 5-2-3　对准待清理部位进行清理、杀菌

3. 组合仪表的其他检查

（1）检查组合仪表外表面及指示功能，外表面应保持完好、洁净，指示功能应保持正常。

（2）检查组合仪表上的信号指示装置，其信号指示装置应无异常声光报警和故障提醒。

（3）检查组合仪表上显示的SOC、温度、行驶里程等值，其显示值应符合车辆维修手册的规定。

（4）检查组合仪表线束连接器的端子电压是否正常。其具体检查方法：使用绝缘测试仪（或万用表），测试组合仪表线束连接器的端子电压，并查看其电压是否符合标准，如果其数值符合标准，则说明组合仪表线束连接器的端子电压正常。

（5）检查组合仪表线束连接器的接地端子导通性是否正常。其具体检查方法：使用绝缘测试仪（或万用表），测试组合仪表线束连接器的某端子与车身接地之间的电阻，并查看其电阻是否符合标准，如果其数值符合标准，则说明其电阻正常，电阻正常即为组合仪表线束连接器的接地端子导通性正常。另外，车型不同，其端子也会有所不同。

三、电动车窗的检查

电动车窗是由车窗、升降机、电动机及开关等装置组成。电动车窗上的污渍或损伤，不仅会影响车辆的美观，还会影响驾驶员的视野，过多的脏污甚至还会影响电动车窗开关的操作，因此需要经常清理车窗。检查电动车窗（图5-2-4）的具体方法如下。

图 5-2-4　电动车窗

（1）检查电动车窗的启闭和锁止，其启闭应保持正常，其锁止应保持牢靠。

（2）检查电动车窗的升降情况是否正常，有无异响、卡滞。

（3）检查电动车窗的开关功能是否正常。

小贴士

（1）按压电动车窗开关时，如果动作不顺畅，那么大多是由于车门内部升降机里的润滑油已耗尽，此时应取下内盖添加润滑油。

（2）如果电动车窗完全不能操作，则极有可能是其开关发生了故障，此时应及时修理或更换开关。

四、电动天窗的检查

检查电动天窗（图5-2-5）的具体操作步骤如下。

图 5-2-5　电动天窗

（1）将电动天窗完全打开。

（2）用干净的软布轻擦电动天窗滑轨上的灰尘。

（3）对电动天窗的活动部分和传动轨道进行润滑。

（4）将电动天窗完全打开、关闭几次，检查其操作的可靠性，测试完毕后，用软布将其周围清理干净。

小贴士

（1）在颠簸的路上驾驶时，最好不要完全打开电动天窗，否则可能会因电动天窗和滑轨之间的振动过大而导致相关部件变形。

（2）日常使用电动天窗时，需要注意其密封圈的密封性，尤其是在风沙较大的季节，尽量每两个月用湿海绵清理一次密封圈。

（3）长久停放带电动天窗的车辆前，需要用滑石粉彻底维护电动天窗处的密封圈，以防因停放时间过长而造成密封圈老化。

（4）当用高压水枪对车辆进行清理时，切勿将高压水柱直接对准密封圈进行冲洗，因为高压水柱可能使密封圈变形而使车内进水，还有可能使密封圈损坏。

五、电动后视镜的检查

（1）检查电动后视镜（图 5-2-6）各方向的调节功能是否正常，有无异响、卡滞。

（2）检查电动后视镜调整开关的功能是否正常。

（3）检查电动后视镜表面有无损坏、是否洁净等。电动后视镜应保持完好、无损坏，且视野良好、成像清晰。

（4）检查电动后视镜的除霜、折叠功能是否正常。

（5）检查电动后视镜的视角是否良好，如果其视角有问题，则应及时调整好角度，使视野清晰。

图 5-2-6　电动后视镜

六、电动刮水器的检查

当点火开关调至“ON”挡时，打开电动刮水器各挡位开关（图 5-2-7），然后检查其工作情况。

（1）检查电动刮水器各挡位能否保持正常工作。

（2）检查电动刮水器在各挡位下的刮水效果，且不得有条纹式水痕或刮拭不彻底现象。

（3）当电动刮水器开关关闭时，检查电动刮水器是否能回归到最低位置后，再停止工作。

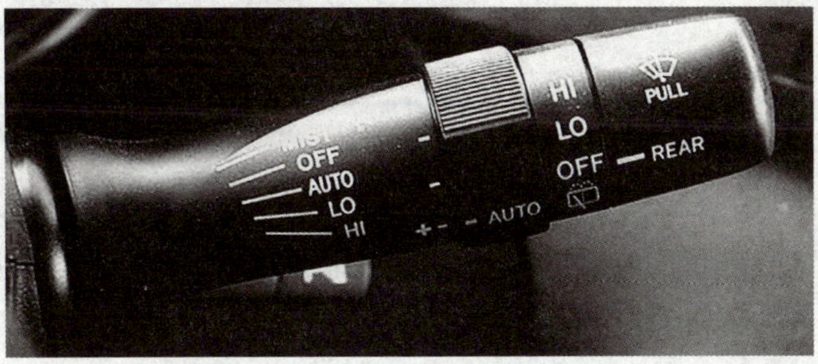

图 5-2-7　电动刮水器各挡位开关

实践操作

检查组合仪表线束连接器的端子电压和接地端子导通性

一、准备工作

（1）实训场所：理实一体化实训室。

（2）工具及车辆：绝缘测试仪（或万用表）、拆装专用工具、高压防护用具、吉利帝豪 EV450 等。

（3）辅助资料：车辆维修手册、教材等。

二、操作步骤

1. 检查组合仪表线束连接器 IP01 的端子电压

（1）操作启动开关，将电源模式调至“OFF”状态。

（2）断开组合仪表线束连接器 IP01。

（3）操作启动开关，将电源模式调至“ON”状态。

（4）测试组合仪表线束连接器 IP01 的 13、24、32 号端子与车身接地之间的电压。将电压值、车辆维修手册中的标准值及维护建议等记录在表 5-2-7 中。

2. 检查组合仪表线束连接器 IP01 的接地端子导通性

操作启动开关，将电源模式调至“OFF”状态。测试组合仪表线束连接器 IP01 的 16 号端子与车身接地之间的电阻。将电阻值、车辆维修手册中的标准值及维护建议等记录在表 5-2-7 中。

表 5-2-7　电压、电阻测试记录表

测试项目	电压值	电阻值	标准值	维护建议（修理、更换）
13 号端子与车身接地之间的电压	14.04 V	——	11 ～ 14 V	电压值不正常，需要修理或更换
24 号端子与车身接地之间的电压	14.04 V	——	11 ～ 14 V	电压值不正常，需要修理或更换
32 号端子与车身接地之间的电压	14.02 V	——	11 ～ 14 V	电压值不正常，需要修理或更换
16 号端子与车身接地之间的电阻	——	0.92	<1 Ω	电阻值正常，不需要修理或更换

任务小练

一、填空题

1．车身电气设备一般包括__________、__________及__________等。

2. 当点火开关调至“ON”挡时，驱动电机功率表表针会从__________，再从__________进行自检。

3．当电量小于__________时，充电提示灯会亮起；当电量低于__________时，会显示“请尽快充电”的提示。

4．电动车窗是由__________、__________、__________及开关等装置组成。

二、简答题

1．电动后视镜应如何进行检查？

2．电动刮水器应如何进行检查？

任务 5.3　车辆灯光系统维护与保养

任务引入

新能源汽车不仅需要在日间行驶作业，在夜间也需要行驶，为了夜间行驶的安全，车辆灯光系统便是不可或缺的，灯光系统是汽车夜间行驶的眼睛，我们应该如何维护和保养这双“眼睛”呢？

本任务主要介绍新能源汽车灯光系统的种类、功能等基础知识，其知识与技能要求如表5-3-1 所示。

表 5-3-1　知识与技能要求

任务内容	新能源汽车灯光系统维护与保养认知	学习程度		
		识记	理解	应用
学习任务	汽车灯光系统的功能与种类		●	
	汽车灯光系统的照明系统	●		
	汽车灯光系统的信号系统		●	
	纯电动汽车灯光系统的工作原理		●	
实训任务	雾灯不亮故障检修			●
自我勉励				

任务工单

1. 任务目的

（1）熟悉汽车灯光系统的功能与种类。

（2）了解汽车的照明系统和信号系统。

（3）熟悉新能源汽车灯光系统的工作原理。

2. 寻找伙伴

以 3 ～ 5 人为一组，选出组长并进行任务分工，将小组成员及分工情况填入表 5-3-2 中。

表 5-3-2　小组成员及分工情况

班级：　　　　　　　　　　组号：　　　　　　　　　　指导教师：

小组成员	姓名	学号	任务分工
组长			
组员			

3. 制订计划

（1）查阅相关资料，制订工作计划，并将其填入表 5-3-3 中。

表 5-3-3　工作计划

序号	工作内容	负责人

（2）将操作过程中所需的工具和耗材等填入表 5-3-4 中。

表 5-3-4　操作过程中所需的工具和耗材等清单

序号	名称	型号与规格	单位	数量	备注

4. 进行决策

（1）小组成员针对各自的工作计划展开讨论，并选出最佳工作计划。

（2）指导教师根据各小组提交的工作计划给出评价。

（3）各小组成员根据指导教师的评价对工作计划进行调整，调整合格后的工作计划即为最终实施方案。

5. 工作实施

根据最终实施方案，认识新能源汽车维护的主要作业项目及其位置。按实际操作过程，将实施内容、遇到的问题及解决办法等记录于表 5-3-5 中。

表 5-3-5 工作实施过程记录表

序号	实施内容	遇到的问题及解决办法	结果

6. 考核评价

各组展示任务完成情况，并完成如表 5-3-6 所示的考核评价表。

表 5-3-6 考核评价表

项目名称	评价内容	满分 / 分	评分 / 分		
			自评	互评	师评
职业素养考核项目 40%	穿戴规范、整洁	6			
	安全意识、责任意识及服从意识强	6			
	积极参加教学活动，按时完成任务工单	10			
	团队合作、沟通交流能力强	6			
	劳动纪律良好	6			
	维护场地、设备及工具等干净整洁	6			
专业能力考核项目 60%	专业知识查找及时、准确	12			
	操作符合规范	18			
	操作熟练，工作效率高	12			
	任务完成度高	18			
合计		100			
总评	自评（20%）+ 互评（20%）+ 师评（60%）=	综合等级	指导教师（签名）：		

相关知识

一、汽车灯光系统的功能与种类

为了保证汽车行驶的安全性，减少交通事故和机械事故的发生，汽车上都装有灯光系统。我国交通法规定，在车辆的使用过程中要求各灯光装置齐全、完好、功能有效。新能源汽车的灯光系统包括照明系统和信号系统。

照明系统是汽车夜间行驶必不可少的照明设备，主要用于夜间行车照明、车内照明、仪表照明及检修照明。纯电动汽车的照明系统根据安装位置和用途不同，一般可分为外部照明装置和内部照明装置，如表 5–3–7 所示。

表 5–3–7　汽车照明灯的种类、特点及用途

种类	外部照明装置			内部照明装置		
	前照灯	雾灯	牌照灯	顶灯	仪表灯	行李舱灯
工作时的特点	白色常亮，远近光变化	黄色或白色单丝常亮	白色常亮	白色常亮	白色常亮	白色常亮
用途	为驾驶员安全行车提供保障	雨雪雾天保证有效照明及提供信号	用于照亮汽车尾部牌照	用于夜间车内照明	用于夜间观察仪表时的照明	用于夜间拿取行李物品时的照明

照明系统及其控制装置常见的安装位置如图 5–3–1 所示。

图 5–3–1　汽车外主要灯光及安装位置

汽车上除照明灯外，还有用以指示其他车辆或行人的灯光信号标志，这些装置组成了灯光信号系统。

灯光信号系统的灯光装置也分为外信号灯和内信号灯，外信号灯指转向指示灯、制动灯、尾灯、示宽灯、倒车灯；内信号灯泛指仪表板的指示灯，主要有转向、机油压力、充电、制动、关门提示等仪表指示灯。

各种信号灯的特点及用途如表 5–3–8 所示。

表 5–3–8　信号灯的种类、特点及用途

种类	外信号灯					内信号灯	
	转向灯	示宽灯	驻车灯	制动灯	倒车灯	转向指示灯	其他指示灯
工作时的特点	琥珀色交替闪亮	白色或黄色常亮	白色或红色常亮	红色常亮	白色常亮	白色闪亮	白色或黄色常亮
用途	告知行人或其他车辆将转弯	标志汽车宽度轮廓	标明汽车已经停驶	表示已减速或将停车	告知行人或其他车辆将倒车	提示驾驶员车辆的行驶方向	提示驾驶员车辆的状况

二、汽车灯光系统的照明系统

（一）前照灯

前照灯主要用于夜间行车时道路照明，灯光为白色。为了确保夜间行车的安全，前照灯应保证车前有明亮而均匀的照明，使驾驶员能够看清楚车前 100 m（或更远）内道路上的任何障碍物。前

照灯应具有防眩目的装置，以免夜间会车时，使对方驾驶员目眩而发生事故。前照灯包括远光灯和近光灯两个灯丝，远光灯用于保证车前道路 100 m 以上明亮均匀的照明，功率一般为 50 ～ 60 W；近光灯在会车时和市区内使用，避免迎面来车驾驶员眩目，又保证车前 50 m 内的路面照明，功率一般为 30 ～ 55 W。前照灯有两灯制和四灯制两种配置方法。

1. 汽车前照灯的结构

汽车前照灯光学系统一般由光源（灯泡）、反射镜、配光镜（散光镜）三部分组成。

（1）灯泡

目前汽车前照灯所用的灯泡有卤素灯、氙气灯和 LED 灯。

① 卤素灯。在充入灯泡的惰性气体中加入了一定量的卤族元素（如氟、溴、碘），这种灯泡称为卤素灯泡，如图 5-3-2 所示。在相同功率下，卤素灯泡的亮度为白炽灯的 1.5 倍，寿命长 2 ～ 3 倍。原因是从灯丝上蒸发出来的气态钨与卤族元素反应生成了一种挥发性的卤化钨，在扩散到灯丝附近的高温区域后又受热分解，使钨重新回到灯丝上，这种卤钨再生循环反应有效地防止了钨的蒸发和灯泡黑化的现象。

由于卤素灯泡体积小、耐高温、发光强度高、使用寿命长，故而得到广泛的应用。

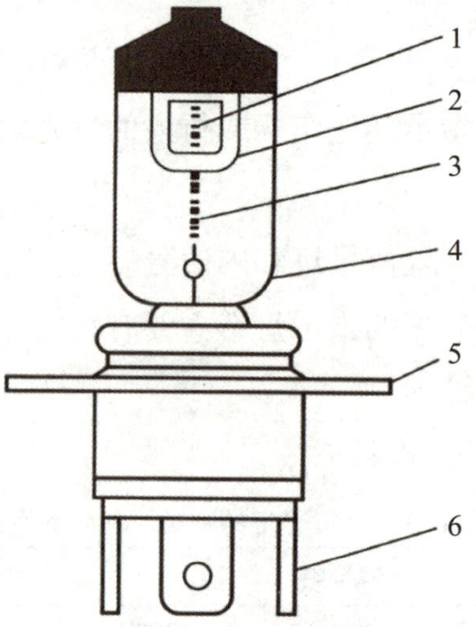

1—近光灯丝；2—远光灯丝；3—定焦盘；4—配光屏；5—凸缘；6—插片。

图 5-3-2　前照灯的卤素灯泡

② 氙气灯。氙气灯（high intensity discharge，HID），它的最大特点就是安全性，如图 5-3-3 所示。这主要是因为 HID 灯带来的多重光束比卤素灯更远、更宽、强度更大，近光设置更有效。在黑夜里，特别是车辆行驶在郊区，氙气灯能大幅提高车前方的照明强度，照亮路边的标志，对行车安全的重要性是毋庸置疑的。而且，同样瓦数的 HID 灯的亮度大约是卤素灯的 2 ～ 3 倍。在能量的使用方面，一般车辆上卤素前照灯每小时需要耗电 60 W 左右，而一些 HID 前照灯在安定器的稳定运作下，平均只需要 35 W，大大低于卤素灯。HID 灯可明显减轻车辆电力系统的负担，达到节能的要求。氙气灯是利用电流刺激气体发光，基本上不会产生过高的温度，因此只要其中氙气没用完就可以正常发光，不易损坏。

根据研究显示，就算品质再高的卤素灯泡，寿命最多也就是 400 h，而一般的 HID 灯，寿命最少也有 3 000 h。HID 灯不易损坏而且寿命长，满足了对汽车照明节能的要求。

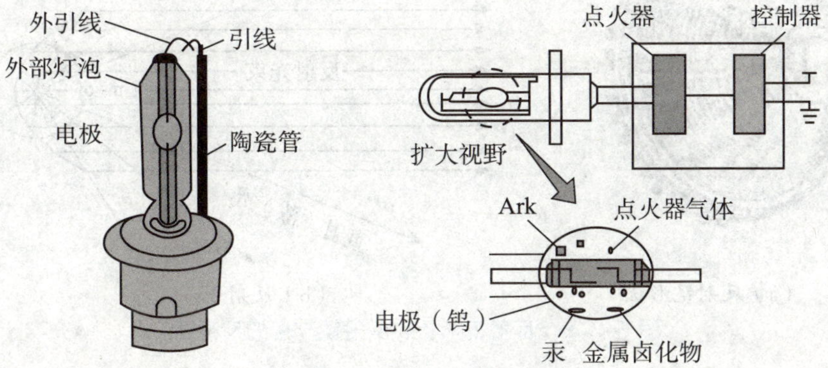

图 5-3-3　氙气灯的基本结构

③ LED 灯。LED 灯是一种利用电子发光原理制成的半导体器件，它可直接将电能转化为可见光（图 5-3-4），具有发光效率高、寿命长、耗电少、体积小等特点，被称为“汽车绿色照明光源”。从制造工艺上讲，生产 LED 光源所使用的材料不含重金属，与其他光源相比发光效率可以提高 20% 以上。

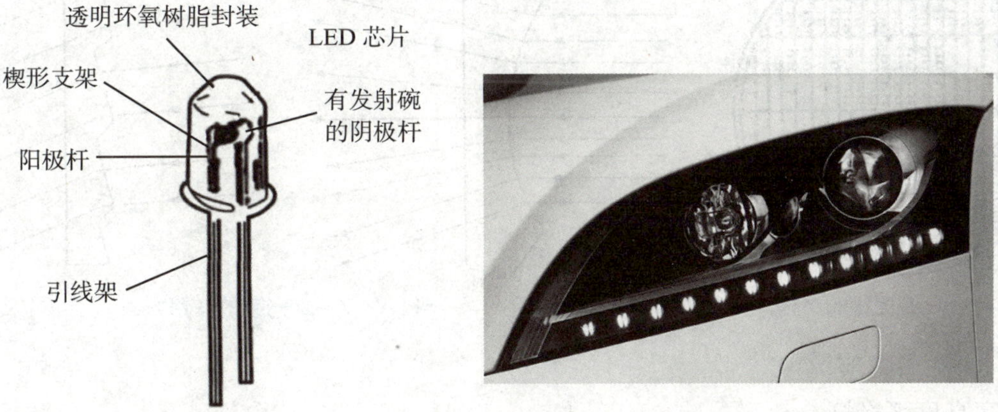

图 5-3-4　LED 灯的基本结构

LED 灯的寿命很长，平均无故障工作时间为 100 000 h，并且 LED 灯属于实心封装的固体光源，其抗振动性也是其他光源无法比拟的。从这些优势来看，LED 灯无疑是节能环保的首选，正是由于具备以上优点，LED 灯在汽车照明中得到了广泛应用。奥迪研发的一种 LED 远光灯能让驾驶员在夜间行车时，不会因为灯光过亮而使迎面而来的车辆驾驶员眩目造成暂时爆盲。

（2）反射镜

反射镜的作用是将灯泡的散射（直射）光反射成平行光束，使光度大大增强，可增强几百倍乃至上千倍，以保证汽车前方 150 ～ 400 m 范围内足够的照明。未使用反射镜的灯泡只能照亮前方 6 m 左右，使用反射镜后可照亮前方 150 m。

反射镜的表面形状呈旋转抛物面，如图 5-3-5 所示。其一般由 0.6 ～ 0.8 mm 的薄钢板冲压而成或由玻璃、塑料制成，其内表面镀银、铝或铬，然后抛光处理。由于镀铝的机械强度大，反射系数高，目前反射镜内面采用真空镀铝的较多。

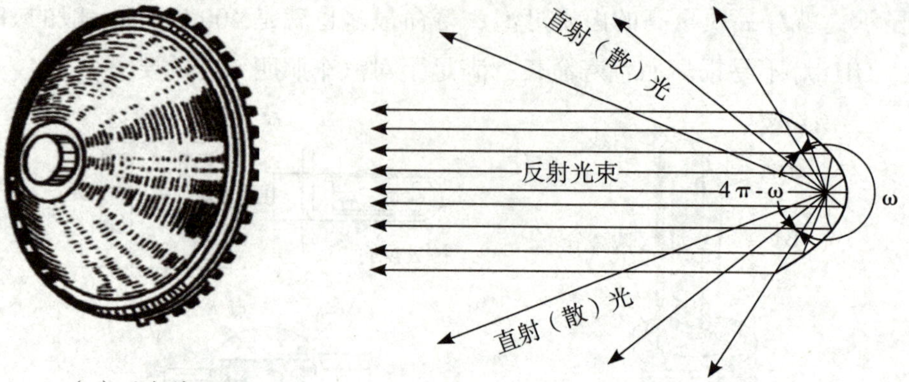

（a）反射镜形状　　（b）反射图

图 5–3–5　反射镜形状和反射镜产生的反射图

（3）配光镜

配光镜又称散光玻璃，由透光玻璃压制而成，是多块特殊棱镜和透镜的组合，外形一般为圆形和矩形，如图 5–3–6 所示。配光镜的作用是将反射镜反射出的平行光束进行折射，使车前的路面有良好而均匀的照明，如图 5–3–7 所示。

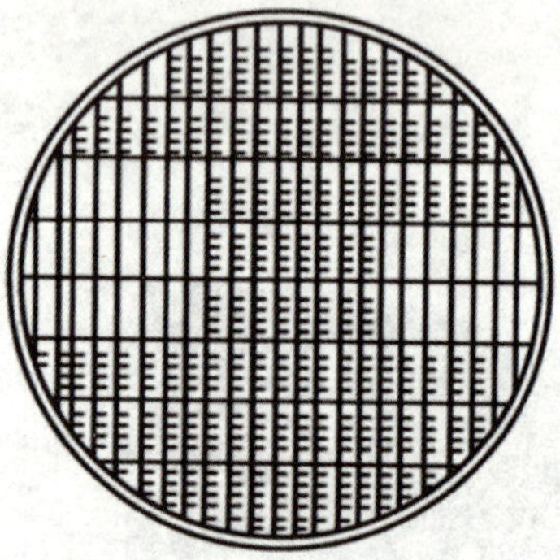

图 5–3–6　配光镜的结构

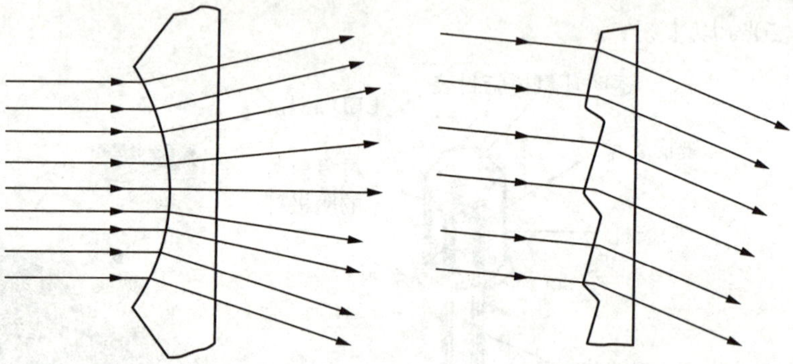

图 5–3–7　配光镜的作用效果

2. 其他形式的前照灯

（1）高亮度弧光灯

高亮度弧光灯的灯泡里没有灯丝，如图 5–3–8 所示，结构由弧光灯组件、电子控制器和升压器三大部分组成。在石英管内装有两个电极，管内充有氙气及微量金属（或金属卤化物），在电极上加 5 000 ~ 12 000 V 电压后，气体开始电离而导电，由气体原子激发到电极间少量汞蒸气弧光放电，灯泡的光色和荧光灯相似，具有启动快、寿命长、节能等特点。

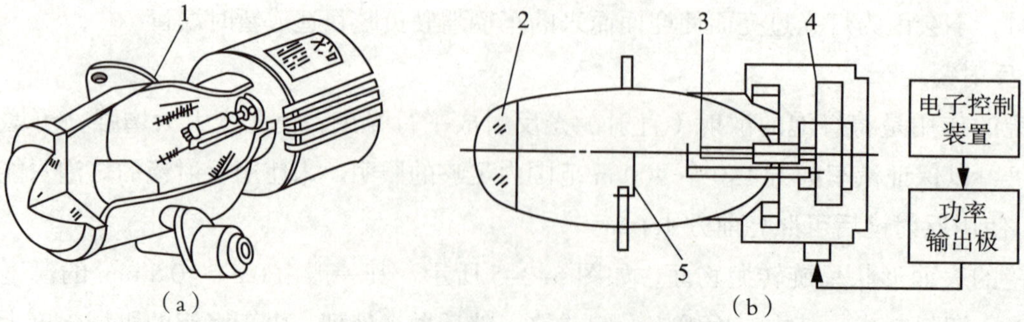

（a）　　（b）

1—总成；2—透镜；3—弧光灯；4—引燃及稳弧部件；5—遮光板。

图 5–3–8　高亮度弧光灯

（2）投射式前照灯

投射式前照灯外形特点是装用很厚的无刻纹的凸形散光镜，反射镜是椭圆形的，外径很小，结构如图 5-3-9 所示。反射镜有两个焦点，第一焦点处放置灯泡；第二焦点在灯光中形成。凸形散光镜的焦点与第二焦点重合，来自灯泡的光利用反射镜聚成第二焦点，再通过散光镜将聚集的光投射到前方，投射式前照灯采用的光源为卤素灯泡。在第二焦点附近设有遮光板，可遮挡上半部分光，形成明暗分明的配光。由于它的这种配光特性可适用于前照灯的近 / 远光灯，也可用作雾灯。

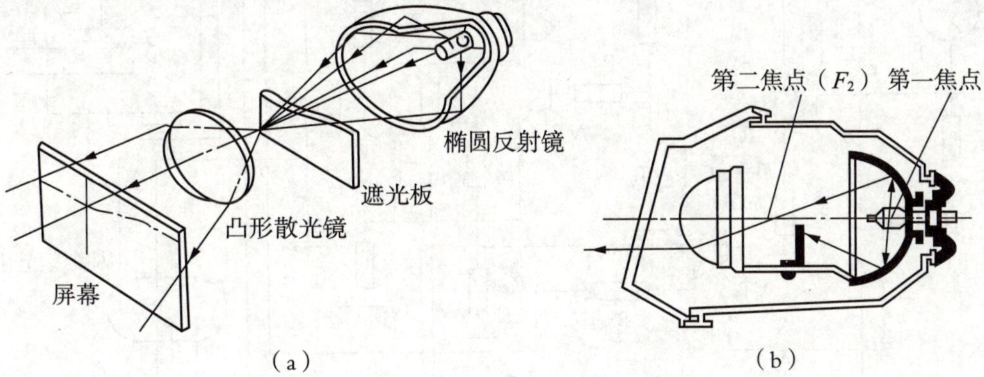

图 5-3-9 投射式前照灯

3. 汽车前照灯及控制电路分析

前照灯是汽车夜间行驶必不可少的照明设备，为了提高汽车夜间行驶的速度，确保行车安全，不少汽车上采用了前照灯电子控制装置，对前照灯进行自动控制。

常用的控制装置有前照灯自动变光器、前照灯状态控制装置、前照灯昏暗自动发光器、前照灯关闭自动延时器等。

（1）前照灯的控制电路

前照灯随车型不同，控制方式也有差异。当灯的功率较小时，灯的电流直接受灯光总开关控制，如图 5-3-10 所示。当灯的数量多、功率大时，为减少开关热负荷，减少线路压降，采用继电器控制，同时分路熔断器的个数也增加。因车型不同，继电器控制线路也有控制相线式和控制搭铁线式之分，如图 5-3-10 所示。

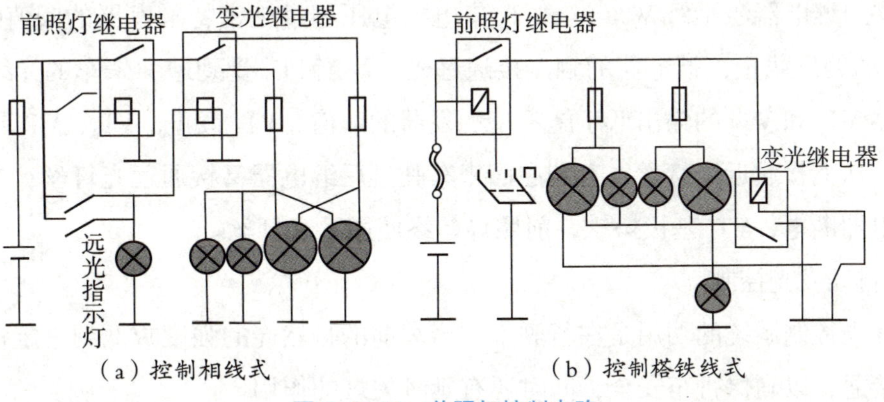

图 5-3-10 前照灯控制电路

（2）前照灯自动变光电路

在夜间行驶时，为了防止迎面来车驾驶员眩目，驾驶员必须频繁使用变光开关，这样会分散驾驶员的注意力，影响行车安全。前照灯自动变光装置可以根据迎面来车的灯光强度调节前照灯的远光或近光，图 5-3-11 为前照灯自动变光电路原理图。

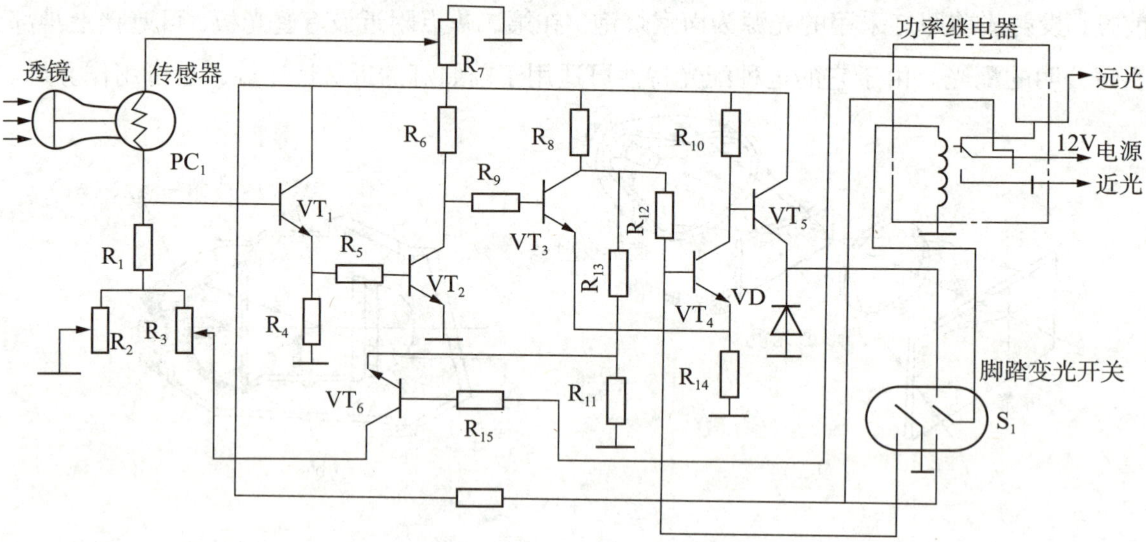

图 5-3-11　前照灯自动变光电路原理图

当迎面来车的前照灯光线照射到传感器时，通过透镜将光线聚焦到光敏元件上，通过放大器输出信号触发功率继电器，继电器将前照灯自动从远光变为近光。当迎面来车驶过后，传感器不再有灯光照射，于是放大器不再向功率继电器输送信号，继电器触点又恢复到远光照明。

光敏电阻 PC_1 用来传感光照情况，其电阻值与灯光强度成反比。在受到光线照射前，其电阻值较高，但受光照后，其电阻值迅速下降，PC_1 和 R_1、R_2、R_3、R_7 以及 VT_6 组成 VT_1 的偏压电路。当远光接通时，VT_6 导通，PC_1 受到光照作用，电阻减小到一定值时，VT_1 基极上偏压刚好能产生光束转换，即从远光变为近光。近光接通后，VT_6 截止，这时偏压电路中只有 R_7、PC_1、R_1 和 R_2，因而灵敏度增加，当迎面来车驶过后，PC_1 电阻增大，VT_1 截止，前照灯立即由近光变为远光。

射极输出器 VT_1 的输出，由 VT_2 放大并反相，VT_2 的输出加在施密特触发器 VT_3 和 VT_4 上，VT_4 的集电极控制继电器激励级 VT_5。当 VT_2 集电极电压超过施密特触发器的阈值时，VT_3 导通，VT_4 截止，VT_5 加偏压截止，继电器的触点接通远光灯。当 PC_1 受到迎面来车的光线照射时，其电阻下降，放大器 VT_1 和 VT_2 的输出低于施密特触发器的阈值，VT_3 截止，VT_4、VT_5 导通，继电器线圈有电流通过，从而接通近光灯丝，直到迎面来车驶过后继电器又接通远光灯丝。当脚踏变光开关 S_1 踏下时，继电器断电，VT_4 基极搭铁，前照灯始终使用远光灯丝。

（3）昏暗自动发光控制

昏暗自动发光控制系统的功用是在行驶中，当车前的自然光的强度减低到一定程度时，自动将前照灯的电路接通，以确保行车安全，同时还有延时关灯的作用。

（4）前照灯关闭自动延时控制装置

前照灯关闭自动延时控制装置的主要功能是当汽车夜间停入车库后，为驾驶员下车离开车库提供一段时间的照明，以免驾驶员摸黑走出车库时造成事故。图 5-3-13 为美国德克萨斯仪表公司采用的前照灯关闭自动延时控制电路。

当汽车停驶切断点火开关时，晶体管 VT_1 处于截止状态，此时电容器 C_1 立即经 R_3、R_4 开始充电，当 C_1 上的电压达到单结晶体管 VT_2 的导通电压时，C_1 则通过其发射极、基极和电阻 R_7 放电，于是在 R_7 上产生一个电压脉冲，使晶体管 VT_3 瞬时导通，消除加于晶闸管 VT 上的正向电压，使 VT 关断。随后，VT_3 很快恢复截止，VT 还来不及导通，前照灯继电器 K 失电而使其触点 K' 打开（图 5-3-12 所示位置），将前照灯电路切断，实现自动延时关灯的功能。

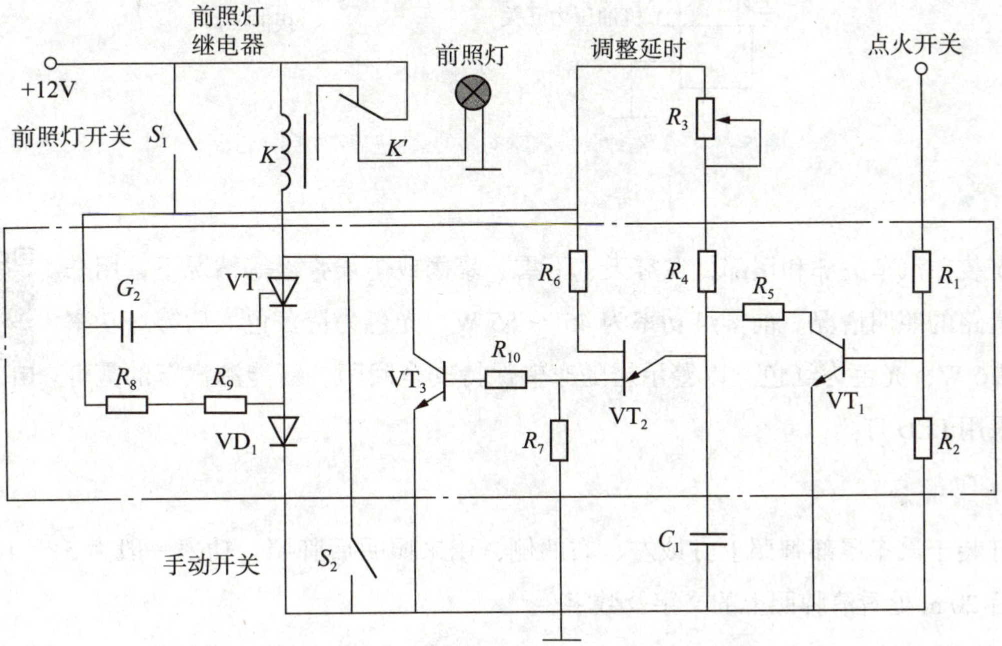

图 5-3-12 美国德克萨斯仪表公司采用的前照灯关闭自动延时控制电路

发动机熄火后，机油压力开关触点处于闭合状态，驾驶员在离开汽车驾驶室以前，按下仪表板上的前照灯延时按钮，电源就对电容 C_1 充电。电容充电过程中，晶体管 VT 基极的电位升高，使晶体管导通，延时控制继电器线圈通电而使其触点闭合，接通了前照灯电路。松开前照灯延时开关后，由电容的放电维持晶体管的导通，前照灯保持通电照明，一直到电容电压下降至不能维持晶体管导通时，晶体管截止，继电器断电，前照灯熄灭。调整前照灯延时电路中的电容、电阻参数，就可改变前照灯延时关闭的时间。

图 5-3-13 为晶体管控制继电器的前照灯延时控制电路。

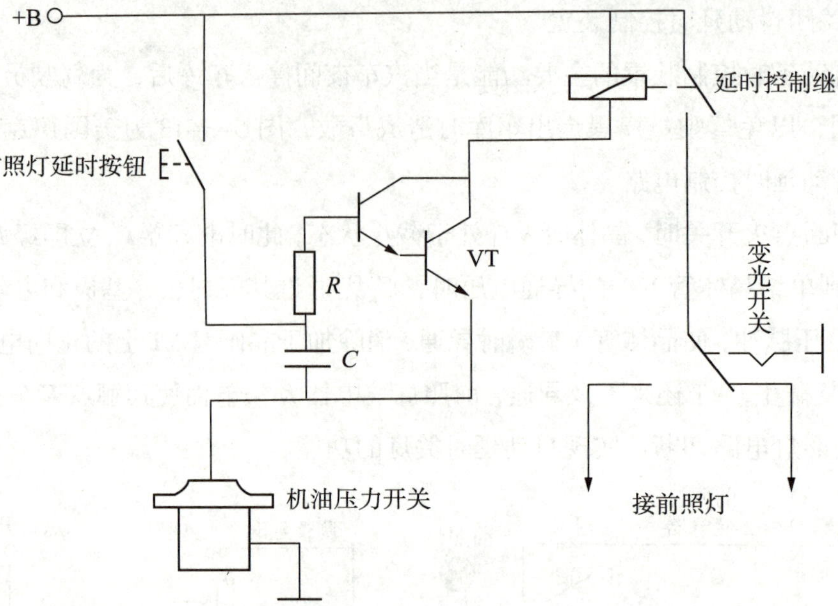

图 5-3-13　晶体管控制继电器的前照灯延时控制电路

（二）雾灯

雾灯安装在汽车头部和尾部，在雾天、下雪、暴雨或尘埃弥漫等情况下，用来改善车前道路的照明情况。前雾灯功率为 45 ～ 55 W，光色为橙黄色。后雾灯功率为 21 W 或 6 W，光色为红色，以警示尾随车辆保持安全间距。新能源汽车的雾灯光源一般采用 LED 灯。

雾灯

（三）牌照灯

牌照灯装于汽车尾部牌照上方或左、右两侧，用来照明后牌照，功率一般为 5 ～ 10 W，确保行人在车后 20 m 处看清牌照上的文字及数字。

（四）顶灯

轿车顶灯除用作车内照明（有的用作阅读灯）外，还可兼有监视车门是否可靠关闭的作用。在监视车门状态下，只要还有车门未可靠关紧，顶灯就发光。新能源汽车的顶灯光源一般用 LED 灯。

（五）阅读灯

阅读灯装于乘客席前部或顶部，聚光时乘客看书不会给驾驶员产生眩目现象，照明范围较小，有的还有光轴方向调节机构。新能源汽车的阅读灯光源一般也用 LED 灯，如吉利帝豪 EV450 的阅读灯与顶灯合成在一起，设有室内前顶灯总成（左侧阅读灯、右侧阅读灯）、中顶灯总成（左侧阅读灯、右侧阅读灯、门控灯），全是 LED 灯。

（六）行李舱灯

行李舱灯装于轿车或客车行李舱内，当开启行李舱盖时，灯自动发亮，照亮行李舱内空间，其功率为 5 W。

（七）门灯

门灯装于轿车外张式车门内侧底部，开启车门时，门灯发光，以警示后方行人、车辆注意避让，其功率为 5 W，光色为红色。

三、汽车灯光系统的信号系统

信号系统主要用于向他人或其他车辆发出警告和示意的信号，其主要的信号设备有转向信号灯、制动信号灯、危险警告信号灯及示宽灯、驻车灯等。

（一）汽车转向灯及闪光器

转向信号灯是用来指示车辆的行驶方向的，便于交通指挥，汽车上都有，简称转向灯。转向信号灯由转向开关控制。在汽车起步、超车、掉头和停车时，左侧或右侧的转向信号灯会发出明暗交替的闪光信号，以示汽车改变行驶方向。汽车的转向信号灯大都采用橙色，转向信号灯的闪光频率规定为 60 ～ 120 次 /min 范围内，一般为 70 ～ 95 次 /min。转向信号灯每侧至少两个，包括前、后转向信号灯，有的还有侧转向信号灯。

转向信号灯电路主要由转向信号灯、闪光器、转向灯开关等组成。转向信号灯的闪烁是由闪光器控制的。许多汽车转向信号灯和示宽灯装在一起，采用双灯丝结构。功率高的是转向信号灯，以保证在示宽灯亮时，转向信号灯的闪烁仍然可以明显分辨。

常见闪光器有三类：翼片式、电容式和晶体管式，如图 5-3-14 所示。

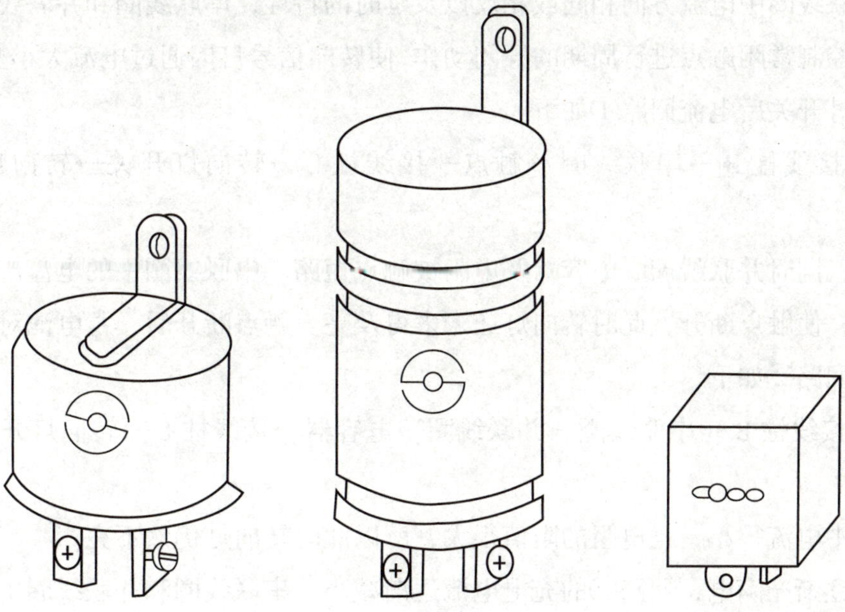

（a）翼片式　（b）电容式　（c）晶体管式

图 5-3-14　常见闪光器

1. 电容式闪光器

电容式闪光器主要由继电器和电容组成，其基本结构如图 5-3-15 所示。

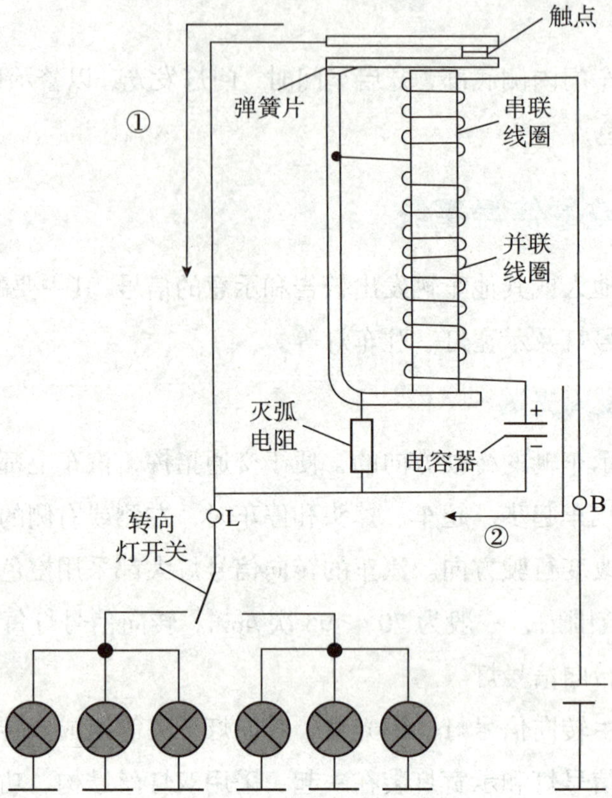

图 5-3-15 电容式闪光器

电容式闪光器的工作原理是，在继电器的铁芯上绕有串联线圈和并联线圈，利用电容器充放电时串联线圈和并联线圈中电流方向相同或相反以及延时的特性，串联线圈和并联线圈所产生的电磁力的大小和方向控制常闭触点进行周期的开闭动作，使转向信号灯因通过电流大小交替变化而闪烁。

当接通转向灯开关后电流回路①如下。

蓄电池 + →接线柱 B →串联线圈→触点→接线柱 L →转向灯开关→转向灯（左或右）→搭铁。

形成回路①，同时并联线圈、电容器及电阻被触点短路。串联线圈中的电流产生的电磁力将克服触点的弹簧力，使触点断开，此时转向灯还未来得及亮。触点断开后，蓄电池对电容器充电。

电容器充电回路②如下。

蓄电池 + →接线柱 B →串联线圈→并联线圈→电容器→接线柱 L →转向灯开关→转向灯（左或右）→搭铁。

该充电回路中电流很小，且电阻的阻值很大，所以此时转向灯仍然不亮。

随着电容器逐渐充满电，回路②的充电电流逐渐减小，串联线圈和并联线圈中的电流产生的电磁力不足以克服弹簧的弹力，触点闭合。回路①接通，转向灯亮，同时电容器通过并联线圈和电阻构成放电回路。由于电容器的放电电流在并联线圈中的电流方向和串联线圈中的电流方向相反，此时电磁力合力不足以将活动触点吸下，触点保持闭合，转向灯继续亮着，随着电容器的放电电流逐渐减小，并联线圈中的电磁力也逐渐减小，电磁力合力逐渐增大，最终克服弹簧弹力，将触点断开，转向灯熄灭。如此进行周期反复，转向灯出现闪烁现象。

2. 翼片式闪光器

翼片式闪光器是利用电流的热效应，通过其热胀导通、冷缩断开，使翼片产生变形动作，控制触点开闭，使转向信号灯闪烁。其特点是结构简单、体积小、闪光频率稳定、监控作用明显、工作时伴有响声。翼片式闪光器又分为直热式和旁热式两种。

（1）直热式

直热式闪光器的基本机构如图 5-3-16 所示。其工作原理是在汽车转向时，接通转向灯开关，电流回路如下。

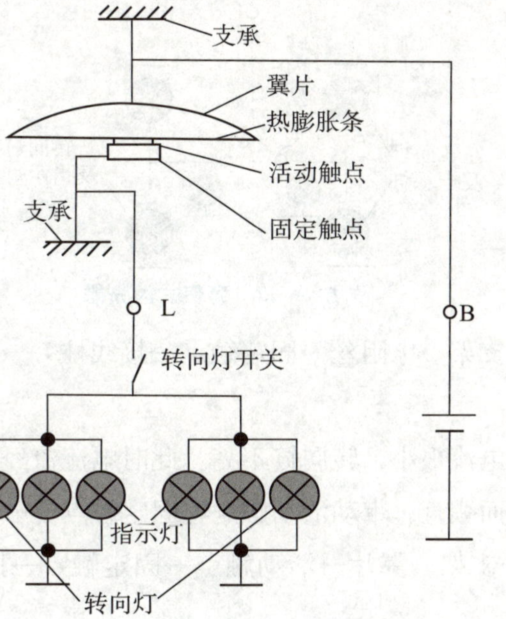

图 5-3-16　直热式闪光器

蓄电池 + →接线柱 B →翼片→热膨胀条→活动触点→固定触点→接线柱 L →转向灯开关→转向信号灯和指示灯→搭铁。

形成回路，转向信号灯立即发光。这时热膨胀条因通过电流而发热，膨胀伸长，翼片由自身的弹力而绷直，带动活动触点向上移动，使活动触点与固定触点分开，切断电流，于是转向信号灯熄灭。

（2）旁热式

旁热翼片式闪光器的基本结构如图 5-3-17 所示。其工作原理是电阻丝一端与热膨胀条相连，另一端与固定触点相连，汽车转向时，接通转向灯开关，电流回路如下。

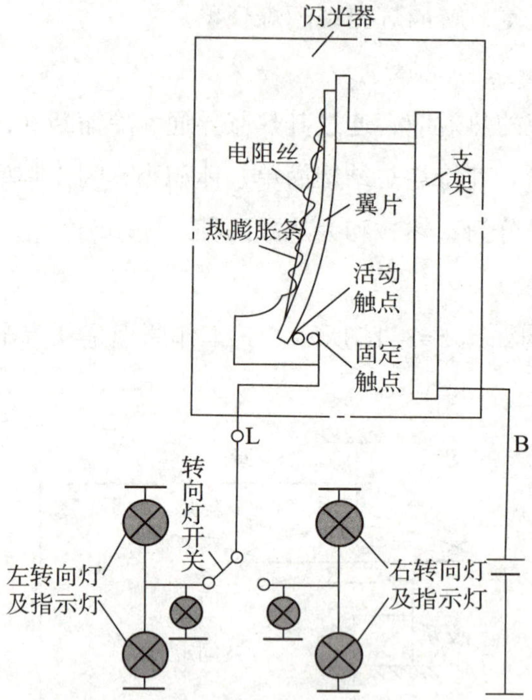

图 5-3-17　旁热式闪光器

蓄电池 + →接线柱 B →支架→电阻丝→固定触点→接线柱 L →转向灯开关→转向灯和指示灯→搭铁。

由于电阻丝阻值较大，电流很小，转向灯不亮。此时电流流经电阻丝产生热量，使热膨胀条膨胀伸长，翼片由自身的弹力而绷直，带动活动触点与固定触点接触闭合，形成回路如下。

蓄电池 + →接线柱 B →支架→翼片→活动触点→固定触点→接线柱 L →转向灯开关→转向灯和指示灯→搭铁。

回路电流增大，转向灯亮。同时电阻丝被翼片短路，电阻丝温度下降，使翼片变成弓形，带动活动触点与固定触点分离，电阻丝再次串入电路，如此反复变化使转向灯产生了闪烁信号。

3. 晶体管式闪光器

晶体管式闪光器具有性能稳定、可靠等优点，该类型闪光器又分为有触点式和无触点式。

（1）有触点式晶体管闪光器（带继电器）

带继电器晶体管闪光器的基本结构如图 5-3-18 所示，由一个晶体管开关电路和一个继电器组成。其工作原理是，图 5-3-18 中 K 为常闭触点，当磁化线圈 K 通电后，常闭触点 K 受电磁力作用断开，当接通转向灯开关，电流回路如下。

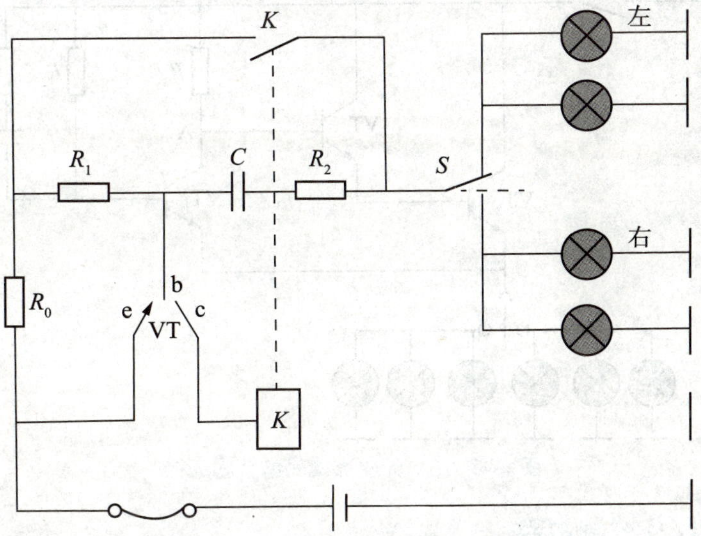

图 5-3-18　带继电器的晶体管闪光器

蓄电池 + → R_0 → 常闭触点 K → 转向灯开关 S → 左转向灯（或右转向灯）→ 搭铁。

转向灯亮，此时电流流经 R_0 电阻时产生的压降，为晶体管 VT 提供了导通电压，VT 导通，集电极电流 I_c 流经磁化线圈 K，使常闭触点 K 断开，转向灯灭。I_c 流经磁化线圈 K 的同时，基极电流 I_b 为电容器 C 提供充电电流。充电回路如下。

蓄电池 + → 晶体管集电极 e → 晶体管基极 b → 电容器 C → 转向灯开关 S → 左转向灯（或右转向灯）→ 搭铁。

随着电容器逐渐充满电，充电电流 I_b 逐渐减小，I_c 也逐渐减小，最终磁化线圈 K 中的电流产生的电磁力不足以吸下触点，常闭触点 K 闭合，转向灯再次点亮。同时 R_1、R_2、C、K 构成电容器的放电回路。

随着放电电流的逐渐减小，VT 再次导通，继电器控制常闭触点 K 不断地打开闭合，转向灯不停地闪烁。

（2）无触点式晶体管闪光器

无触点式晶体管闪光器的基本结构如图 5-3-19 所示。其工作原理是，当接通转向灯开关后，电阻 R_2 及 R_1 与 C 串联的这两条电路为 VT_1 提供了正向压降，VT_1 导通，VT_2 和 VT_3 截止，此时转向灯不亮。随着电容 C 逐渐充满电，充电电流逐渐减小，VT_1 由导通变为截止，A 点电位升高，达到 VT_2 正向偏压时，VT_2 导通，VT_3 也随之导通，转向灯亮。同时，电容器经 R_2 和 R_1 构成的回路放电，之后电容器再次充电，VT_1 再次导通，如此循环往复，转向灯达到闪烁的效果。

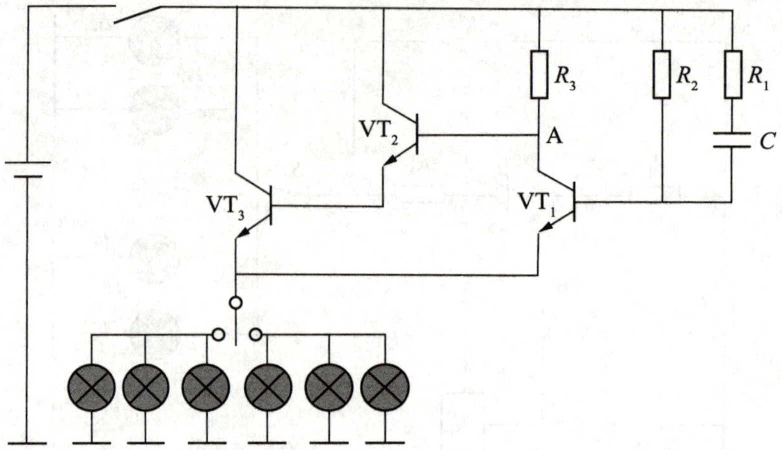

图 5-3-19　无触点式晶体管闪光器

（二）汽车倒车灯及控制电路

倒车灯安装在汽车尾部，当变速器挂倒挡时点亮，照明车后侧，同时警示后方车辆、行人注意安全。其功率一般为 20 ～ 25 W，光色为白色。倒车信号装置包括倒车灯和倒车报警器。

当汽车倒车时，为了警示车后的行人和其他车辆注意避让，在汽车的后部装有倒车灯和倒车蜂鸣器（或倒车语音报警器），它们均由装在变速器上的倒档开关控制，如图 5-3-20 所示。

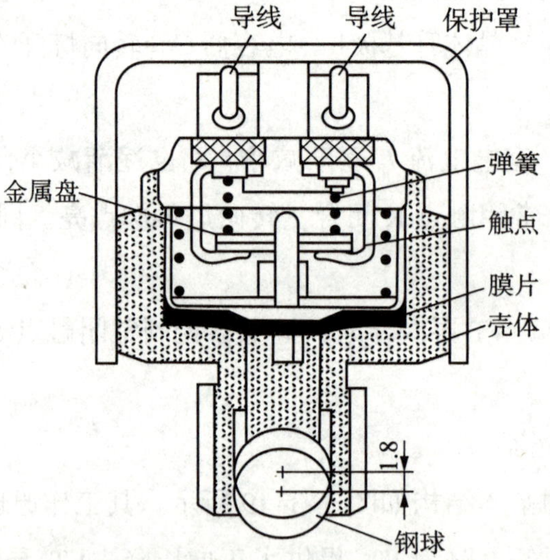

图 5-3-20　倒档开关

当变速杆挂入倒挡时，在拨叉轴的作用下，倒挡开关接通倒车报警器和倒车灯电路，从而发出声光倒车信号，如图 5-3-21 所示。

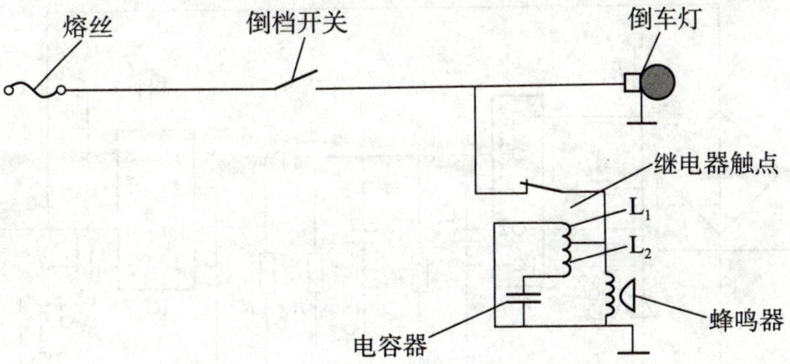

图 5-3-21　报警器电路

1. 倒车蜂鸣器

当倒档开关闭合后，一方面倒车灯亮，另一方面倒车报警器也通电（图 5-3-22）。由于继电器线圈 L_1 和 L_2 中的电流大小相等，方向相反，线圈电磁力抵消，继电器触点 4 保持闭合，所以倒车报警器蜂鸣器 5 发出声响。随着电容器 6 被 L_2 中的电流充电，两端电压逐渐升高，L_2 中的电流逐渐减小，当电流减小到一定程度时，两线圈电磁力差值就能克服触点的弹簧力吸开触点 4，使电路断开，蜂鸣器便停止发声。触点打开后电容器向两线圈放电，使触点继续断开，随着电容器的放电，其电压下降，两线圈电磁力差值变小，触点又闭合。

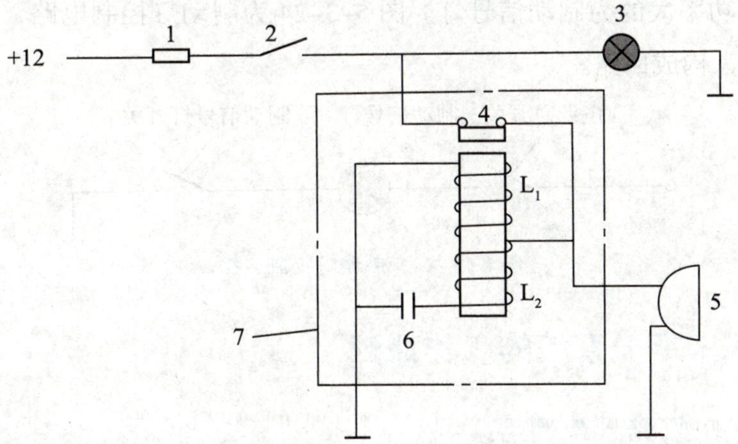

1—熔丝；2—倒挡开关；3—倒车灯；4—继电器触点；5—倒车报警蜂鸣器；6—电容器；7—倒车蜂鸣继电器；L1、L2—继电器线圈。

图 5-3-22　倒车警示信号电路

2. 倒车语音报警器

在汽车倒车时，倒车语音报警器能重复发出“请注意，倒车！”的声音，以此提醒车后行人避开车辆从而确保安全倒车。倒车语音报警器的典型电路如图 5-3-23 所示。IC_1 是储存有语音信号的集成电路，集成块 IC_2 是功率放大集成电路，稳压二极管 VD 用于稳定语音集成块 IC_1 的工作电压。为防止电源电压接反，在电源的输入端使用了由四个二极管组成的桥式整流电路，这样无论它怎样接入 12 V 电源，均可保证电子电路正常工作。

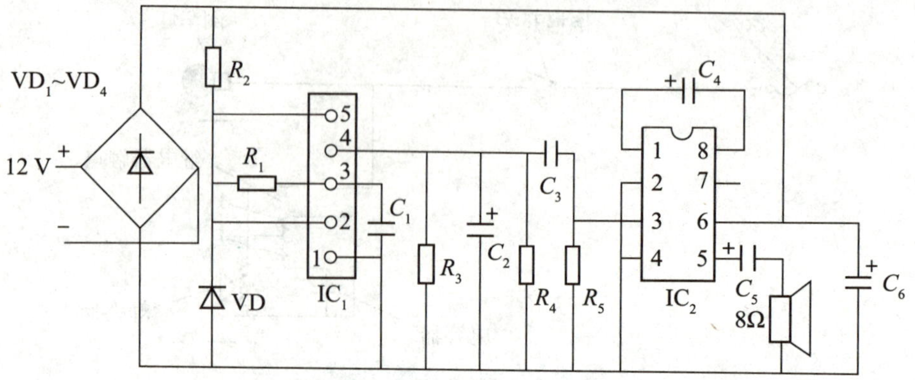

图 5-3-23　倒车语音报警器典型电路

当汽车挂入倒挡时，倒车开关接通倒车报警电路，电源便由桥式整流电路输入语音倒车报警器，语音集成电路 IC_1 的输出端便输出一定幅度的语音电压信号。此语音电压信号经 C_2、C_3、R_3、R_4、R_5 组成的阻容电路消除杂音，改善音质，并耦合到集成电路 IC_2 的输入端，经 IC_2 功率放大后，通过蜂鸣器输出，即可发出清晰的“请注意，倒车！”的声音。

（三）汽车制动灯及控制电路

制动信号灯大多与后灯合为一体，用双丝灯泡或两个单丝灯泡制成，功率小的灯泡在下部，作为车后的红光标志，功率大的为制动信号灯。图 5-3-24 为制动灯控制电路，当踩下制动踏板时，制动信号灯开关合上，构成回路。

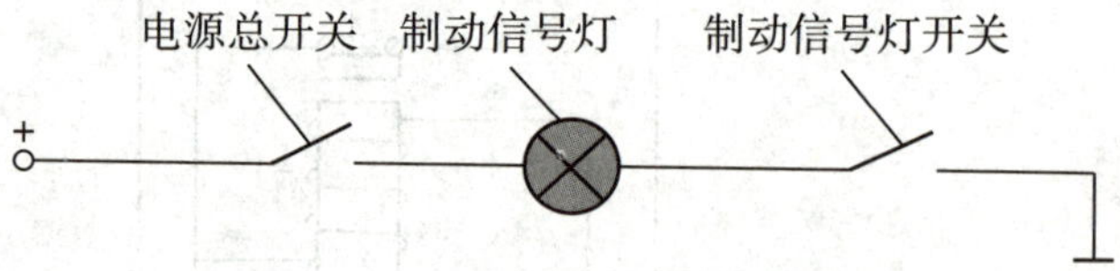

图 5-3-24　制动灯控制电路

四、纯电动汽车灯光系统的工作原理

（一）纯电动汽车灯光系统的组成

纯电动汽车吉利帝豪 EV450 灯光系统的组成，包括照明系统的前组合灯泡（近光、远光、日间行车灯）、后雾灯总成、牌照灯总成、室内前顶灯总成、室内中顶灯总成、杂物箱灯总成、行李舱灯总成等；信号系统包括前组合灯总成（转向灯、前位置灯）、后组合灯总成（制动灯、后位置灯、后转向灯、倒车灯）、高位制动灯总成等。EV450 灯光系统和组成如表 5-3-9 所示。

表 5-3-9　EV450 灯光系统的组成

部件名称	灯泡名称	灯泡型号	功率
前组合灯总成	近光	H7	12 V 55 W
	远光	HB3	12 V 60 W
	转向灯	PY21 W	12 V 21 W
	前位置灯	LED	——
	日间行车灯	LED	——

（续表）

部件名称	灯泡名称	灯泡型号	功率
后组合灯总成	制动灯	LED	——
	后位置灯	LED	——
	后转向灯	LED	——
	倒车灯	LED	——
高位制动灯总成	高位制动灯	LED	——
后雾灯总成	后雾灯	LED	——
牌照灯总成	牌照灯	W5W	12 V 5 W
室内前顶灯总成	左侧阅读灯	LED	——
	右侧阅读灯	LED	——
室内中顶灯总成	左侧阅读灯	LED	——
	右侧阅读灯	LED	——
	门控灯	LED	——
杂物箱灯总成	杂物箱灯	C5W	12 V 5 W
行李舱灯总成	行李箱灯	W5W	12 V 5 W
门灯座	门灯	W3W	12 V 3 W
充电口灯总成	充电口照明灯	LED	——
	充电指示灯	LED	——

（二）纯电动汽车灯光系统的认知

1. EV450 灯光系统元件的位置

图 5-3-25 和图 5-3-26 为吉利帝豪 EV450 的灯光系统具体位置示意图。

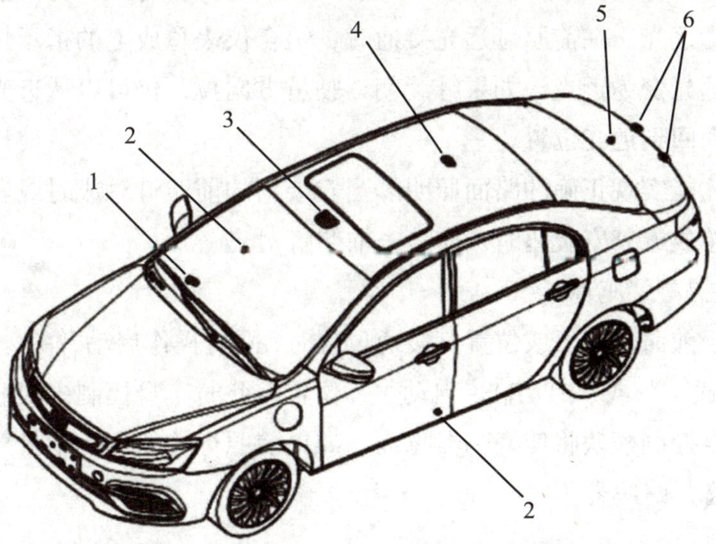

1—杂物箱灯；2—车门灯；3—前排阅读灯；4—后排阅读灯；5—行李舱灯；6—牌照灯。

图 5-3-25　吉利帝豪 EV450 的灯光系统示意图 1

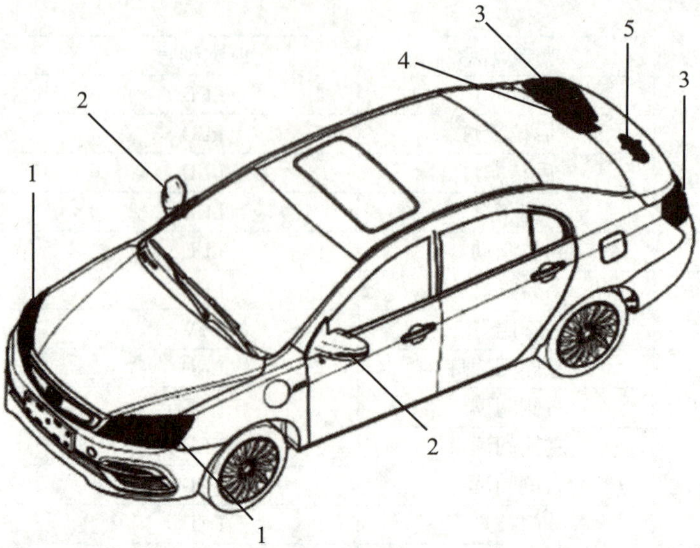

1—前组合灯总成；2—侧转向灯总成；3—后组合灯总成；4—后雾灯总成；5—高位制动灯总成。

图 5-3-26　吉利帝豪 EV450 的灯光系统示意图 2

2. 照明系统的认知

（1）前照灯

前照灯由转向柱左侧的多功能操纵杆控制，将前照灯开关转至第一个位置时，将点亮位置灯、牌照灯和仪表板照明灯；将前照灯开关转至第二个位置时，除点亮所有上述灯外，还点亮前照灯；在开关转至关闭位置时，关闭所有灯。

前照灯的远光和近光也由该操纵杆控制。当前照灯接通时，将操纵杆向前推离，直到听到“咔嗒”声，即从近光变为远光。在前照灯远光接通时，组合仪表总成上的指示灯点亮。将操纵杆朝驾驶员方向拉回，则从远光变为近光。如果继续朝驾驶员方向拉，仍可以从近光变为远光，不过当手松开时，操纵杆会自动回到近光位置。

前照灯必须对光才能实现正确的路面照明。当安装新的前照灯总成时或者当对前端区域的维修可能已影响到前照灯总成或其安装座时，应检查前照灯对光。

（2）前照灯未关提醒蜂鸣器

当前照灯开关处于前照灯接通或位置灯接通位置时，同时操作启动开关，使电源模式不在“ACC（附件）”“ON（接通）”或“START（启动）”位置。此时车身控制模块监测驾驶员车门状态，如果左前门打开，车身控制模块将使蜂鸣器鸣响。如果前照灯关闭后，车身控制模块将检测不到前照灯开关处于打开状态，蜂鸣器不鸣响。

（3）雾灯

吉利帝豪 EV450 车辆未配备前雾灯，仅配备有后雾灯。后雾灯开关位于转向柱左侧的多功能操纵杆上。当使用后雾灯时，必须先开启近光或远光灯，并转动多功能操纵杆至后雾灯档位，仪表上的指示灯点亮，指示后雾灯已经接通。关闭后雾灯，同时指示灯熄灭。

（4）日间行车灯

当驱动电机旋转时，日间行车灯应该自动点亮，此功能应可以通过诊断仪配置。

日间行车灯应在前照灯打开时自动熄灭，但在前照灯只是进行短暂间隔的间歇闪烁警示时不熄灭（远光灯点亮时间小于 700 ms 视为间歇闪烁警示）。

（5）牌照灯

牌照灯在前照灯或位置灯开启时点亮，安装在牌照板上方。

（6）充电口照明灯

充电口照明灯位于充电口，当车辆充电口盖打开时，它可以提供照明，方便车辆充电。

3. 信号系统的认知

（1）位置灯和转向信号灯

将照明开关转至第一个位置即可开启位置灯，操作启动开关使电源模式至“OFF”状态即可关闭位置灯。在启用转向信号灯时，前后转向信号灯和侧转向信号灯闪烁，发出转向信号。

转向信号灯仅在电源模式至“ON”状态时工作，转向信号灯由转向柱左侧的灯开关控制，往上或往下拨动操纵杆（超过止动点）将点亮前后和侧转向信号灯。在转弯结束后，操纵杆返回水平位置，转向信号灯停止闪亮。

在变道或转小弯时，转向盘转角不大，可能无法取消转向信号，因此仅将信号操纵杆转至一个止动位置并保持在此位置。当操纵杆松开后，操纵杆返回水平位置，转向信号即被取消。当遥控防盗系统工作时，BCM 可以控制转向指示灯闪烁，表明遥控防盗系统的工作状态。

（2）后组合灯

后位置灯、制动灯和转向信号灯为一个总成，后雾灯和倒车灯为一个总成，接通位置灯开关时点亮后位置灯。中央高位制动灯位于后风窗中下部，踩下制动踏板时点亮。

（3）倒车灯

倒车灯位于后保险杠上，当变速杆处于倒档时将点亮。倒车灯由 BCM 发出指令操纵接通和关闭。

（三）吉利帝豪 EV450 灯光的工作原理

1. 前照灯工作原理

当灯光组合开关打到“前照灯”档时，工作电压由组合开关线束插接器输出来驱动前照灯继电器吸合，点亮前照灯。前照灯供电电压被传送到前照灯光轴调节开关和左、右前照灯光轴调节电机，此时上下拨动调节开关能改变调节电机的信号电压，从而实现前照灯的高度调节功能。图 5-3-27 为吉利帝豪 EV450 灯光的工作原理图。

当 BCM（中央集控器）监测到灯光组合开关线束插接器有电压，则说明开关处在“AUTO”（自动灯），此时 BCM 会监测来自环境光线传感器的信号，如果环境光照不强，BCM 会通过线束插接器输出电压来驱动前照灯继电器吸合，自动点亮前照灯；当环境光照增强时，BCM 会切断线束插接器的电压输出，从而实现前照灯自动关闭；当灯光组合开关切换到远光位置时，通过线束插接器控制接地来驱动远光灯继电器吸合点亮远光灯，同时远光灯供电电压被传送到仪表，点亮仪表内的远光指示灯。远光灯继电器的工作电压来自前照灯供电电路。

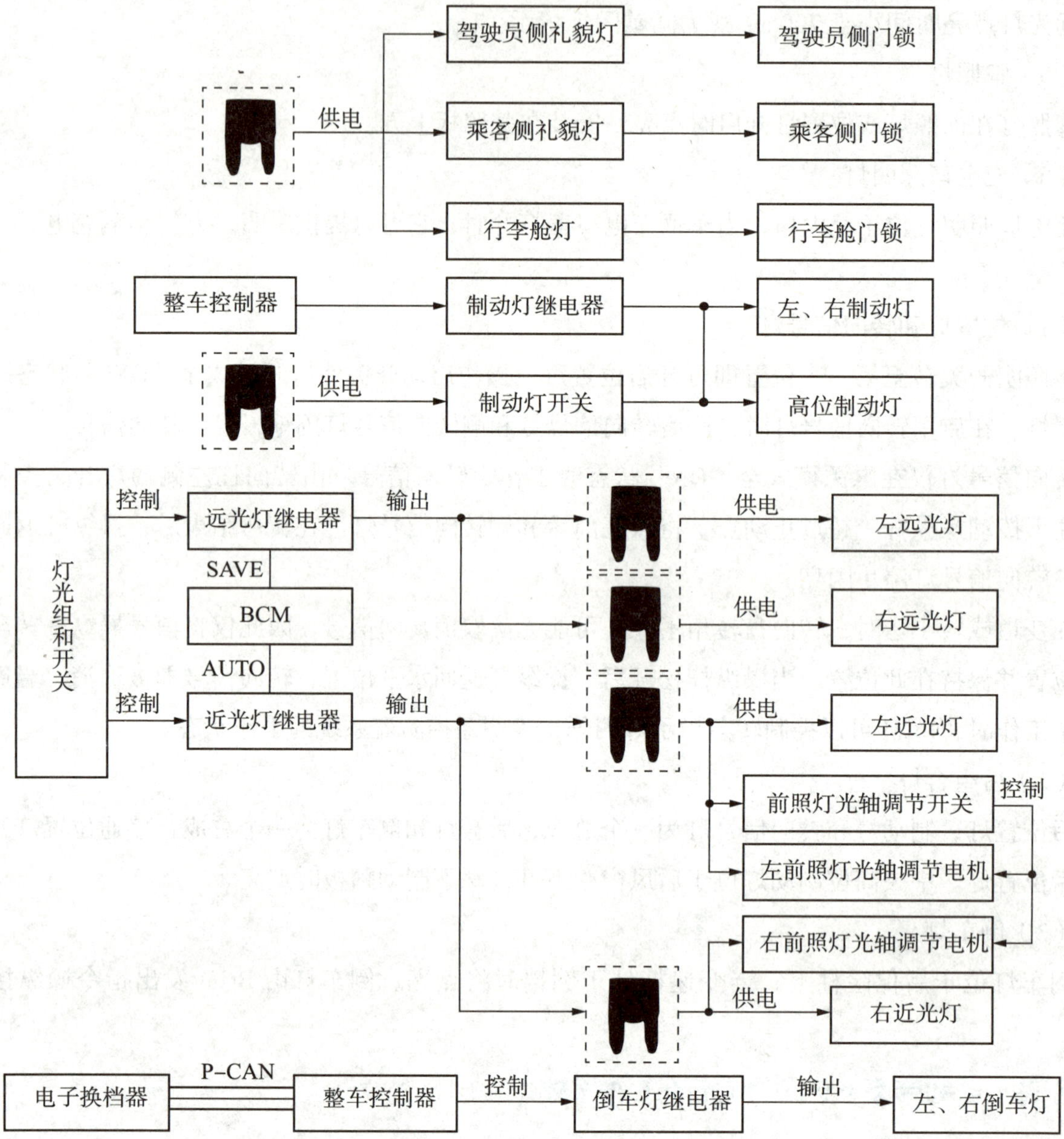

图 5-3-27　吉利帝豪 EV450 灯光系统的工作原理图

2. 位置灯工作原理

当灯光组合开关打到“位置灯”档，开关信号通过组合开关的线束插接器端子输出工作电压来驱动位置灯继电器吸合，以点亮所有位置灯、仪表背光照明灯以及牌照灯。

3. 昼行灯工作原理

BCM 线束插接器端子输出工作电压来驱动昼行灯继电器吸合，点亮昼行灯；同时此电压被传送到仪表点亮昼行灯指示灯。

4. 后雾灯工作原理

当近光或远光灯开启后，开关会控制位置灯继电器工作并将驱动电源输送至后雾灯继电器。当后雾灯开关闭合时，开关提供位置灯继电器输出的电压来驱动后雾灯继电器闭合点亮后雾灯，同时此电压被传送到仪表点亮后雾灯指示灯。

5. 转向灯工作原理

多功能操纵杆控制灯光组合开关线束插接器端子的接地电路，此接地信号传送至 BCM。BCM 通过线束插接器输出电压分别点亮左、右转向灯。当按下危险警告灯按钮时，BCM 同时向这两条电路输出电压，同时点亮所有转向灯。

6. 制动灯工作原理

制动灯受布置于制动踏板上的制动灯开关控制，当制动踏板被踩下时工作电压通过开关直接加在制动灯灯泡上。

7. 倒车灯工作原理

电子换档线束插接器输出工作电压来驱动倒车灯继电器吸合点亮倒车灯，仪表倒车档位信息通过 CAN 网络接收显示。

8. 室内门控灯工作原理

当后排阅读灯开关处于“DOOR”档，后排阅读灯的电源来自 BCM 线束插接器。当车门打开时，门控开关搭铁电路接通，使后排阅读灯点亮。迎宾灯的电源来自熔丝，当车门打开时，门控开关搭铁电路接通，使迎宾灯点亮。行李舱灯的电源来自熔丝，当行李舱门打开时，门控开关搭铁电路接通，使行李舱灯点亮。

实践操作

雾灯不亮故障检修

一、准备工作

（1）实训场所：理实一体化实训室。

（2）工具及车辆：高压绝缘检测仪、拆装专用工具、高压防护用具、吉利帝豪 EV450 等。

（3）辅助资料：车辆维修手册、教材等。

二、操作步骤

1. 后雾灯控制电路分析

当近光或远光灯开启后，灯光组合开关会控制位置灯继电器工作并将驱动电源输送至后雾灯继电器。

当后雾灯开关闭合时，如图 5-3-28 所示，灯光组合开关 IP38/5 和 IP38/7 接合，开关提供位置灯继电器输出的电压来驱动后雾灯继电器闭合点亮后雾灯，同时此电压被传送到仪表点亮后雾灯指示灯。线束插接器的代号及名称如表 5-3-10 所示。

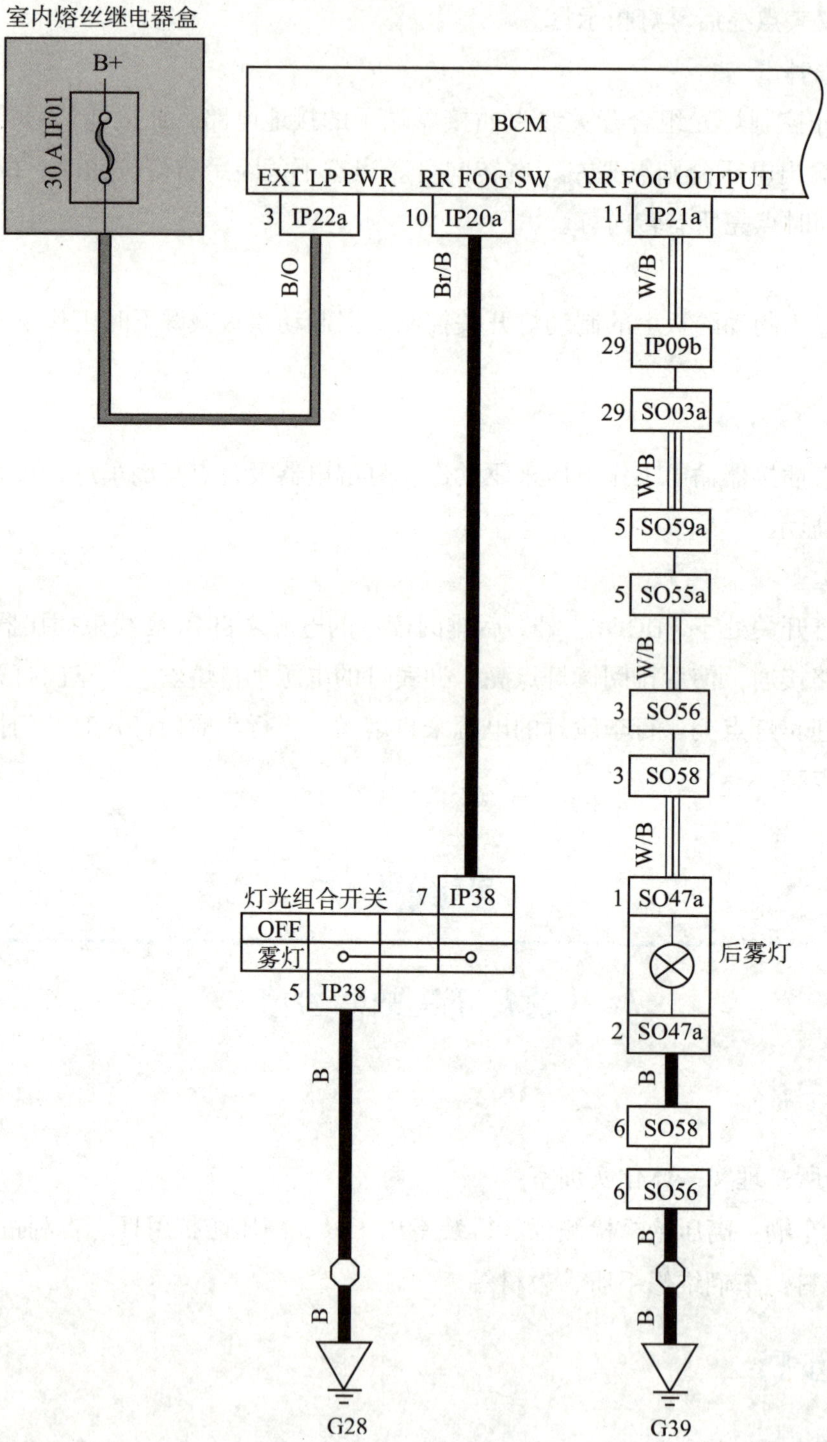

图 5-3-28　后雾灯控制电路

表 5-3-10　后雾灯线束插接器的代号及名称

线束插接器	名称
IP09b	仪表线束接底板线末插接器 3
IP20a	车身控制模块线束插接器 1
IP21a	车身控制模块线束插接器 2
IP22a	车身控制模块线束插接器 3

（续表）

线束插接器	名称
IP38	灯光组合开关线束插接器
S003a	底板线束接仪表线束插接器 3
S047a	后雾灯线束插接器
S055a	行李舱线束接底板线束插接器
S056	行李舱线束接后雾灯线束插接器
S058	后雾灯线束对接行李舱线束插接器
S059a	底板对接行李舱线束插接器

2. 故障诊断与排除

（1）使用故障诊断仪读取故障码。将启动开关置于“ON”状态，连接故障诊断仪，读取系统故障代码，确认系统是否存在故障码。

（2）检查后雾灯。拆卸后雾灯，确认后雾灯是否正常。

（3）更换有故障的后雾灯。更换有故障的后雾灯，确认后雾灯是否工作正常。

（4）检查熔丝 IF01。检查熔丝 IF01 是否熔断。

（5）检查熔丝 IF01 线路。检查熔丝 IF01 线路短路故障，进行线路修理；确认没有线路短路现象，更换额定电流的熔丝，熔丝的额定值为 30 A，确认后雾灯是否正常工作。

（6）检查后雾灯 S047a 端子 1 与车身控制模块（BCM）线束插接器 IP21a 端子 11 之间线路。操作启动开关使电源模式至“OFF”状态，测量后雾灯 S047a 端子 1 与车身控制模块（BCM）线束插接器 IP21a 端子 11 之间的电阻，如图 5-3-29 所示。电阻标准值：小于 1 Ω，确认电阻是否符合标准值。如果电阻值符合要求，需要检修车身控制模块 BCM，必要时更换 BCM。

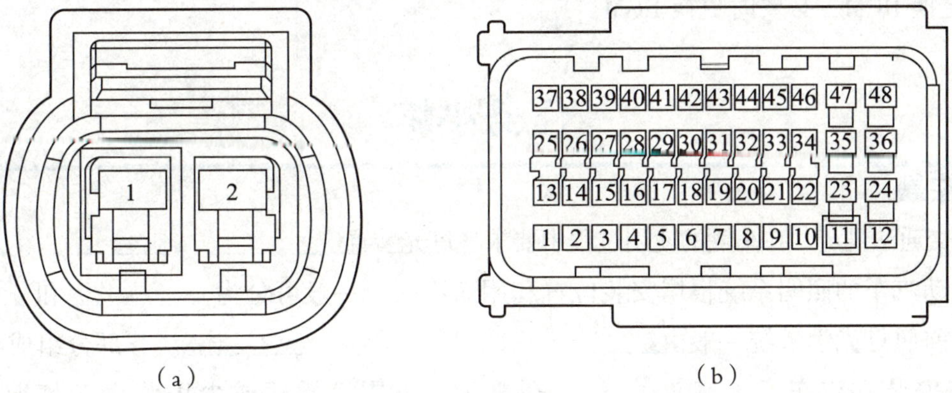

图 5-3-29　后雾灯线束插接器与车身控制模块插接器

（7）检查后雾灯 S047a 端子 1 与车身控制模块（BCM）线束插接器 IP21a 端子 11 之间线路。确认 S047a 端子 1 与车身控制模块（BCM）线束插接器 IP21a 端子 11 之间线路断路故障修复完成，确认后雾灯是否正常工作。

（8）检修后雾灯 S047a 端子 2 与车身搭铁之间的线路。测量后雾灯 S047a 端子 2 与车身搭铁之间的电阻。电阻标准值：小于 1 Ω，确认电阻是否符合标准值。

（9）检修后雾灯 S047a 端子 2 与车身搭铁之间的断路故障。确认后雾灯 S047a 端子 2 与车身搭铁之间线路故障修复完成，确认后雾灯是否正常工作。

（10）测量灯光组合开关线束插接器IP38端子7与BCM线束插接器IP20a端子10之间是否导通。测量灯光组合开关线束插接器IP38端子7与BCM线束插接器IP20a端子10之间的电阻，如图5-3-30所示。电阻标准值：小于1 Ω，确认电阻是否符合标准值。

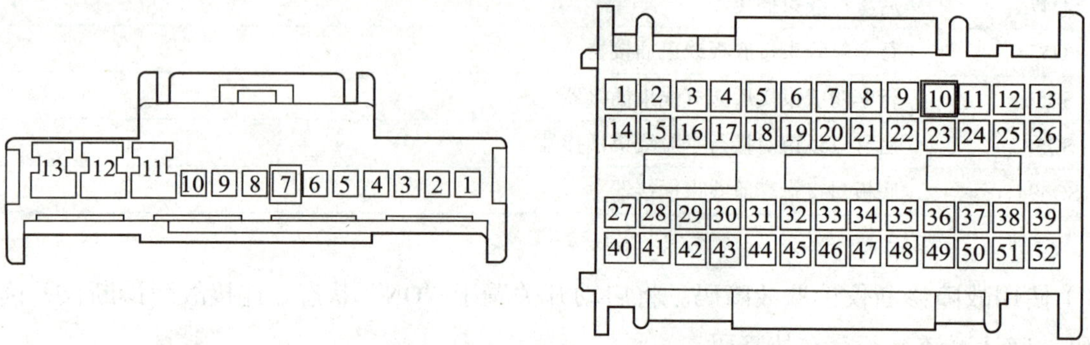

图 5-3-30　灯光组合开关线束插接器与 BCM 线束插接器

（11）检修组合开关IP38端子7与车身控制模块（BCM）线束插接器IP20a端子10之间线路断路或短路故障。确认组合开关IP38端子7与车身控制模块（BCM）线束插接器IP20a端子10之间线路故障修复完成，确认后雾灯是否正常工作。

（12）检修组合开关IP38端子5与车身搭铁之间的线路。测量组合开关IP38端子5与车身搭铁之间的电阻。电阻标准值：小于1 Ω，确认电阻是否符合标准值。

（13）检修组合开关IP38端子5与车身搭铁之间的断路故障。确认组合开关IP38端子5与车身搭铁之间线路故障修复完成，确认后雾灯是否正常工作。

（14）更换组合开关。更换组合开关，确认远光灯是否正常工作。

（15）更换BCM。必要时更换BCM。

任务小练

一、填空题

1. 我国交通法规定，在车辆的使用过程中要求各灯光装置________、________、________。

2. 纯电动汽车的照明系统根据安装位置和用途不同，一般可分为________和________。

3. 汽车前照灯光学系统一般由________、________、________三部分组成。

4. 雾灯安装在汽车________，在雾天、下雪、暴雨或尘埃弥漫等情况下，用来改善________的照明情况。

5. 信号系统主要用于向他人或其他车辆发出________的信号，其主要的信号设备有________、________、危险警告信号灯及示宽灯、________等。

二、简答题

1. 简述照明系统的组成及作用。

2. 简述信号系统的组成及作用。

思政先锋

李明军——以工匠精神打造电动车实业

1978 年 10 月出生李明军，2001 年毕业于洛阳工学院（现河南科技大学）机械设计工程系，现为云度新能源汽车股份有限公司整车技术部总监，福建省引进高层次人才（国内 C 类）。

李明军 2002 年进入奇瑞汽车股份有限公司工作，在 2016 年加入云度新能源汽车股份有限公司，从事新能源汽车产品开发和技术研究已有 18 年。在奇瑞新能源汽车技术有限公司期间，参与了 20 余项国家“863”计划重大专项和省、市科技项目的研发，累计申报 19 项专利。在“奇瑞全新结构小型纯电动轿车设计与开发”“863”项目中，他牵头完成了全新结构车身和电动化底盘设计，整车减重 100 kg。在“转子增程 / 充换兼容电动轿车技术攻关及产业化”“863”项目中他担任项目经理，开发了一套自动快速更换电池的设备和一套三角转子增程器，实现 2 分钟之内自动更换电池包。在云度期间，他作为主要负责人，参与“高效一体化油冷增程器总成开发及整车集成应用”国家科技项目的申报，顺利在科技部立项。2017—2018 年，他先后承担云度“增程器技术预研”“电动化底盘”等技术项目的项目总监，顺利完成技术预研。

李明军参与奇瑞新能源公司 A5ISG/BSG、QQ3EV、M1EV、eQEV 等车型开发，产品先后获得“国家科技进步一等奖”“年度纯电动车型”“年度技术创新奖”等荣誉。他还参与了云度新能源汽车 π1、π3、π7 等车型开发，销量突破 10 000 台，在初创新能源车企中排名靠前。

在云度期间，他爱岗敬业，锐意创新，先后担任性能及试验部总监和整车技术部总监，完成整车集成、性能开发、虚拟仿真等能力建设与软硬件采购，还完成了试验室建设，为公司顺利获取“双资质”做出很大的贡献，较好地支持了云度 π1、π3、π7 等车型的开发。

为降低整车能耗，李明军带领团队开展攻关。从减重、降低阻力、提高效率、减少功耗、优化策略等角度出发，配合 CAE 分析、能量流仿真与试验验证，开展了轻量化设计、系统效率提升、风阻优化、电气负载优化、节能模式设计等工作，使整车能耗相对国家政策限值大幅降低，达到国内先进水平。

此外，他还积极参与电动汽车国家标准的制定、研讨工作，先后参与《电动汽车能量消耗率和续驶里程试验方法》《插电式混合动力电动乘用车技术条件》《电动汽车安全要求》《增程式电动汽车技术评价和技术政策法规研究》等标准的研讨会议，提出意见和建议，推动了新能源汽车产业的健康发展。

参考文献

[1] 张金柱 . 混合动力汽车结构、原理与维修 [M]. 北京：化学工业出版社，2017.

[2] 马文胜，贾丽娜 . 新能源汽车技术 [M]. 北京：北京理工大学出版社，2018.

[3] 包丕利 . 新能源汽车维护与保养 [M]. 北京：机械工业出版社，2018.

[4] 罗宏亮，汪亮，李小燕 . 新能源汽车维护与保养 [M]. 成都：西南交通大学出版社，2019.

[5] 蔡晓兵，樊永强 . 新能源汽车维护与保养 [M]. 北京：机械工业出版社，2020.

[6] 李欢 . 新能源汽车维护与保养 [M]. 西安：西安电子科技大学出版社，2019.

[7] 杨小刚 . 新能源汽车维护与保养 [M]. 北京：北京理工大学出版社，2020.

[8] 荆红伟，熊其兴，郝玉莲 . 新能源汽车维护与保养 [M]. 北京：航空工业出版社，2021.